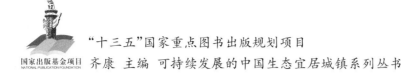

"十三五"国家重点图书出版规划项目

国家出版基金项目 齐康 主编 可持续发展的中国生态宜居城镇系列丛书

城镇化转型中的乡村振兴

陈小坚 著

东南大学出版社

·南京·

丛书总序

党的十九大胜利召开,这是全国人民的一件大事。我们在以习近平同志为核心的党中央领导下,在各个方面都取得了长足的进步。在新的征途上,我们还有大量的工作要做,到两个一百年我们将会成为一个富强、民主、文明、和谐的社会主义现代化国家。

我们今天仍是发展中国家,在建设中尚有许多贫困地区需要扶持,在农村中存在孤寡老人、留守儿童需要关照。随着全球气候变暖,有的地区雾霾等恶劣气候影响着人们的健康生活;在发展农村经济时,切忌盲目发展,要保持青山绿水。

我们尚处在转型阶段,在这个关键时期我们不能松懈。我们要做的事还有很多,主要是:

传承——把历史上的优秀文化传承下来,剔去糟粕。

转化——在转型阶段向新阶段转化,如新型城镇化的开拓发展。

创新——我们的目的是要不断地创新,探索永无止境。

科技是第一生产力,我们的教育就是要培养忠于人民、为人民服务的有文化、有理想、有技术、有道德的人才,为中华民族的伟大复兴做出贡献。

近年来,我们的团队在以习近平同志为核心的党中央领导下,教学科研工作取得了一些成绩,尤其在研究可持续发展的中国生态宜居城镇方面做了一些探索。在党的十九大精神指引下,我们深感前途是光明的、任务是艰巨的。我相信,只要大家团结在以习近平同志为核心的党中央领导下,努力工作,尤其在新型城镇化建设中努力探究和开拓,一定会取得新成果。

本课题是"十三五"国家重点图书出版规划项目,也是国家出版基金项目,感谢新闻出版广电总局的大力支持及给予的肯定,相信在大家的共同努力下,在东南大学出版社的支持与编辑的辛勤工作下,我们一定能够顺利完成本套丛书的出版。

齐 康

2017 年 11 月

目 录

1 绪论 ··· 1
　1.1 研究背景 ··· 1
　1.2 课题的提出及相关文献综述 ·· 2
　　1.2.1 课题的提出 ··· 2
　　1.2.2 相关文献综述 ·· 3
　　1.2.3 乡村建设综述 ·· 10
　1.3 研究对象及相关概念界定 ·· 18
　　1.3.1 研究对象："城镇化转型中的乡村振兴" ························· 18
　　1.3.2 相关概念界定 ·· 19
　1.4 研究方法和创新点 ··· 20
　1.5 研究内容 ··· 21

2 新中国成立后中国农村发展历程 ··· 24
　2.1 1949—1952年战后农村经济恢复期 ··································· 24
　2.2 1953—1978年农村经济停滞期 ··· 24
　2.3 1979—1988年农村经济高速发展期 ··································· 29
　2.4 1989—1997年乡镇企业遭受重创，农村公共服务缺失，农村经济衰退 ······ 32
　2.5 1998—2002年乡村矛盾激化 ·· 36
　2.6 2003—2012年三农问题受到关注，支农投入与矛盾激化相伴相生 ········· 38
　　2.6.1 三农问题受到关注，国家开始对农村进行减负支农 ··········· 38

  2.6.2 同期城市化高速发展带来对农村土地更大的攫取 ················ 39

  2.6.3 农村空心化与农房增建并存 ································ 42

 2.7 2013年至今,乡村建设转型发展时期 ································ 43

3 城市化快速发展下的农村困境分析 ································ 46

 3.1 高密度农业人口基数是无法回避的现实背景 ······················ 46

 3.2 农村人口结构出现失衡 ·· 48

  3.2.1 在人口年龄结构上,农村从业人口趋向老弱妇的失衡状态 ········ 48

  3.2.2 农村人口在知识层次上出现人才只出不进的失衡状态 ············ 50

 3.3 规模化大资本农业与小农家庭农业运行错位 ······················ 51

  3.3.1 历史上的小农经济过密化发展 ······························ 51

  3.3.2 集体经济并没有解决过密化,存在大量的未充分就业或隐性失业人口 ·· 53

  3.3.3 乡镇企业的勃兴开启了我国农业历史上的首次去过密化 ·········· 54

  3.3.4 饮食结构的变化带来农业结构的转变,释放出更多劳动力 ········ 54

  3.3.5 小农家庭农业仍然是我国农业主要生产方式 ···················· 55

 3.4 乡村社会组织结构失衡 ·· 58

  3.4.1 我国历史上的二元化乡村治理 ································ 58

  3.4.2 新中国成立后高度统一的农村集体组织 ························ 59

  3.4.3 改革开放后农村集体生产组织基本瓦解 ························ 60

  3.4.4 行政开支缩减使村级行政组织脱离村民 ························ 61

  3.4.5 缺乏基层组织的乡村很难有效承接政府资源 ···················· 62

 3.5 乡村空间失序、建筑形态失调 ···································· 64

  3.5.1 农村人口减少伴随农村宅基地不减反增 ························ 64

  3.5.2 农村空心化 ·· 66

  3.5.3 村庄空间失序 ·· 67

 3.6 乡村环境污染严重,耕地严重退化 ································ 74

  3.6.1 耕地污染形势严峻 ·· 74

  3.6.2 国家推行工业化农业导致化肥、农药的泛滥 ···················· 75

  3.6.3 工业废水也对耕地造成污染 ·· 76
  3.6.4 土壤有机质再认识 ··· 78

4 城市扩张下的农村土地整治和乡村建设 ·· 81
4.1 农村土地政策 ··· 81
  4.1.1 "占补平衡"土地政策 ·· 82
  4.1.2 "增减挂钩"土地政策 ·· 83
4.2 江苏省村镇规划建设发展历程 ··· 92
  4.2.1 以土地整治为目标的"迁村并点"运动 ································ 93
  4.2.2 以美化环境为主的村庄整治运动 ······································ 94
  4.2.3 "美丽乡村建设"中的"空屋"计划 ··································· 96

5 城镇化困境下的转型发展 ·· 101
5.1 中国城市化带动力已明显不足 ·· 101
  5.1.1 资源集聚型城市化使大城市承载力达到极限 ·························· 101
  5.1.2 中国经济下行阻碍城市进一步吸纳农村劳动力 ························ 102
5.2 农民工流动新趋势 ··· 103
  5.2.1 本地农民工是新增主体 ··· 103
  5.2.2 中年以上农民工是新增主体 ··· 103
  5.2.3 新生代农民工成打工主体 ··· 105
  5.2.4 打工本地化趋势和城市化趋缓态势 ··································· 105
5.3 新型城镇化成为转型发展方向 ·· 107
  5.3.1 重提"离土不离乡"的就地城镇化 ···································· 107
  5.3.2 国家新型城镇化战略的提出和内涵 ··································· 109
  5.3.3 就地新型城镇化与乡村振兴的关系 ··································· 110

6 乡村振兴及其路径分析 ·· 113
6.1 乡村价值再认识 ··· 113

	6.1.1	乡村保障着人类赖以生存的生态环境	114
	6.1.2	乡村有助于缓和自然灾害风险	117
	6.1.3	乡村农业保障着人类健康的食品系统	118
	6.1.4	乡村保留着人类发展的根脉和丰富的文化	119
	6.1.5	乡村有助于减少城市的贫困人口	121
6.2	乡村振兴的实现路径		121
	6.2.1	乡村振兴战略的提出	121
	6.2.2	路径一：从城乡割据到城乡融合的发展框架	122
	6.2.3	路径二：乡村治理从权力型转向现代化，激发乡村内生动力	125
	6.2.4	路径三：乡村建设从政府主导转向多元共建，实现乡村的多元化发展	130
	6.2.5	路径四：乡村农业从单纯追求农产量增加到追求农业的多功能发展	131
6.3	多功能农业是乡村产业振兴的基石		132
	6.3.1	我国对多功能农业的认识	133
	6.3.2	农业的多样化	137
	6.3.3	美国单品种工业化农业反思	138

7 乡村振兴的必要工具——乡村设计探索　　141

7.1 乡村设计：一种新的设计思维和方法　　142
7.2 乡村群体真正的需求是什么？　　143
7.3 乡村设计策略　　146

- 7.3.1 基于系统思维的整合设计　　146
- 7.3.2 基于研究证据的应用设计　　148
- 7.3.3 基于社区参与的问题解决过程　　151
- 7.3.4 基于乡村特征的设计　　154

7.4 乡村设计实例　　168

- 7.4.1 武夷建筑风格的传承与创新　　168
- 7.4.2 临安白沙村农林多功能发展，实现乡村复兴　　172
- 7.4.3 食物森林：美国多样化农林生态系统实践　　175

8 乡村的未来:可持续发展的乡村 186
8.1 总结 186
8.1.1 以国民经济重大政策为主要脉络,回顾梳理我国乡村的发展历程 186
8.1.2 当前乡村振兴面临的挑战 187
8.1.3 结论与建议 188
8.2 乡村未来发展趋势预测 192
8.2.1 技术变革,为乡村产业注入驱动力,也为分散式居住创造了条件 192
8.2.2 反城市化和退休人群将改变部分乡村社会结构 193
8.3 建立可持续的乡村发展 194
8.3.1 构建健康的生态系统 195
8.3.2 适应可持续发展的农村政策 197

9 乡村调研案例:厚岸古村 199
9.1 历史沿革 199
9.2 村内空间景观与建筑 200
9.3 村庄水系 207
9.4 村庄民风 208
9.5 村庄产业 208
9.6 村庄自组织 209

参考文献 212

1 绪 论

1.1 研究背景

传统中国一直是以农民和农村为主体的国家,农业文明源远流长。可以说中华民族几千年文化历史就是一部农民文化发展史。新中国成立以来,以牺牲农村来保障城市发展的"城乡割据"使得我国乡村发展长期处于停滞和贫困状态。而近几十年的快速城市化发展进一步拉大了城乡差距,中国的社会结构也发生了翻天覆地的变化。国家发展的重心在城市,城市不断扩张膨胀,人口和资金也不断向城市集聚,留下大片的乡村无人问津。在中国经济高速发展成为世界第二大经济体的同时,近60%国土面积的乡村在不断地衰败,这里不仅仅是乡村人口大量流失,也带来了乡村社会的解体、传统文化的遗失、乡村空间的凋敝、乡村经济的垮塌,以及农业污染的泛滥等等。乡村问题日益严峻。

乡村出现的一系列问题不仅加大了城乡差距,也加剧了社会不公,并阻碍了我国经济的进一步发展。随着"三农"(农业、农村、农民)问题的提出,中央逐渐认识到"三农"问题的解决不仅关乎社会的公平发展,也关乎我国整个社会的可持续发展,更是在全球经济发展不景气大背景下,我国经济被迫从以出口为主的外向型经济转向以满足国内需求为主的内向型经济发展能否成功的关键。

随后,中央下达一系列乡村建设的政策和举措。1996年10月,中共十四届六中全会提出"要以提高农民素质、奔小康和建设社会主义新农村为目标,开展创建文明村镇活动"这一中国特色社会主义新农村目标;2003年10月,中共十六届三中全会提出"五个统筹"概念,将"统筹城乡发展"放在首位;2004—2008年连续五年的中央一号文件都以发展农村和农业为主题,2008年10月中共十七届三中全会更是提出把建设社会主义新农村作为国家战略任务。这一阶段虽然取消了农业税,出台了对农业有一定扶持的政策,但依然没有改变农村颓势,反而由于城市化进程的快速发展而形成了城市对农村人口和资源的更大吸力,加剧了城乡差距。2010年的中央一号文件首次提出对"三农"不仅要确保"资金投入的总量,更确定了比例要稳步提高"。此后随着中央财政不断加大对农村的资金投入,农村面貌出现了很大变化,新农村建设、美丽乡村建设等掀起新的运动高潮,仅2015年国家投入农村的各项资金就达16 000亿元。但我国长期以来对农村问题缺乏全面深入的研究,导致在建设过程中旧的问题没解决,又出现很多新的问题。"三农"问题依然是困扰中央和束缚我国进一步发展的障碍。

为进一步推进乡村发展,消除农村贫困人口,全面实现小康社会,2017年10月18日,习近平总书记在党的十九大报告中正式提出乡村振兴发展战略。2018年2月,中央一号文件《中共中央国务院关于实施乡村振兴战略的意见》公布。同年,中共中央、国务院发布《乡村振兴战略规划(2018—2022年)》,明确了未来五年乃至更长时间乡村振兴的总体要求——"产业兴旺、生态宜居、乡风文明、治理有效、生活富裕"。

1.2 课题的提出及相关文献综述

1.2.1 课题的提出

"城镇化转型中的乡村振兴"课题研究,正是在上述大背景下提出的。事实上,自改革开放以来,就有不少学者从不同角度对我国乡村问题进行了探讨,尤其在社会学方面对农村社会多有研究。进入21世纪,《中华人民共和国城乡规划法》(以下简称《城乡规划法》)出台。我国将乡村规划建设纳入正常管理范畴之后,关于乡村规划和建设的探讨也日渐增多,但多是沿用城市规划设计的做法,缺乏乡村针对性,导致很多乡村规划难以落地,乡村建设程式化和统一化,不但失去了乡野特色,也没有根本解决乡村问题。乡村是个复杂的系统,乡村的振兴同样是个系统工程。本研究力求从分析乡村问题入手,在回顾60多年乡村发展所走过的历程中,梳理乡村问题背后的成因,以系统性的设计思维、运用跨学科的知识综合考虑和解决乡村问题,寻求乡村在经济、社会、环境等方面整体质量提升和振兴的解决方案。

1.2.2 相关文献综述

乡村是个复杂的系统,涉及乡村经济、农村社会、生态环境、土地利用等多方面。既然从问题入手,笔者分别就有关问题的研究在中国知网上进行检索。

经济是社会发展的基础,乡村经济同样是乡村社会得以立足和发展的根本。截至2018年6月23日,在以乡村经济为主题检索论文时,共检索到4 713篇论文,年度发表论文量显示,2000年以前年度发表的论文均在40篇以下,2000年以后尤其是2005年以后,论文量成倍上升(图1-1)。与此相对应的是,在以农村经济为主题检索论文时,发现无论在发表数量上还是在变化走势上都与以乡村经济为主题的论文有非常大的区别,共检索到29 629篇。自1987年年度发文量就在1 000篇左右,之后的发文量也随着农业问题的不断变化而均有几千篇,最高的2006年度达5 641篇,相当于乡村经济发文量历史最高纪录的10倍(图1-2)。为何会出现这么大的差别,其背后又会有哪些寓意呢?

查找汉语辞海中对农村和乡村的定义:农村是指"以从事农业生产为主的劳动者聚居的地方";而乡村是指"乡里、家乡、村庄,也泛指农村"。而家乡是指"自己的家庭世代居住的地方"。由此可见,农村与乡村在内涵上有相同的地方,即都含有农业活动者聚居地之意,但乡村的含义显然不仅限于此,它同时还包含了人们对家乡的所有记忆和情感,包括家族文化、家族关系、历史记忆、生活场景等人文和社会内涵。这也不难理解,我国社会就发源于农业,今天所有的城市人或其祖辈都是从农村走出来的,农村对他们而言不仅仅是农业生产的地方,更是人们守望的故乡和根脉之地。

再分别翻看农村经济与乡村经济两类论文内容发现,农村经济史多地指向传统意义上农村里的农业经济活动,探索农村土地、资本和劳动力三大基本生产要素的合理配置,以增加农民收入为核心,以调整农村产业结构、发展生产和提高劳动生产率为根本途径。近些年来,也有很多探讨农村金融解决资金瓶颈问题。我国于1992年在党的十四大报告中就提出中国已基本解决了温饱问题。1984年的粮食产量4.07亿t,结束了我国农产品长期短缺的时代。但农业问题并没有随着粮食数量问题的解决而解决,反而日益受到学术界的广泛关注,表明我国的农业经济长久以来都没有得到很好的解决。而乡村经济论文不仅涉及农业,也涉及了乡村旅游、乡村治理、乡村景观、特色产业、聚落空间等方面,在内容上与农村经济有很大的差别。虽然乡村经济论文发表量远不及农村经济论文发表量多,但其文献发表数

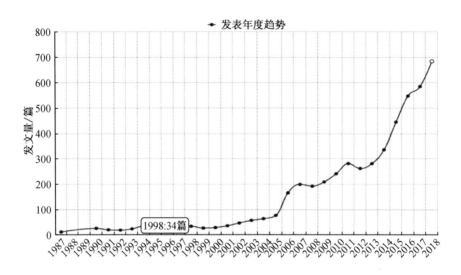

图 1-1　乡村经济主题论文年度发表量

图片来源：https://kns.cnki.net/kns/Visualization/VisualCenter.aspx

图 1-2　农村经济主题论文年度发表量

图片来源：https://kns.cnki.net/kns/Visualization/VisualCenter.aspx

量的变化趋势体现了自改革开放以来，尤其是 2005 年以后，我国学术界从农村转向乡村的认识和理解的变化，即从认为其只是单一的农业生产居住功能的空间，转而认为它不仅仅是农业生产居住空间,还是民族文化发源地、人类情感归属地、生态安全功能地等多功能空间。这也是本书之所以以"乡村"为主题,而非"农村"来论述的目的所在。过去几十年乡村的没落有其历史发展的必然,但也与我们将乡村定义为单一的农业生产居住功能的空间不无关系。乡村的复兴不能与城市割裂开来仅靠农业的发展,而是城乡一体的社会、经济、文化、生态、技术等多方面、多角度的融合发展。

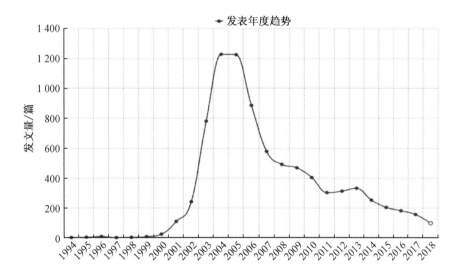

图1-3 三农问题论文年度发表量

图片来源:https://kns.cnki.net/kns/Visualization/VisualCenter.aspx

笔者进一步检索了农村各类问题的研究成果。首先检索"三农"问题文献,发现2000年以前的年度发文量都以个位数计,表明这之前农业、农民和农村的"三农"问题并没有得到太多关注。1996年温铁军正式提出"三农"的概念,反映到当年论文数据上出现了小的起伏,但旋即回归平静,直到2000年湖北省监利县棋盘乡党委书记李昌平给朱镕基总理写信,提出"农民真苦、农村真穷、农业真危险",引起社会强烈反响,2000年当年有论文24篇。2001年,随着"三农"问题提法被正式写入国家文件,论文数量迅速攀升。2003年中共中央正式将其写入工作报告,此后相关论文数量迅速飙升到2004年的1 227篇(图1-3)。2005年以后相关论文数量开始迅速下降,到2017年关于"三农"问题的论文只有156篇。这种快速下降趋势有两种可能性:一是在国家的大力推进下,"三农"问题已被解决;二是"三农"问题虽然没被解决但学术界换种方法在继续研究。于是,笔者分别就农民问题、农村问题和农业问

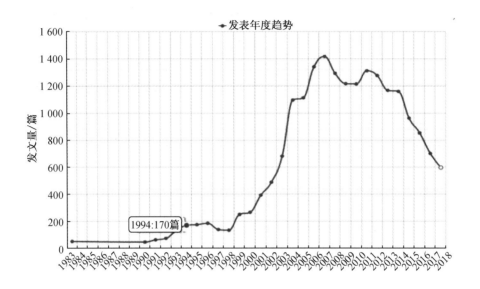

图 1-4 农民问题主题论文年度发表量

图片来源：https://kns.cnki.net/kns/Visualization/VisualCenter.aspx

题进行检索,发现除农民问题发文量走低外(图1-4),农村问题及农业问题发文量依然高居不下(图1-5、图1-6),呈现出较高关注度,这表明"三农"问题并没有在短时间内得到解决,而是被分开来研究了。关于农民问题,随着近年来国家大力度的财政投入帮扶贫困农户,以及进城务工收入增多,真正贫困的农民大量减少。而农村问题及农业问题以及其他涉农问题依然是亟待解决的焦点和热点。由"三农"问题的综合研究向各涉农问题的分项研究,表明专项研究在向深度发展,也表明其问题的复杂性导致在"三农"综合研究上有一定难度。这也从一个侧面说明,就农村来解决农村问题和农业问题是很难的,因为农村的问题不只是农村本身造成的,它和城市密切相关。再者,农村只考虑农业也是不行的,它是人类繁衍的发源地,当然包含了社会、文化、经济,以及与环境相关的生态等,需要用系统思维综合考量,才能使农村的问题真正得到解决,使乡村复兴落到实处。原有的农村、农民、农业涵盖面偏窄了。

笔者又对乡村目前普遍的热点问题如农村土地、农村治理、农业污染等进行了检索。虽然各主题论文在年度发表数量和变化走势图上表现不一,但总体趋势是相近的,都是自2000年以后呈明显上升趋势,表明关注度持续升温(图1-7~图1-10)。

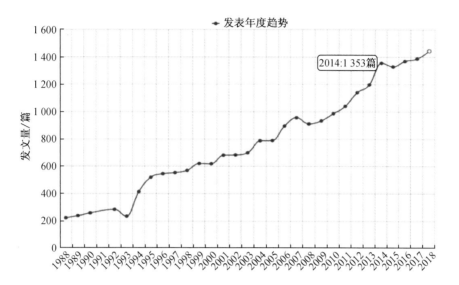

图 1-5　农业问题主题论文年度发表量

图片来源：https://kns.cnki.net/kns/Visualization/VisualCenter.aspx

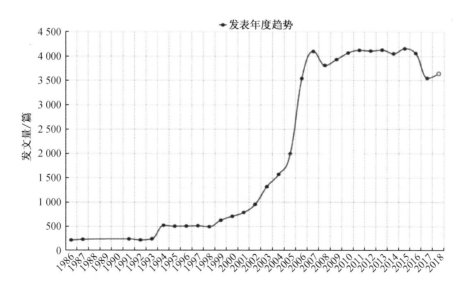

图 1-6　农村问题主题论文年度发表量

图片来源：https://kns.cnki.net/kns/Visualization/VisualCenter.aspx

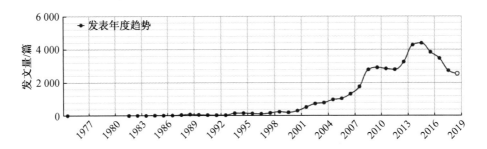

图 1-7　农村土地主题论文年度发表量

图片来源：https://kns.cnki.net/kns/Visualization/VisualCenter.aspx

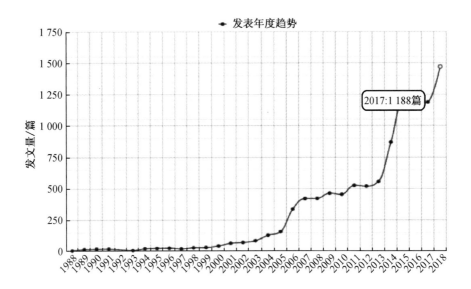

图 1-8　农村治理主题论文年度发表量

图片来源：https://kns.cnki.net/kns/Visualization/VisualCenter.aspx

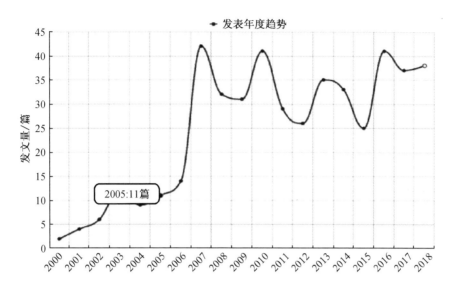

图 1-9 农业多功能性主题论文年度发表量

图片来源：https://kns.cnki.net/kns/Visualization/VisualCenter.aspx

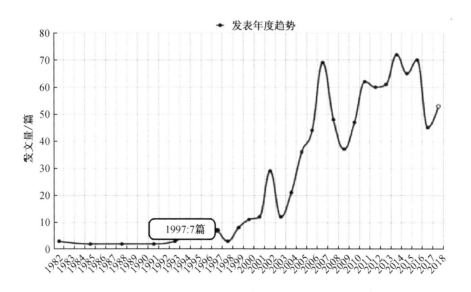

图 1-10 农业污染主题论文年度发表量

图片来源：https://kns.cnki.net/kns/Visualization/VisualCenter.aspx

1.2.3 乡村建设综述

从中国知网上搜索文献,乡村建设主题的文章最早从 1987 年开始,当年只有 18 篇论文,随后缓慢增加,1990 年代保持在每年 40 篇左右的数量,1999 年达到 50 篇以后数量开始稳步上升,2006 年一跃为 895 篇,随后 4 年保持在每年 800 多篇产量上,此后迅速蹿升,2013 年发表量(2 547 篇)约是 2012 年(1 300 篇)的两倍。2017 年年度发表量达 4 682 篇。这种变化趋势与我国改革开放以后的政策导向密切相关(图 1-11)。但我国的乡村建设自民国以来就在不断尝试和探索中。

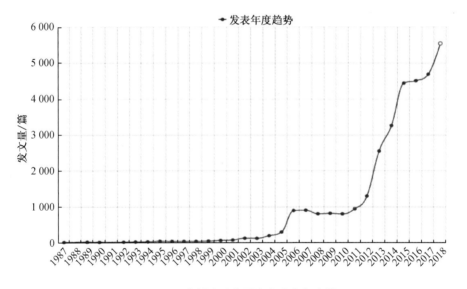

图 1-11　农村建设主题论文发表年度量

图片来源:https://kns.cnki.net/kns/Visualization/VisualCenter.aspx

1. 民国时期的乡村建设思想

实际上,我国的乡村建设早在 20 世纪二三十年代就有以梁漱溟为代表的社会精英发起的乡村建设运动。当时我国社会处于清朝刚结束后的民国时期,以传统的小农经济和兼作手工业为经济主体,正如费孝通先生在《江村经济》中所描述的。国外近代工业的进入无疑对原有手工业造成巨大冲击,打破了小农经济平衡,使得农民收入中兼业的手工业收入迅速减少。而单纯的农业收入不足以维持正常的农民生活和农村运转,造成中国乡村在经济、社会、文化的全面衰退危机。加之其他因素的推动,20世纪30年代我国乡村危机频发,并且愈演愈烈,造成普遍的乡村贫困和乡村社会动荡。当时的知识精英们认为那时的乡村危机根源并不出在乡村本身,而是近代工业化和城市化进程中"城乡背离化"发展态势下的负效应累积的结果。在乡村约占中国85%的情况下,乡村危机就意味着中国的危机。这种特殊背景引发了社会知识界精英发起的乡村社会建设(改良)——试图解决乡村危机的思想和行动——先后有600多个团体参与其中,各种试验区也达1 000多处。他们进行了改良农业技术、建立义庄、设厂济贫、兴办教育、建设城镇等活动。最具代表性、影响力也最持久的是晏阳初、梁漱溟、卢作孚。

晏阳初深刻理解"民为邦本,本固邦宁"的古训,他认为从来没有哪个国家强大而其人民衰弱的,改造国家必先改造人。而当时国民中80%是文盲,在农民占人口绝大多数的中国,应首先在乡村进行平民教育运动来开发民众的"脑矿"。他认识到中国农村存在"愚、穷、弱、私"四大问题,而这四大问题又是相互影响的,必须把它们联系起来一并解决,以文化教育治愚、以生计教育治穷、以卫生教育治弱、以公民教育治私,即文化、经济、卫生和政治四个方面整体救治的建设计划,在此思想下进行的以"改造民族生活的教育"为中心的河北定县乡村建设试验,即"定县模式"。对于乡村经济发展,晏阳初注重通过农民的"生计教育"来发展农业经济,包括建立试验车间、引进先进技术和设备、培训农民的操作技术等,目的是寻找一种通过组织和训练,解决农民充分利用改进了的技术问题的办法,并且建立一种制度,依靠它使乡村工业能够经济而有效地进行下去而不脱离农业。"定县模式"持续了十年,共有10万人以上从平民学校毕业,农业科技改良使农产品获得了一定的增产,初步建立的村区县三级卫生保健系统使天花近于绝迹。但在治"穷"方面仍然没有根本改观,定县"民国22年内生计困难之程度超过于前,因此离家谋生者数目亦呈空前陡增,竟超过一万人。农村破产之状况可见一斑"①。

梁漱溟是在哲学层面认为当时中国问题的产生是由于中国固有的"伦理本位、职业分途"的社会组织构造在"欧风俄雨"中遭到破坏,逐渐瓦解,但西方的"个人本位"又没能在中国建立起来,所以中国文化和社会呈现出"旧辙已坏,新轨未立"的混乱局面。他认为乡村不仅是中国的命运所在,还是复兴中国文化的基地和必由之路,因此提出"乡治"之路乃"中国

---

① 苟翠屏.卢作孚、晏阳初乡村建设思想之比较[J].西南师范大学学报(人文社会科学版),2005,31(5):129-135.

民族自救运动之最后觉悟"。他在理论和实践中,不仅仅着眼于救济和改良,而且试图建立一种新的社会组织,将"中国固有精神与西洋文化的长处"进行融通调和,即"根据伦理本位特点,在伦理情谊的精神基础上,引进西方的团体组织和科学技术"①。他在山东邹平实验县所办的组织合作社,如梁邹美棉运销合作社和信用合作社正是他中西文化所长相互融通思想的具体体现。到1937年,邹平实验县已基本实现普及初等教育,在禁止赌、毒和缠足等社会陋习方面的改造也有很大效果。美国哈佛大学博士艾恺认为,梁漱溟的乡村建设是希望将中国传统文化进行现代化改良,既保存传统的精华和"真实人性的发现",又足以使人民生活富强,还避免西化。

卢作孚虽然同样是教育救国的崇尚者,但经历过两次"纷乱的政治不可依凭"的教育改革失败之后,他便转而寻求教育救国背后的强大支撑,即兴办实业与兴办文化教育紧密结合的乡村建设之路。卢作孚在任四川嘉陵江三峡地区江(北)、巴(县)、璧(山)、合(川)四县特组峡防团务局局长期间,选择北碚、夏溪口等地进行了乡村建设试验,逐渐形成了以产业发展带动乡村现代化发展的乡村建设路径。卢作孚1934年在《四川嘉陵江三峡的乡村运动》中提出,乡村运动目的不只是乡村教育,也不只是救济乡村里的穷困或灾变,而根本要求即国家现代化。很明显,他把乡村建设定位于实现国家现代化的试验。他将嘉陵江三峡构想为一个融生产、文化、游览为一体的区域,依据此构想而做了北碚乡村建设,包括航线、铁路、煤矿、工厂等实业勃兴,以及创办图书馆、中小学校、医院、西部科学院等教育和研究机构,和采取公园及环境美化等措施,成为乡村建设"北碚模式"。因北碚在抗日大后方,"北碚模式"得以有充裕的时间来实施。经过20多年的建设,把一个落后的乡村建成了具有一定规模的现代文明小城,即实现了北碚"皆清洁、皆美丽、皆有秩序、皆可居住、皆可游览"的理想。从严格意义上讲,卢作孚的乡村建设是乡村城市化建设②。

不难发现,无论是晏阳初的"定县模式",还是梁漱溟的"邹平模式",抑或是卢作孚的"北碚模式",他们都是虽着手于乡村建设,却着眼于整个中国的民族振兴。民国时期这些自下而上的乡村建设实践因日本入侵而被迫中止。抗战胜利后,"打土豪、分田地"的土地革命以及新中国成立后的农村社会主义改造占据主导地位,不再需要改良性质的乡

---

① 李文珊.晏阳初梁漱溟乡村建设思想比较研究[J].学术论坛,2004(3):129-132.
② 苟翠屏.卢作孚、晏阳初乡村建设思想之比较[J].西南师范大学学报(人文社会科学版),2005,31(5):129-135.

村建设,这次由知识精英发起的乡村建设运动就此在中国沉寂。虽然经过大半个世纪的政治制度更迭和社会变换,但他们的乡村建设思想和理念对今天的中国乡村乃至整个社会仍然有积极的启发和借鉴作用。晏阳初主要是通过文化、经济、卫生和政治四个方面的整体连环式教育来提高农民的文化素质和农业科技水平,以此推动乡村经济建设和乡村整体改造;梁漱溟是以"文化复兴中国"为理念,建设一种新的社会组织构造,即通过创建"中国固有精神和西洋文化的长处"的中西合璧的新型社会组织"合作社"进行乡村治理;卢作孚是利用所掌握的地方权力和资源,重在一系列的基础设施建设和实业兴乡,以此来实现乡村的现代化和城市化。

2. 当代农村问题研究

1978年改革开放后,农村土地承包制度不仅激发了农民种田的热情,使粮食生产连年增产,解决了温饱问题,同时也激发了农村乡镇企业的发展,走出了以"乡村工业化+城镇化"为主的县域经济发展模式。费孝通先生此时提出了"小城镇、大问题",以及农民就地城镇化的观点。他认为,"中国的城乡关系受着深远的历史制约,而且在中国这么广阔的空间范围内,区域的差异和不同区域蕴含的历史资源和文化动态模式各不相同……工业化的实现自然有着它的独特性。发展小城镇、注重区域独特的发展模式,有利于人民对于工业社会的适应,也有利于在具有中国特色的城乡关系和区域体系中发展经济"①。费孝通认为乡镇企业和小城镇既能够很好地解决广大农民的出路问题,又能提升城镇化水平,提高人民整体的生活水平。进入21世纪,费老看到信息技术和经济全球化的迅猛发展,提出,"小城镇的规模不具备接收信息技术产业的能力,应该使一批紧密相连的小城镇和为城镇服务的中心城市赶快兴起,以便接受快速的信息产业发展的要求"。但费老的观点随着国家经济建设中心由乡村转向城市而渐被淹没在快速城市化热潮中。乡村也自此成为被遗忘之地。

温铁军在1996年率先提出"三农"(农业、农村、农民)问题,将农村衰败的严重性引入政府高层及公众视野中。他说"中国不是农业大国,而是农民大国"。他认为新中国成立后30年农村被迫"默默无闻地承载了集中于城市的国家资本主义体制的周期性经济危机所造成的巨大代价"。对于农村的发展,"宏观部门的利益取向是影响我国'三农'发

---

① 费孝通.中国文化的重建[M].上海:华东师范大学出版社,2014:69.

展的主要因素"①,"汝果欲支农,功夫在农外",强调了财税、金融、外贸等农业之外的部门利益影响农民和农业的问题。这也从另一个侧面显示要想解决农村问题不能就农村来谈农村。

土地作为最重要的资源,一直是很多农村问题的根源所在。共产党最初正是在乡村危机中抓住了地权分配不均这一主要矛盾,推行耕者有其田的土地革命,从而取得了胜利,建立了政权,也重构了乡村社会体系。进入当代,随着快速城市化发展,农村人走房空和人走地荒的"空心化"现象日益严重,刘彦随等认为农村"空心化"造成大量的农村土地浪费和耕地资源破坏,并针对性地提出:"农村土地整治成为实现城乡统筹发展、新农村建设与健康城镇化发展的重要基础。"②随后国家针对城市用地不足而乡村土地浪费的现象,出台了"增减挂钩"的土地调整政策,引发了农村"拆村并点"和新农村建设高潮,更引发了大量的农村征地拆迁矛盾。

对于农村空心化现象和"增减挂钩"政策,贺雪峰③却有着完全相反的见解。他认为在快速城市化过程中,乡村空心化是正常现象。空出的宅基地和承包地时间长了,要么被转给有需要的农民继续使用,要么荒废倒塌成为潜在的耕地资源储备,抑或在其地里种树。在中国人地关系还没紧张到缺粮地步的今天,一定量的土地资源储备是正常的,不存在浪费之说。反倒是应该严格控制不可再生的耕地资源被浪费性地使用。目前占用宅基地最多的就是城镇建设用地。宅基地虽然也是建设用地,但仍然可以复垦为耕地,若变为城市建设用地就不能再复垦耕种了。宅基地的退出是个自然而然和市场经济发展的过程,政府没有必要过多地干预。"增减挂钩"不仅使一些本来不该拆的房子被拆,也使本该进城的农民留在农村建房,以享受到拆迁红利。

对于农业发展,黄宗智④认为中国高密度人口历史与美国人少地多完全不同,因此不能套用美国以节省劳动力为逻辑的企业型大农场模式。中国在过去30年已经探索出了"劳动和资本双密集化"的小而精农业现代化模式,这种符合中国传统的小农经济家庭农场,能够

---

① 温铁军,等.八次危机:中国的真实经验1949—2009[M].北京:东方出版社,2013:76.
② 刘彦随,龙花楼,陈玉福,等.中国乡村发展研究报告:农村空心化及其整治策略[M].北京:科学出版社,2011.
③ 贺雪峰.地权的逻辑Ⅱ:地权变革的真相与谬误[M].北京:东方出版社,2013:191-194.
④ 黄宗智.明清以来的乡村社会经济变迁:历史、理论与现实:卷三 超越左右:从实践历史探寻中国农村发展出路[M].北京:法律出版社,2014.

提供更多的农业就业机会、重建农村社区、做提供健康食物的绿色农业,这才是中国农业正确的发展出路。

对农业的认识,学界也在不断深入,从最初单纯地从科技或经济角度来认识和提升农业,扩展到从社会学角度来理解农业。朱启臻在国内率先提出农业社会学,认为农业不仅具有自然特性,还具有外部多功能性,包括不可小觑的政治功能、社会功能、文化功能和生态功能等。这些多功能性决定了农业不仅具有商品属性,还兼具公共产品的属性,因此市场价格无法体现其完整价值。农业增产与农民增收也就不一定总是正相关的关系。由此,不能简单地把农业推向市场。很多国家都根据各自国情制定了不同的农业补贴和农业社会化服务体系。对于人多地少的中国农业,更需要建立完善的农业社会化服务体系,克服小农分散经营的局限性。

3. 当代乡村规划建设

20世纪80年代实行的农村土地家庭联产承包责任制为我国农村注入了活力,激发了乡镇工业的兴起和大规模的乡村农房建设,尤其以江苏南部地区的发展最为典型,号称"苏南模式"。同时,费孝通提出"小城镇、大战略"的发展策略。一时间乡镇规划建设成为研究热点。以齐康院士为首的团队选取"苏南模式"中最典型的无锡杨市作为研究对象,对苏南乡域的农业、人口、社会,以及农村产业结构、居民点体系等进行了分析研究,在此基础上探索小城镇规划要义,制定了《无锡县杨市乡乡域规划》,成为我国最早的综合性乡镇规划范例[1]。中央也在全国范围内组织了村镇规划工作,截至1986年,先后对3.3万座小城镇和280万座村庄编制了农民住宅建设用地初步规划[2]。但此后随着经济建设转向城市,很长一段时间内较少有在村庄层面的规划建设的理论和实践探索。

最近十年的乡村规划建设,从具体实施的现象上看,也更倾向于乡村物质空间的规划建设,而与民国时期的乡村建设无论是在社会大背景上,还是内涵上,抑或实施主体上都有根本性的区别。民国时期的乡村建设运动是在中华传统小农手工业经济面临国外工业化冲击而陷入广泛的农村贫困和动荡危机的背景下发生的。知识精英们认为农村之所以陷入危机其根源在于占中国绝大多数的广大农民的文化落后和技术落后,因此发起了自下而上的农

---

[1] 齐康,段进,吴楚材,等. 江南水乡一个点:乡镇规划的理论与实践[M]. 南京:江苏科学技术出版社,1990.
[2] 何兴华. 中国村镇规划:1979—1998[J]. 城市与区域规划研究,2011,4(2):44-64.

村文化教育、卫生教育、技术传授、经济复兴等综合性的乡村改良性自救运动。而最近十年的乡村建设,是在全球经济一体化和中国快速城市化大背景下,面对大量人力和资本被城市攫取、城市不断膨胀扩张、留下凋敝荒凉的乡村这一严峻形势下所开展的乡村建设。一方面城市高度集聚各发展要素,出现交通拥堵、环境恶化、用地紧张、产能过剩和发展瓶颈等问题,急需转嫁矛盾问题,另一方面乡村出现房屋空置、耕地荒废、农业污染、食品不安全、人口流失、老弱贫困等衰败现象,急需振兴。在此背景下,国家出台土地"增减挂钩"政策,意欲将农村荒废的建设用地置换到城市周边以填补城市用地不足,同时将资金转移到农村带动农村的发展。随之出现了"拆村并点"运动,以及生发出政府主导的"新农村建设"和"美丽乡村建设",如浙江省的"千村示范、万村整治"工程、江苏省的现代化新农村建设、安徽省"千村百镇示范工程"等。不难看出,2003年以来的此轮乡村建设是源于城乡土地置换和村庄拆并基础上的农民聚居点建设和村庄环境整治,侧重乡村物质空间的规划建设,而乡村存在的一系列实质性深层次问题并没有得到足够的考虑和重视。

由于乡村的规划设计和建设一直没有纳入我国正规的建设管理程序中,规划设计界对乡村的认知和研究非常匮乏,对乡村问题的了解也很有限,这客观上造成了在村庄规划设计和建设时经常沿用城市规划设计的套路,而对乡村存在的深层次问题关注和研究得较少。这导致在此轮乡村建设中不仅乡村已有的问题没有得到妥善解决,反而出现乡村特色丧失、传统文化割裂、干群矛盾突出等新问题。

2008年国家实施《城乡规划法》,正式将乡村规划纳入法定程序,加上政府在政策和资金上均对乡村地区有很大的投入和支持,带动了乡村规划建设市场的积极响应。有学者指出,全国50多万的行政村,已经编制过村庄规划的约占60%,但真正符合乡村实际,能落地实施的规划设计还不到10%。这其中既有盲目套用城市规划标准和方式,脱离乡村实际的原因,也有不理解乡村运行机制、违反村民意愿,以及缺乏多部门协调整合等因素,造成大量乡村规划的浪费。

针对乡村规划设计出现的种种问题,全国出现了乡村规划设计研究热潮(图1-12),分别在其内涵、特点、规划体系、方法以及具体实践等方面有多种探讨。在乡村规划设计的内涵方面,从只是对村庄的物质空间布局,发展到认为乡村规划设计是寻求村庄的综合发展规划和乡村治理的空间平台。有学者认为,单纯的物质环境改善,并不能解决乡村深层次的发展问题,乡村规划设计应该转变建设思维,成为一个涉及农村全域土地利用、经济发展、公共服务保障、乡土文化复兴等多内容的城乡整体发展策略①。乡村规划设计应重点解决乡村的生产、公共设施供给等公共领域的组织和协调等问题,它是在政府、市场和村民等不同利益主体之间寻求平衡和共同发展的平台;在乡村规划特点上,由于各地区乡村存在巨大的差异,乡村规划设计更应因地制宜,结合实地情况,强调以解决问题为导向的行动方案为主;在乡村规划设计方式上,强调要尊重村庄的意愿和选择,以协助者而不是主导者的身份参与乡村的规划建设。打破以往的自上而下的规划模式,代之以村民普遍参与的、自下而上的社区式规划,这样才更有利于规划的落地和执行。

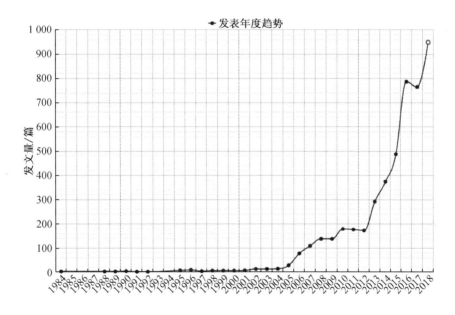

图1-12 乡村规划主题论文年度发表量

图片来源:https://kns.cnki.net/kns/Visualization/VisualCenter.aspx

乡村如同城市一样是个复杂的系统,因此乡村的规划设计同样是个需要多学科整合的系统工程,既需要多方利益主体的参与和利益平衡,也需要跨学科的知识和技术整合。乡村设计师不仅要充当技术协助者,更是各方意见汇总和利益平衡的协调者。因此,深刻认识和理解乡村、了解乡村问题背后的成因,是进行乡村规划设计的前提和基础。这也构成了笔者进行中国乡村研究和本书写作的初衷所在。

---

① 孙莹,张尚武.我国乡村规划研究评述与展望[J].城市规划学刊,2017(4):74-80

1.3 研究对象及相关概念界定

1.3.1 研究对象:"城镇化转型中的乡村振兴"

"城镇化转型中的乡村振兴"其基本概念主要包括以下四个层面的含义:

1. 快速城市化

国家统计局数据显示,"2011年末,中国大陆城市人口比重达51.27%,数量首次超过农村人口",标志着中国真正结束了延绵几千年的以农业人口为主的社会,步入城市化社会。并且,城市化率还在以每年高于1%的速度快速递增,2017年城市化率达58.52%。《国家新型城镇化报告2015》显示,1978—2014年,城市数量增加了460个,城市建成区面积从1981年的0.7万km^2增加到2015年的4.9万km^2。

这一系列数字的背后,是我国城市高速发展和快速扩张的同时,农村征地并村引发的一系列复杂而尖锐的矛盾冲突;是大量村庄消失的同时,乡村社会的瓦解和中国传统文化断崖式的遗失;是农村青壮年不断向城市聚集的同时,农村人才、劳动力和活力严重流失所带来的乡村凋敝和公共服务供给的严重不足;是失衡的乡村社会,也引发了道德失衡和生态失衡,进而导致全面的食物安全危机……

所有这些乡村问题又反过来影响了城市的社会安定、经济发展、环境质量和食物供给等,正所谓城乡是一体的,犹如阴阳两个面,没有好的乡村环境,怎么可能有好的城市发展!这构成了本书研究和写作的大背景。

2. 城镇化转型

我国20多年的高速城市化发展已经引起了社会阶层分化和诸多社会矛盾积累,其所带来的一系列负面影响倒逼着我国必须及时进行结构调整和重构。无论是国内形势,还是国际经验,我国城市化都到了一个转型发展和深度变革时期。而在时间维度和空间维度上,我国城市化发展又都面临着空前的复杂性,为此党的十八届三中全会正式提出"新型城镇化"并将其作为国家发展战略,改变以往以土地城市化为主的发展模式,提出在发展目标上、发展模式上以及发展效率上,都要围绕以人为核心的理念寻求最优资源配置,最终实现"人本化"发展。这实际是我国城市化发展在多重矛盾倒逼下寻找新动力和新模式的发展转型。

3. 乡村振兴

近十多年来,在国家不断加大对农村的政策支持和资金投入下,中国农村面貌已经发生了很大变化,但更多的是在农村物质空间上的改变,而在乡村治理、乡村产业、乡村文化、生态环境、生活幸福等方面并没有质的改观。为此,党的十九大提出了乡村振兴国家战略,并在正式发布的《乡村振兴战略规划(2018—2022年)》中,进一步提出乡村振兴的总体要求是"产业兴旺、生态宜居、乡风文明、治理有效、生活富裕",为未来五年乃至更长时间内的乡村建设指明了方向和明确了任务。这实际上与"新型城镇化"的核心"人本化"发展理念一脉相承,把实现"人"的发展和"人"的幸福作为首要的发展目标。

顺应这一发展要求,本书研究意在追溯和分析乡村长久以来的问题根源,以解决乡村问题为导向和目的,以跨学科乡村设计为手段,寻求乡村社会在经济、文化、社会治理、生态环境等方面的综合提升措施,为实现乡村振兴目标提供有效的方法和途径。

4. 乡村设计

如同城市设计一样,乡村设计也应该有它的特定内涵和学科建设。乡村设计时必须认识到设计与规划、经济与社会、城市与乡村、人类与动物、环境与健康之间的独特关系,强调对乡村所在地的独特气候及地域性的联系和表达。它涉及乡村地区的社会、文化、艺术、技术和环境问题,涉及乡村社区的可持续发展,涉及与乡村问题相关的许多学科(如农学、林业、应用经济学、农村社会学、植物和土壤科学、水资源、公共卫生、畜牧兽医学、生态学、生物系统和旅游等)的研究实践和整合,需要以乡村的视角来理解问题并制订解决方案。乡村设计师不仅要对涉及乡村的各技术问题进行整合和创新,他们更是乡村各利益方的协调者,因此乡村设计是一个涉及多学科的设计和解决乡村问题的过程。

1.3.2 相关概念界定

1. 农村与乡村

查找汉语辞海中对农村和乡村的定义:农村是指以从事农业生产为主的劳动者聚居的地方;而乡村是指乡里、家乡、村庄,也泛指农村。家乡是指自己的家庭世代居住的地方。由此可见,农村与乡村在内涵上有相同的地方,即都含有农业活动者聚居地之意。但乡村的含义显然不仅限于此,它同时还包含了人们对家乡的所有记忆和情感,包括家族文化、家族关系、历史记忆、生活场景等人文和社会内涵。

2. 乡村设计与乡村规划

乡村规划通常是基于生态和资源保护、环境与水质、农业生产与生活土地等政策问题，以及交通、电力、通信和公共服务等功能问题所进行的空间布局规划。乡村设计是从空间视角上，将所有乡村问题进行联系和整合，在乡村景观中创造可替代的解决方案和途径。

1.4 研究方法和创新点

本书采用文献研究与调查研究相结合，以定性研究为主进行理论研究的方法。主要内容如下：

1. 文献研究和调查研究相辅相成

文献研究方面，笔者通过查阅国内外相关重要理论文献，在学习和继承已有研究成果的基础上，梳理本书的研究脉络：

首先，通过文献检索，了解乡村以及乡村建设研究已有的理论成果和进展状况，掌握涉及乡村的研究动态和前沿问题，以便使研究具有一定的指向性。

其次，通过查阅原始文献，初步梳理出与乡村建设研究密切相关的、有价值的文献资料，再进一步地进行深入研读和分析。

在调研方面，笔者对中国乡村进行实地调研和随访，了解真实的乡村状况。笔者先后走访了江苏省昆山市的锦溪镇和巴城镇，江西省井冈山市茅坪乡和柏路乡，四川省眉山市丹棱县群力村和成都市金堂县三溪镇，福建省莆田市荔城区新度镇锦墩村，浙江省杭州市临安区太湖源镇白沙村，湖南省永州市江华瑶族自治县和郴州市永兴县，安徽省池州市石台县仙寓镇大山村、西递附近金龙山，安徽省安庆市太湖县，江苏省南京市浦口区不老村和陈庄、南京市江宁区佘村、南京市溧水区长乐行政村陈家自然村、南京市溧水区晶桥镇石山下村等，通过与当地政府人员和村民的访谈，对当地经济社会和环境状况，以及当地政府的举措和村民的意见想法有了深入了解和直观感受。另外，联合东南大学建筑学院景观学系李雱老师，以毕业设计为平台，带领毕业班学生对安徽省宣城市泾县厚岸古村进行了深入细致的调研、访谈、踏勘和分析，同时参与了对云南大理沙溪镇马坪关村组的乡村建设帮扶。所有这些都为笔者对乡村本身以及国家政策落地后的乡村执行状况等有了深入理解，为本书的写作打下了坚实的基础。

2. 以定性为主进行研究

由于乡村的建设和发展涉及各种复杂因素的影响与制约,很难用定量化的研究方法。定性研究主要是基于研究主体和研究客体有着千丝万缕的联系,而不是截然分开的实体。并且社会现象又会受到人们主观价值判断的影响。笔者在研究中所采用的定性研究方法,主要有以下几种:访问记录、观察、图论及具体案例分析。通过对这些访谈记录和照片等原始资料的处理,达到解释和阐述论点的目的。

3. 研究创新点

(1) 梳理了新中国成立后乡村演变的脉络,提出政策因素是左右乡村起伏的关键要素。乡村振兴若要顺利推进,应首先从政策上全方位地还乡村以公平和平等的发展机会,实现城与乡之间各生产要素的双向自由流动。

(2) 提出了重走费孝通先生的"就地城镇化"概念。在分析了中国乡村所面临的现实问题后,本书认为费孝通先生在20世纪80年代提出的"就地城镇化"虽然已经过去了30多年,但仍然具有现实意义,也最符合当下中国城镇化的发展情况。严格意义上,这不算创新点,只是提出了一个纠偏改正的观点。

(3) 提出多元共建共治的现代化治理模式是实现乡村振兴的重要保证。摒弃传统的"家长式"权威治理模式,使乡村治理更加适应开放、民主和多元化的乡村发展。

(4) 构建了乡村设计框架。本书提出了乡村设计师是乡村建设的协作者,乡村设计是一个跨学科系统解决乡村问题的过程。与目前做农村项目的设计模式所不同的是,乡村设计不仅仅是物质空间的摆放,更侧重基于乡村多学科研究成果的系统性应用,更侧重解决乡村实际问题,更侧重在公众参与基础上设计多种方案供村民选择,而非将设计师个人作品强加于人。

本书初步探讨了乡村设计的具体策略:一是基于系统思维的整合设计,二是基于研究证据的应用设计,三是基于社区参与的问题解决过程,四是基于乡村特征的设计。

1.5 研究内容

本书共分九章。第一章奠定了全书的研究和分析基础。首先查阅了有关乡村建设研究的文献,对新中国成立后的相关文献研究角度和内容进行了数据分析,从中判断出我国乡村建设相关内容的研究程度。从历史的角度梳理和概括了自民国以来乡村建设及农村问题研究和农村规划设计的演化脉络，在此基础上确立了本书的研究视角。然后对本书所阐述的中国城镇化转型以及乡村振兴的相关概念和内涵做出了界定和阐释。

第二章至第四章，从比较宏观的角度对我国自新中国成立后的农村变迁进行了回顾和梳理，着力分析了农村所面临的主要矛盾和突出问题。其中：第二章以新中国成立后国家的整体发展政策尤其是农村政策变化为主线，梳理了中国农村60多年来经历的恢复期、停滞期、高速发展期、走向衰落、矛盾激化、支农投入与矛盾激化相伴相生等几个阶段的演化，揭示了城乡二元结构形成的根源和乡村走向凋敝的必然结局。第三章分析了在中国快速城市化发展背景下乡村面临的突出问题和矛盾，尤其是在高密度农业人口基数这一基本国情背景下出现的人口结构失衡、大资本农业与小农家庭运行错位、乡村社会组织失衡、乡村空间失序及建筑形态失调，以及乡村环境污染和耕地退化，给整个中国社会的发展和进步带来了巨大的阻碍。第四章分析了当城市化进入城市全面扩张阶段，从土地整治入手的"增减挂钩"和新农村建设等政策的背后逻辑，给不同地区乡村带来的巨大变化，以及以政府为主体的乡村改造和建设所产生的成绩、影响、矛盾和问题。并且以我国发达省份江苏为代表，论述了走在全国前列的江苏乡村建设运动过程。本书认为，虽然国家治理乡村的出发点是好的，但具体到基层的执行层面，由于认识的局限性，过于强大的政府权力主观主宰下的"拆村并点"和乡村建设运动，忽视了乡村主体——农民的生产和生活需求，甚至违背农民的意愿，造成村民的不满和消极抵抗甚至矛盾激化。由于没有系统化和有针对性地研究和解决乡村问题，乡村依然矛盾重重，使得这一轮的乡村建设运动事倍功半。

第五章到第八章探讨了城镇化转型发展的当下乃至未来，乡村发展和振兴的方向及途径。其中：第五章着重探讨了我国城镇化转型发展面临的复杂困境以及必然选择，国家提出的新型城镇化的核心思想是人本化发展基础上的资源最优配置，这构成了乡村振兴的大背景。而新型城镇化发展与乡村的发展与振兴是一脉相承、互为因果的关系。第六章论述了乡村振兴及其路径分析。能否对乡村价值充分认识决定了乡村振兴的成败。而城乡融合发展、多功能农业发展、现代化乡村治理，以及多元化乡村共建是乡村振兴的实现路径。第七章提出了人本化发展前提下的乡村设计新概念，它是实现乡村振兴的有效途径之一。乡村设计学科的内涵和界定不仅仅局限于设计领域，更强调它是涉及农村多学科的系统性应用和解决问题的过程。乡村设计策略包含基于系统思维的整合设计、基于研究证据的应用设计、基于乡村特征的设计,以及基于社区参与的问题解决过程。第八章是总结,无论是国际还是国内都将乡村的未来指向可持续发展,尤其在生态系统健康、国家政策激励、可持续的乡村治理等方面给予了新的扩展和论述。

第九章附上笔者在读博士期间主持的一项对古村落的具体调查实例。以安徽一座千年古村厚岸为案例,对其村庄人口结构和发展历史、空间形态、经济生产和自组织状况进行了调研分析。虽然仅仅是一座古村,但它所面临的问题和困惑代表了当今中国大多数乡村的发展瓶颈,值得深思。

2 新中国成立后中国农村发展历程

在正常的社会中,乡村和城市是人类生活中两种密不可分的社会形态,相辅相成、缺一不可。但在我国相当长的一段时期,城乡长期处于割裂状态。纵观新中国成立后60多年的农村及农业发展,每个时期的发展都与国家政策的变化息息相关。

2.1　1949—1952年战后农村经济恢复期

1949年,新中国延续了抗战时期"打土豪、分田地"的思想,以"土地革命"的名义,使全国3亿多无地、少地的农民无偿分得了共7亿多亩土地和房屋,使得占全国总人口88%的农民迅速成为小有产者,极大地激发了他们生产的积极性和热爱社会主义新中国的激情,农村粮食产量连年增长(图2-1)。在城市,国家鼓励民族工业和私营经济的发展,使刚刚经历了战火的国家迅速恢复了经济发展,人民生活水平得到很快的提升。多年战争致使新中国成立初期的农村存在大量的空房和废弃房屋,农民以及新增人口将这些房屋修缮改造后使用。村庄内部呈不断集聚实心化的趋势。

图2-1　全国土地改革宣传

图片来源:http://blog.163.com/special/001264EF/sec-page-culture.html

2.2　1953—1978年农村经济停滞期

随后,国家发展重心转向了优先发展工业的国家垄断资本原始积累阶段。工业化不仅是需要不断追加资本和技术投入的过程,更是一个要完成资本原始积累的剥夺过程。西方发达国家一般都是靠殖民掠夺的手段完成了国家的资本积累,而我国在不能对外转嫁的背景下,就只能向农村汲取剩余价值了。为保障国家工业化战略的顺利实施,国家出台了一系列配套措施,即"社会主义改造",在农村主要有:

(1) 人民公社制。1953年年底中共中央颁布了《关于发展农业生产合作社的决议》,意欲通过农业合作社形成人民公社,防止农业生产要素的流失。同时,开始了世界历史上规模最大的土地改革,由原来的土地私有制向公有制转变——城市土地国有化、农村土地集体化。

图2-2 人民日报刊登的关于在农村建立人民公社的决议

图片来源:http://www.1010jiajiao.com/gzls/shiti_id_2f93f59e6ce6a05509f3475661e39124

(2) "剪刀差"价格。实行"统购统销"和"剪刀差"的价格体系,是最大限度地为工业发展汲取农业剩余价值。国家施行强制低价征购和销售农产品政策,垄断农产品流通,确保粮食储备。有学者曾测算过,1952—1997年,农民以工农产品价格"剪刀差"方式为国家工业化提供的资金积累达12 641亿元,平均每年274.8亿元[①]。"统购统销"政策彻底破坏了粮食的自由经济(图2-3)。

(3) 户籍制。1958年,《中华人民共和国户口登记条例》颁布。由于人民公社制的平均主义,造成对农民本能的经济追求的压制,尤其是1959年中苏合作破裂,中国为还外债而加紧了对农民粮食上缴的要求,造成严重饥荒,迫使大量农村人口外流到城市,从而造成田间劳力的减少,这也进一步增加了城市负担和影响了正常的生产秩序。于是国家开始禁止农村人口流动,形成了限制人口迁移和劳动力流动的城乡分割户籍制度,将农民的生存和生活保障都捆绑在农村集体土地上。

图2-3 天津日报刊登的计划供应主副食品

图片来源:天津日报,作者拍摄

---

① 温铁军,等.八次危机:中国的真实经验1949—2009[M].北京:东方出版社,2013:12.

工业化原始积累初期，国家需要成规模地大量占有农业剩余，但20世纪50年代所面对的现实却是占全国总人口88%的农民，从事的是高度分散的、种养兼业的小农经济。由于分散的小农业主对市场风险的抵御能力很弱，他们更倾向于既存粮惜售，又减少对城市工业品消费的自给自足生活。再者，乡村内部长期以来的多种经营交换包括工商业都没有现金交易的习惯。这无疑增加了国家试图通过商品交换从农业提取剩余价值的难度。所以，人民公社就成为将农民高度组织化，直接为工业化原始积累提供农业剩余的主要载体。1956年，国家完成了对城市所有私营工商业和农村小农户的"社会主义改造"。国家通过人民公社的政社合一制将中央政策和命令直接下达和管控到每一位农民，粮食征收、大兴农田水利等才得以顺利实施。但这种建立在强权之上而非个体自觉的集体主义，在个人利益受到损失的时候，必然会遭到个人的消极抵抗。由于人民公社所实行的农业生产集体管理和分配上的平均主义，并且所承受的政策上的上缴负担过重，使得农民的生产积极性受到挫伤，生产效率和农业产出率都有一定程度下降，农业经济受到影响。

另外，国家在城市鼓励发展的市场经济，与农村土改后恢复的传统小农经济，在客观上也构成了相对立的两种结构体制。自此，城里人和乡下人无论在生产就业，还是生活、教育及医疗等各方面，形成了完全不同的两套系统和管理制度，确立了城乡二元格局。

随后，由于国内形势所迫又实行了更严格的城乡隔离制度。20世纪50年代末，中苏合作破裂，苏联突然撤资不仅造成国家须偿还54亿美元的外债，而且国家为弥补突然中断的外资投入以维持自主性工业化建设，第一次向地方政府放权，试图通过对国内资源的集中调动来

图2-4 "大锅饭"场景

图片来源：http://history.sohu.com/20161025/n471250397.shtml

继续推行高投入、高增长，大量青壮年劳力离开农业而进行"大炼钢铁"的工业化运动。有资料显示，1958年年底全国从事钢铁行业的劳动力超过1亿。在缺乏必要的技术指导的情况下，各地工业化的结果只能是"高成本、高浪费"，客观上也对农村生产造成极大破坏，从而导致了严重的经济危机。大量农村人口外流到城市，田间劳力减少，因此迫使国家实行更严格

的城乡隔离制度,将农民固化在农村和土地上,以保证农业生产所需的足够劳力和减少城市负担及维持正常的城市秩序。

不仅如此,国家先后发起的三次"上山下乡"运动,成功将城市危机转嫁到农村。1958年"大炼钢铁"的经济危机爆发后,国家投资被迫中断,城市就业从1960年的1.3亿人迅速降至1962年的4 537万人,两年间有8 000多万城市人失业。为转嫁城市失业压力,从1961年开始政府不得不号召上千万城市人口"上山下乡"到农村自救①。十多年后,1974—1976年再次发生的"上山下乡"运动,同样是因为国家将常年投资于"三线"军、重工建设而少有产出所导致的经济危机转嫁于农村②。1965—1976年,中国在"三线建设"上投资达340亿元,建设国防军工和重工业体系所耗资金几乎占全国基本建设资金的一半,却几乎没有经济效益。加之70年代初国家贷款近43亿元大规模引进机械设备,进一步加重了财政赤字。面对严重的财政危机,政府再次号召"知识青年上山下乡运动",大规模地将城市年轻劳动力分配到农村集体经济中,由农村集体所有制的"大锅饭"来承担他们的基本生存保障,使农村再次为承载城市危机而付出了巨大代价。

国家鼓励生育的政策又造成了农村人口快速增长,全国农村总人口由1953年的5亿人增加到1978年的7.9亿人。20多年间人口急速增长,而农业生产和农产品产量却停留在1953年的水平,造成农民生活处于极度贫困中。在衣食等最基本的需求都成问题的背景下,农民根本谈不上住房需求。传统大家庭"立而不分、分而不散"的同堂聚居生活习惯也使得分户建宅的需求低于农村户数增长的速度。人口增多使居住条件不断恶化。受平均主义的思想影响,其居住水平和质量呈均质化状态。这阶段的村庄及传统的居住形态基本没有太大变化。住房材料仍以木草屋和瓦房为主。但由于社会结构发生了重大变化,3亿多无产者成为小有产者,大量地主豪绅的私产房屋等被没收后重新分配给无房户,原来一户居住的传统院落被重新分割调整为多户共居的大杂院。

这阶段虽然乡村在多方面处于发展停滞状态,但以农村集体组织为载体的公共基础设施建设部门、农村信用社、粮站、农技推广部门、农资供销部门等政府下设部门,为农村的正常运转提供了必要的保障。尤其是村庄的基础设施建设,公社可以动用高度的组织化力量,

---

① 温铁军,等.八次危机:中国的真实经验 1949—2009[M].北京:东方出版社,2013:55-57.
② 中国鉴于国际地缘政治的不稳定因素,决定将工业建设重点转到"三线"。

使农民集体出工、义务劳动,兴修和维护村庄道路及农田水利建设等。"农业学大寨"和电影《红旗渠》成为那个时代的代表。

图 2-5　农业学大寨场景

图片来源：http://sznews.zjol.com.cnsznewssystem20090818011361569.shtml

总结改革开放以前的 20 多年,处于工业化原始积累时期的中国,中央对农村关注更多的是农业剩余是否能满足城市人民的粮食需求以及是否能保证国防和国家重工业发展的顺利进行,而对于农村建设及农民生活的改善还无暇顾及。国家长期低价甚至无偿占有的农业剩余,既要满足全国城市人口的粮食需求,也要为工业发展提供原料支撑,还要为筹集外汇提供农产品出口。在工业发展和国防建设压倒一切的背景下,农村对于国家来说成为不可或缺的后方保障和危机转嫁之地,而城市则是被保障的发展重点所在。农村集体化制度虽然不能保障农民的利益,却保证了国家工业化原始积累。不仅如此,20 多年间多次容纳了共计 4 000 万知识青年"上山下乡",默默无闻地为国家尽快走出危机做出了巨大牺牲。

2.3 1979—1988年农村经济高速发展期

20世纪70年代以来,政府通过加大投资来强化工业化建设,造成了很大的财政赤字。加上新老领导权交接之际,政府为改善人民生活水平,提出建设小康社会的新的政治主张,包括增加职工及企业补贴、改善住房、增加就业、农产品提价及免税、支农投资等措施,也一定程度上增加了政府支出。1978年的知青返乡潮也一定程度上加大了城市就业压力。一方面过度投资想增加积累,另一方面又强调提高人民生活水平而增加政府消费。在没有外部资源输入的情况下,任何体制都无法同时做到两者的高增长,最终造成财政上的严重赤字危机。因此引发了政府的应对之策,其中最重要的是全国大范围的"政府退出不经济的农业"的"包干制"改革。农村人民公社中的信用社、粮站、农技推广部门、农资供销部门等政府下设的部门,由于长期被提取剩余而严重亏损,成为国家财政的负担。温铁军说,农村"大包干"表面上是政府退出农业,实际上是政府通过将土地和其他农业生产资料的所有权转移给村社集体和农民,来换取农村公共管理和农民福利保障的自主提供,形成制度交换①。

家庭联产承包责任制的出现为农村经济注入了新的活力。同时取消统购统销和人民公社集体化体制,放开农产品流通控制。农村利益主体从过去近70万个生产大队、480万个生产队变成了2亿多农户。农民从土地和人民公社的集中管控中解脱出来,可以自由地选择种植和生活以及小规模的农产品买卖,一些高产量、高效率的种植类型明显增多,农业产值迅速上升。粮食总产量由1979年的3.32亿t增长至1984年的4.07亿t,结束了我国农产品长期短缺的时代②。伴随着"搞活农村经济"的政策指向,农村经济结构也进行了相应调整,不仅农村工业比重得到增加,在农业方面也不再只强调粮棉种植,而是林、牧、渔以及加工和服务业等种类比例均有提高。农村自由流通市场也得以初步发展。农地使用权承包期由最初的2~3年,延长到15年(图2-6)。

农业生产效率的提高使农村大量富余劳动力显现出来。与此同时,邓小平提出的"要让

---

① 温铁军. 八次危机:中国的真实经验 1949—2009[M]. 北京:东方出版社,2013:95.
② 刘彦随,龙花楼,陈玉福,等. 中国乡村发展研究报告:农村空心化及其整治策略[M]. 北京:科学出版社,2011,22.

图 2-6　国庆检阅打出"联产承包好"

图片来源:http://image.nongji360.com/html/2015/08/1477.shtml

一部分人先富起来"和"摸着石头过河"的主张打破了平均主义,让民间搞活经济,允许试错。于是在全国日用品匮乏、市场需求旺盛的行情下,以及城市工业仍偏重于军事及重工业、没来得及改革转型的背景下,自 1983 年起,来自农村的乡镇企业迅速兴起并得到了快速发展,逐渐超过农业经济成为农村经济发展的主力。1987 年是分水岭,从此农村的非农产值超过农业总产值(从 1978 的 9% 到 1993 年的 70%)[1]。同时,香港的资金也大量进入内地兴办企业。因此 20 世纪 80 年代乡镇企业和香港来内地投资的企业是经济增长的主力。在当时城乡割据状态下,"离土不离乡、就地城镇化"成为农村富余劳动力转移的主要模式。农民在农忙之余,通过在村社及乡镇企业兼职增加非农收入。以苏南模式、温州模式及珠三角模式为代表的东南沿海地区小城镇迅速崛起,经济潜力得到极大的释放。1983 年之后,农村经济持续 5～6 年高增长,农民收入增长速度也连续 4 年超过城市居民收入,城乡居民收入差距迅速缩小。到 1995 年,"离土不离乡"的非农就业人数已达到 1.28 亿,相对该年城镇总的

---

[1] 王为径.发展在村庄:历史与民族志视角下的农村变迁分析:1978—2013[D].北京:中国农业大学,2014:10.

就业人数 1.90 亿,其数量相当可观了①。

乡镇企业的迅速崛起有赖于良好宽松的政策环境和大量廉价富余的劳动力资本,更得益于地方政府的扶持。1984 年开始实行的中央与地方分级包干式财政管理体制,使地方政府与乡镇企业结成利益共同体。为了增加财政收入,地方政府通过各种行政或半行政手段不断向企业"注"水,动用地方资源如主动帮助企业获得银行贷款、减免部分税收等,使企业的生产规模得以迅速扩大,从而带来主要税种即产品增值税的增加,进而实现地方政府的财政增加。但是企业在扩大规模的同时,其企业净利润并没有同步增长。有资料显示,企业所得税在 1985—1988 年几乎没有增长,而增值税等产品的流转税收增长明显(表 2-1)。增值税与企业规模及生产的产品数量有关,而所得税与企业利润挂钩。这说明企业在扩大规模的同时,并没有通过市场竞争真正增强盈利水平和自身实力,这种增长与真正市场经济下的经济增长有很大的区别,为日后乡镇企业走向衰落埋下了伏笔。

表 2-1　1985—1988 年企业税收情况　　　　　　　　　　　　单位:亿元

年份	企业所得税	调节税	小计 1	产品税	增值税	营业税	小计 2
1985	513.80	82.04	595.84	594.60	147.70	211.07	953.37
1986	523.67	71.73	595.40	546.59	232.19	261.07	1 039.85
1987	505.25	57.95	563.20	533.26	254.20	3 020	1 089.46
1988	514.54	56.39	570.93	480.93	384.37	397.92	1 263.22

资料来源:刘守英,周飞舟,邵挺.土地制度改革与转变发展方式[M].北京:中国发展出版社,2012:59.

这一时期农村经济的快速发展和农民收入的增加带来农村消费的增长,以及改善住房的迫切需求。此外,非农经济的发展也使得农民对大家庭的依赖程度逐渐降低,主干家庭逐渐向核心家庭过渡,分户建房迅速增加。仅 1978—1982 年 5 年间全国农村新建住宅就有 22 亿 m^2,有几千万农户搬进了新居②。于是 20 世纪 80 年代成为新中国成立后农村第一次建房的高峰期,破旧的土坯茅草房改为砖瓦房。村庄逐渐向周边空地扩展。

---

① 黄宗智.明清以来的乡村社会经济变迁:历史、理论与现实:卷三 超越左右:从实践历史探寻中国农村发展出路[M].北京:法律出版社,2014:258

② 引自 1983 年政府工作报告.

2.4 1989—1997年乡镇企业遭受重创，农村公共服务缺失，农村经济衰退

1988年，中国城市经济发生了以产业资本扩张带动投资大幅度增加为基础的滞胀型经济危机。由于原材料供给和资金供给空前紧张，伴随着恶性通货膨胀，企业间爆发连锁式"三角债"，导致生产停滞。此前，就有乡镇企业是"以小挤大""以落后挤先进"的言论。负债过重的国有企业无法与新兴的、几乎没有成本负担的乡镇企业同台竞争。出于城市工业优先的考虑，中央决策再次以牺牲农村经济来化解城市危机。

中央一方面以"沿海经济发展战略"为名，要求乡镇企业"两头在外"，让出国内的原材料和产品市场给城市企业为主体的国家产业资本；另一方面，减少对地方党政组织，以及在医疗、教育和乡村公共领域的投入。那时的乡镇企业才刚刚起步，远没达到原始积累完成的雄厚实力，无论在技术装备上，还是资金及外汇储备上，抑或在外贸人才上都面临很大的困难，难以直接参与国际竞争。遭遇如此政策调整，其发展必然受到严重影响，很多企业因此破产倒闭。1989—1991年，农民人均收入增幅连续3年迅速下降。而在农民收入下降的同时，因基层财政减少而支出刚性，政府便将这部分支出硬性转嫁到农民头上，使农民必须以现金支付的各种税费负担有增无减，导致乡村的社会矛盾越来越严重，群体性事件和暴力冲突明显增加。这次完全出于保护城市经济的政策调整，对乡镇企业的打击是致命的，人为地压抑了正处于上升势头的农村经济发展，导致占全国人口绝大多数的农民的收入降低以及消费能力的下降和内需不足。由此导致之前主要靠内需拉动的国内经济增长，之后不得不转向对外向型经济的依赖。农村也从此一步步走向衰退。国家改革发展的重心从此转向城市。

农村收入降低，农村劳动力被迫进入城市找工作。政府为应对这种现象，也从1988年开始放松对农民进城的种种限制。而真正放开农民流动的重要措施是1993年国家取消了粮票制，即取消了城市人口粮食定额性供应制度。随即1993年农民外出务工人数迅速增加到4 000万以上，弥补了因乡镇企业倒闭而带来的收入降低问题。此后，外出农民进一步增加并逐步演化成"民工潮"。粮票的取消也使货币回归到商品等价物性质，使中国真正步入货币化时代。

1992年邓小平南方谈话后,"发展才是硬道理"成为各地扩大投资规模的依据,引发了开发区热、房地产投资热、集资热、股票热等,大量农村土地被征占,干群矛盾不断增加。而中央大规模放权让利的结果是投资主体多元化却没有相应的规范和制约机制,急剧膨胀的投资欲望很快就造成了1993—1994年的经济危机,即财政、金融和外汇同时出现很大赤字,中央为应对危机只得大量增发货币,直接使1994年的居民消费价格指数(CPI)高达24.1%。

面对当时严重的经济困境和种种乱象,中央推出一系列重大改革举措,其中就包括1994年推行的外汇管理体制改革和分税制财政体制改革。面对巨大的外汇赤字,人民币对美元汇率一次性地贬值超过一半(图2-7)。如此大幅度的贬值人为地制造了巨大的要素低谷,意外地使原本不具有竞争优势的中国乡镇企业,一下具有了成本优势,使中国的进出口贸易由贸易逆差转为顺差,部分沿海地区乡镇企业因此得以起死回生。从此确定了中国外向型经济格局。

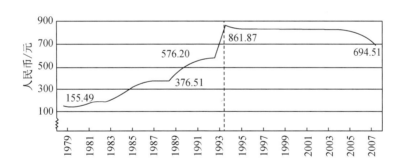

图 2-7　1979—2007 年中国外汇汇率的变化(100 美元兑人民币)

资料来源:温铁军,等.八次危机:中国的真实经验 1949—2009[M].北京:东方出版社,2013:126.

而此时出现的严重财政赤字,不仅与过量投资有关,也与当时的分级财政包干制有密切关系。在1984年实行财政包干制前,中央财政总收入占全国财政收入的比重由1981年的26.46%稳步上升到1984年的40.51%,说明中央财政收入比重随着改革和经济发展而呈上升趋势。实行财政包干制之后,1985年开始逐年下降,到1993年更低至22.02%(表2-2)。这反映了"就地收入、就地支出"的财政包干制使得全国经济发展的增量部分都留在了地方,中央财政不但没有获利,而且还要承担因投资过热而产生的国家债务以及所引发的危机责任;此外,经济的增长主要是集中在东南部沿海地区,而中部及西部内陆地区依然贫困,地区间的发展极不均衡。

表 2-2　1981—1993 年全国财政收入及中央财政收入

年份	国内生产总值/亿元	中央财政收入/亿元	全国财政收入/亿元	中央财政收入与全国财政收入占比/%
1981	4 891.56	311.07	1 175.79	26.46
1982	5 323.35	346.84	1 212.33	28.61
1983	5 962.65	490.01	1 366.95	35.85
1984	7 208.05	665.47	1 642.86	40.51
1985	9 016.04	769.63	2 004.82	38.39
1986	10 275.18	778.42	2 122.01	36.68
1987	12 058.62	736.29	2 199.35	33.48
1988	15 042.82	774.76	2 357.24	32.87
1989	16 992.32	822.52	2 664.90	30.86
1990	18 667.82	992.42	2 937.10	33.79
1991	21 781.50	938.25	3 149.48	29.79
1992	26 923.48	979.51	3 483.37	28.12
1993	35 333.92	957.51	4 348.95	22.02

资料来源:《中国统计年鉴》

于是,1994 年中央推行了分税制财政体制改革。其主要内容:一是将主要税种增值税按七三比例划分成中央和地方收入。二是实行税收返还以及转移支付制度。通过税收返还和转移支付制度来调节不同地区间的财力分配,既要保证发达地区增加税收的积极性,又要扶持欠发达地区,将部分收入转移到欠发达地区去,以此来实现财政制度的地区均等化目标。三是分设中央、地方两套税务机构,分别征税。从体制上保证了中央财政收入随着地方经济发展和地方财政收入的增长而增长。分税制显然是财政集权的一种变革。一方面将原来大量的地方财政收入集中于中央,另一方面也将税收权力集中于中央。可以说,分税制是对财政包干制的全面否定,既体现了中央在财政领域想重新调整政府与企业、中央与地方之间关系的意愿,也是对从根本上改变地方政府干预经济方式、建立全面的社会主义市场经济的尝试(图 2-8)。

分税制财政管理体制改革后,完全改变了中央和地方政府的财政收入比重。增值税的70%被中央拿走,只有30%留给地方。地方政府为增加企业增值税所采取的一些非常规手段不仅多增加不了财政收入,还要面临各种制度风险。权衡得失后,地方政府认为乡镇企业已是无利可图的鸡肋,于是就失去了对乡镇企业扶持的积极性。前面说过,乡镇企业的发展得益于宽松的政策环境和大量的廉价劳动力。当政策环境发生改变后,市场能力还很弱的乡镇企业在失去了政府的庇佑后纷纷关停并转,使得乡村工业彻底走向衰落。另外,地方政府为了弥补财政收入的不足,转而开始疯狂的"以地生财"运作模式。

经过此轮的改革,乡镇治理状况更加恶化,农民负担更加沉重。其主要体现为以下几方面:

一是乡镇基层行政治理成本转嫁到农村,导致乡村社会矛盾增加。

无论是1984年的财政包干制,还是1994年的财政分税制,都对乡村治理产生了不利影响。1984年实行财政包干制后,在农村实行了乡村两级行政组织"自收自支"的财政政策。这次改革不仅使乡村自己承担日常的行政开支,还要承担乡村的公共服务开支。到20世纪90年代农村乡镇企业倒闭、集体经济萎缩的背景下,没有财税来源的乡镇政府只好变相地向农民征收各种税费,将负担转嫁到农民头上。干群关系逐步恶化,社会矛盾频发。

图2-8 广东省税务局分税制挂牌

图片来源:http://blog.sina.com.cn/s/blog_6bef90aa0102ys76.html

二是政府资金退出乡村公共服务领域,导致乡村公共服务匮乏,农民保障缺失。

由于1993年的财政危机,中央和地方财政收入的总和占国内生产总值(GDP)比重下降到11%~13%的历史最低点。中央政府在严重的财政赤字压力下,出于"甩包袱",在1994年财政分税制后,强行推出教育及医疗等公共服务市场化改革,政府退出公共服务领域,于是各级政府将地方基础设施建设及公共服务等责任层层下移。处于最末端的乡村行政组织随之更加陷入财政困境。村庄基本公共设施的建设和维护基本缺失,学校教育方面的投入更少。

三是金融紧缩,导致没有流动性的农林资源环境因缺乏资金而产生恶化。

1993年严重赤字后,国家宏观调控措施中超过一半是金融政策。受紧缩政策影响的基本都是非国有中小企业,而有限的金融资本都进入获利快的股市和房地产市场,对没有流动性和短期获利能力的山区林业则是尽量远离。而1995年国家又推进林权市场化改革,要森林资产变现,使很多林地被贱卖。同时税改后林业税进一步提高,加上各地地方政府和林业部门也层层收费,这些税费均被转嫁到林业生产者身上,致使大量林地被抛荒。

四是土地资本化,导致农村流失了土地却没有分享到发展的福利。

在农村集体经济已经失去主体地位后,政府通过乡镇村党政组织直接对农村土地进行征用和交易,使得征地的一次性补偿经过层层挤压最后落到村集体及村民手上的金额少之又少。温铁军1996年的调查显示,农民只能获得征地补偿总额的5%~10%,村集体得25%~30%,政府及各部门获得60%~70%[①]。而村集体所得的那部分收益也往往掌握在村干部个人手上。不仅如此,征地发展的收益也很难分享到农民头上。20世纪80年代的"以地兴企"、农村自主的村社企业的兴盛,其收益较多地留在了村镇内部,用于村镇福利和支农支出等,并带动了农民非农就业和收入的增加。而90年代以后的"以地生财",更多的是通过土地出让所获得的收益被政府所得,并没有反哺到农业和农民身上。

总之,这个时期,社会矛盾频发,农民为反对税费增加和土地征占所进行的群体性事件显著增加。政府退出公共服务领域,也导致农村的基础设施建设严重不足和公共服务产品严重缺乏。

2.5　1998—2002年乡村矛盾激化

1997年亚洲金融危机后,为了走出东亚金融危机的困境,时任国家总理朱镕基推出了三项重大改革应对危机。一是出台了一系列刺激城市房地产发展的政策拉动内需,包括取消福利分房制度,和出台《个人住房贷款管理办法》,倡导贷款买房,通过市场来解决城市住房问题。这一影响深远的政策使得人们对住房的有效需求在短期内爆发,并大幅快速上升。此后,房地产投资进入平稳快速发展时期,以房地产业为龙头的第三产业和建筑业成为中国经济的支柱产业。二是中央发行6 000亿元长期国债,用于城市基础设施、轨道交通和高速

---

① 温铁军,等.八次危机:中国的真实经验1949—2009[M].北京:东方出版社,2013:150.

公路等大规模的城市建设。三是为了解决当时国内内需不足而产品严重过剩问题,开放了民营企业的外贸进出口自主权,随后 Made in China 逐渐遍及全球。此后,房地产、外贸经济及政府投资城市建设"三驾马车"正式形成,既改善了房屋和城市基本建设长期投入不足的状况,又弥补了内需不足问题,从而成为此后十多年长期高增长的重要手段。但这同时也形成了"高投资+高消耗+高对外依存度"的经济状态。

但是,此轮以城市利益为核心的救市举措,通过大规模的基础设施建设以及房地产开发带来城市经济复苏的同时,却是以大量征用农村土地为代价的。据统计,1998年到2003年,全国耕地年均减少110.37万 hm^2。到2005年时,全国各类开发区达6866个,规划面积达1.02万 km^2。由于以极低的价格从农村流转土地,故土地浪费情况也很严重。在向农村扩张占用过量的农村土地资源过程中,引发了大量社会冲突,使乡村矛盾激化。各地方政府不断放大"亲资本"政策,几乎成为资本集团的利益代言人而与农民发生正面冲突。极低的征地补偿政策本就对农村造成不公,补偿分配问题更使治理劣化的农村社会产生大量矛盾冲突乃至群体性事件,各地"群体性事件"每年以上万起的规模大幅度增加,"维稳"形势严峻。

1998年在农村实行的"户交户结"措施也成为激发干群冲突的制度诱因。所谓"户交户结"即由原来粮站统一扣除农户上缴国家的粮款,改为农户交粮结账后乡村干部再挨家挨户收取现金。由于农户的高度分散,村干部挨家挨户收钱是非常困难的。为使征收顺利,基层工作人员表现出粗暴对待农户的劣绅化趋势,由此引发了农村矛盾冲突。一些基层政府动用公安甚至黑恶势力来制止矛盾,造成冲突升级甚至人员伤亡。公权力私用是乡村治理劣化的重要表现,严重阻碍了村民自治制度的正常运行和村民自我管理的良性发展,使农村治理危机更加严重,局部地区甚至有演化为政治危机的趋势。由此可见,政府以促进城市经济发展为主导的政策,对"三农"和农村社会治理造成了极大的负面效果。

一方面,城市里兴盛的房地产和基础设施建设以及大批外向型制造业,都属于劳动密集型产业,对劳动力的大量需求吸引着农村剩余劳动力进城务工,形成拉力;另一方面,在农村种地挣不到钱,而乡镇企业的不景气也使得乡村吸纳农村富余劳动力的能力减弱,农民收入减少,城乡收入差距逐步拉大,增强了其到城市寻找工作的迁移动力,形成推力。农村治理的劣绅化更促使农民外出谋生。为满足城市的用工需求,1997年国家出台的《小城镇户籍管理制度改革试点方案》,进一步放松了对农村人口的流动限制。大量年富力强的农村劳动力得以顺利地外出就业,外出打工已成普遍趋势。农村的经济和生活进一步衰落,农村的空废房屋显著增多,农田抛荒现象也显著增加,村庄日渐冷清。

2.6 2003—2012年三农问题受到关注,支农投入与矛盾激化相伴相生

2.6.1 三农问题受到关注,国家开始对农村进行减负支农

随着乡村矛盾的不断激化和群体性事件的爆发性增长,"农民"这一群体的诉求终于进入中央政府的视野并开始得到重视。"三农"(农业、农村、农民)概念最早是由温铁军于1996年提出的,但当时并没引起广泛关注。2000年湖北省监利县棋盘乡党委书记李昌平给朱镕基总理写信,指出"农民真苦、农村真穷、农业真危险",引起社会强烈反响。于是从当年开始在局部地区试行取消农业税费试点改革,将农民减负和农村的民生问题纳入国家议事日程,并首次将农业、农村和农民作为一整体概念即"三农"问题提出。2003年1月,在中央农村工作会议上,胡锦涛总书记提出"三农"问题是全党工作的重中之重。随后多年在中央一号文件中都提到对农民要"多予少取放活",同时实行了一系列的史无前例的惠农政策,包括种粮补贴、养老金、五保低保和新型农村合作医疗(简称"新农合")等补贴(表2-3)。粮食价格也上涨了。据测算,2003年到2009年国家财政用于"三农"的资金投入达30 967.52亿元①。2004年开始在全国启动农业税费减免政策,最终于2006年正式取消农业税,结束了我国延续几千年的农民缴税历史。

表2-3 2003—2009年国家惠农政策出台一览表②

年份	新出台的惠农政策
2003	支持三农、进行农村税费改革、筹建新型农村合作医疗体系
2004	提出用5年时间取消农业税、推出农村"三项补贴"
2005	部分省市自治区"自费"取消农业税
2006	全面取消农业税,推出农业综合补贴、免除西部地区农村义务教育学杂费。允许农民互助金融、小额信贷和村镇银行等三种小型农村金融试点。

---

① 温铁军,等.八次危机:中国的真实经验1949—2009[M].北京:东方出版社,2013:208.
② 温铁军,等.八次危机:中国的真实经验1949—2009[M].北京:东方出版社,2013:206.

(续表 2-3)

年份	新出台的惠农政策
2007	全国农村义务教育免费,全面推进新型农村合作医疗、全面推进农村低保。实施《中华人民共和国农民专业合作社法》
2008	加大农业综合补贴,提高新型农村合作医疗参保率,全部免除学杂费,修订新的义务教育法,预算安排"三农"投入5 625亿元(比上年增加1 307亿元),采取十项重要措施,支持农业和粮食增产
2009	实行新型农村社会养老保险,大力发展农村的中等职业教育并逐步实行免费,增加对"三农"投入的预算,免除农业大县对上级投资项目进行配套的责任,扩大农业金融和保险试点,对农民购买家电予以补贴

2005年,国家又提出"建设社会主义新农村"政策,将其纳入国家"十一五"规划中,作为八项战略任务之首。事实上早在1999年末,著名经济学家林毅夫就提出,针对我国产能过剩必须启动国家新农村建设投资战略的建议,他认为中国经济已经陷入"劳动力和产能双重过剩条件下的恶性循环",只有通过加大对农村的投资带动内需的扩大,从根本上解决中国内需不足问题。这一建议虽然当时没被采纳,但终于在6年后的2005年被列入国家发展战略。

中央实施的一系列"三农"新政和支农投入,带动了资金和劳动力向农村回流,而且对县域经济起到了促进作用,但是并没有根本扭转农村的颓势,农村反而走向加速衰落。其根本原因还是在于过于强大的地方政府和利益集团为了最大化地获得制度收益而不断对农村的攫取。虽然自2003年以来中国步入宏观经济高涨时期,但农村并没有从中受益。

2.6.2 同期城市化高速发展带来对农村土地更大的攫取

2003年以来城市进入高速发展期,基本延续了上一阶段"三驾马车"的经济策略,继续外向型经济和房地产经济以及城市基础设施建设的高投资。随着房地产市场的不断繁荣,它对城市土地的需求也不断上涨,土地收入成为政府财政收入的主要来源和依靠,最终演变为绑架政府而使其欲罢不能。

土地财政是指政府将土地收入作为地方财政的支柱。土地收入既包括了各种与土地有关的税费收入,也包括了通过土地出让得到的土地出让金。我国向城镇国有土地使用者征费的制度始于1987年,但由于当时土地基本是无偿划拨,交易很少,所以该制度并没有得到严格执行。随着对外开放和外资企业在国内落地,土地交易逐步增多并由此引发暗箱操作等腐败现象。于是,2002年国土资源部制定并开始实施《招标拍卖挂牌出让国有土地使用权规定》。2004年,国土资源部、监察部又联合下发了《国土资源部 监察部关于继续开展经营性土地使用权招标拍卖挂牌出让情况执法监察工作的通知》,要求国有土地使用权交易必须要以公开的招标、拍卖、挂牌出让方式进行。至此,积习已久的协议出让经营性土地方式淡出市场,取而代之的是招拍挂方式。此举一方面杜绝了暗箱操作的土地腐败,但另一方面也推高了土地价格,此后,土地收入一路飙升,同时房价涨声一片。从表2-4看出,2004年的土地收入迅速窜至5 894.14亿元,占地方财政收入的比例高达49.56%,此后该比例一直居高不下。特别是2008年金融风暴后,由于企业生产经营不景气,税收增幅下降,许多地方政府用炒高地价的方式筹集地方政府收入,直接导致2009年以后国内房价大涨。到2010年土地收入占地方财政收入的比例甚至高达74.14%。虽然随后中央政府不断出台抑制房价过快上涨的政策,使该比例略有回落,但由于都是针对房地产开发商和购买人所制定的政策,依然没能完全抑制住地方政府从土地要收入的非理性步伐。

表2-4 1994—2013年土地收入与地方财政收入占比①

年份	土地收入/亿元	地方财政收入/亿元	占比/%
1994	—	2 311.60	0.00
1995	—	2 985.58	0.00
1996	—	3 746.92	0.00
1997	—	4 424.22	0.00
1998	—	4 983.95	0.00
1999	—	5 594.87	0.00
2000	346.48	6 406.06	5.41
2001	492	7 803.30	6.31
2002	969.24	8 515.00	11.38
2003	—	9 849.98	0.00

① 2000—2007年土地收入是根据当年国土资源公报计算得出的合同收入,2008—2013年土地收入是根据年度国家财政局地方政府性基金收入决算表计算得出的资金入库收入。

(续表 2-4)

年份	土地收入/亿元	地方财政收入/亿元	占比/%
2004	5 894.14	11 893.37	49.56
2005	5 505.15	15 100.76	36.46
2006	7 676.89	18 303.58	41.94
2007	9 242.98	23 572.62	39.21
2008	9 943.92	28 649.79	34.71
2009	14 239.7	32 602.59	43.68
2010	30 108.93	40 613.04	74.14
2011	33 172.9	52 547.11	63.13
2012	28 517.82	61 078.29	46.69
2013	41 266.18	68 969.13	59.83

与此同时,随着经济发展及劳动力和资本跨地域流动的加强,城市不断增加外来迁入者,带来城市人口密度激增、交通拥堵、基础设施欠缺等问题。这些城市公共设施的改善和建设需要大量的资金投入,仅靠财政资金是远远不够的。于是地方政府通过成立政府性公司,通过政府垄断以极低的补偿价格从农民手中征收来土地,到银行抵押或质押贷款、发行城投债等手段筹措资金,用于城市基础设施建设,即土地金融应运而生。地方政府通过土地金融,以举债的方式实现了资金的融入。近十多年,我国城市建设得以突飞猛进、城市扩张加快,其奥秘就在于各城市政府通过土地金融,汇集了大量建设资金,改造城市基础设施,改善投资环境和生活环境。

在城市建设和扩张如日中天而无用地指标进行出让开发的背景下,地方政府转而逐渐将土地财政的目标转向广博的农村,于是中央政府以支农为出发点的"城乡统筹"政策以及农村土地"增减挂钩""占补平衡"等政策,落实到地方政府执行时,就都演变成为城市扩张争取用地指标实现土地金融的利器。使得"土地城镇化"速度远快于人口城镇化。据统计,2000—2011年,城镇建成区面积增长 76.4%,远高于城镇人口 50.5% 的增长速度;超便宜的土地补偿成本加剧了土地的粗放利用,浪费了大量耕地资源。建设用地粗放低效。一些城市"摊大饼"式扩张,过分追求宽马路、大广场,新城新区、开发区和工业园区占地过大,建成区人口密度偏低。

2008年国际金融危机发生后(图2-9)，中央政府新增投资4万亿元以刺激经济增长。虽然其中的1/3被投入涉农领域，对提高县域经济、增加农村非农就业发挥了重要作用，及时吸纳了因沿海外向型企业倒闭而失业的大批返乡农民工就业，但是与这救市政策相伴的是其余2/3被投入基础设施建设，带来更大规模地占有农村土地资源。各地政府越发采取"亲资本"的政策做法，造成"群体性事件"大幅度增加，以每年增加上万起的规模蔓延开来。加上2006年开始实施的"新农村建设"，在改变农村面貌的同时，也人为地进行大规模的村庄拆并，不仅使大量传统自然村落消失，而且使农民与政府不断地进行利益博弈，矛盾升级，干群关系发展到新中国成立后从未有过的紧张对立程度。各地"维稳"形势越发严峻，引起海内外舆论的关注。虽然中央提出要最广泛地调动一切积极因素，"构建社会主义和谐社会"的政治方针，但各地公司化的政府照样以"征地套现"和招商引资为第一要务。

图2-9　因2008年金融危机而破产的雷曼兄弟公司

图片来源：http://caijing.chinadaily.com.cn/2016-12/23/content_27756126.htm?bsh_bid=1594262782

2.6.3　农村空心化与农房增建并存

2003年以后也是物价飞涨的年代。虽然农民不用再上缴税费且还能拿到农业补贴，以及外出务工也能挣到些钱，但随着化肥、农药及改良种子等的价格上涨，种地成本也在上升，加上各种生活及子女教育等各项费用的上升，农民的生活、住房、教育、医疗等负担依然沉重。市场经济已经完全深入乡村,经济意识已占据农民主导地位,传统的人情往来多被现金往来所代替。农村土地的自给性生产属性(小农经济的种植)在降低,但其商品属性(流转、规模化农业等)却逐渐被挖掘并提高。种地挣不到钱使农民更加将城镇作为养家糊口的首选地。由于农村人才和主要劳动力的大量流失,农村经济进一步衰落,乡村文化和公共设施更加凋零。乡村只有输出而没有流入,使其逐渐被掏空。

农民挣钱就是为了养孩子和盖房子。2003年以后农村出现了第三次的建房高峰。由于城乡割据的二元制度,进城务工的农民无法在城市购房安家、没有社保养老、子女无法上学,这一系列现实问题迫使农民工虽然常年在城市工作生活,但依然将农村作为他们的归宿——存钱在农村盖房。加之农村缺乏有效的村庄规划管理,于是私搭乱建、建新不拆旧、内空外扩、人走楼空等村庄空心化现象越来越严重。据刘彦随等分析,1996年到2008年,全国农村人口非农化转移减少了1.35亿人,而同期农村建设用地不减反增23.5万 hm^2[①]。

总之,这阶段农村各种矛盾凸显。一是城市和农村同时进行了超出以往的快速扩张,耕地红线面临突破的压力;二是农村土地污染严重、农作物安全问题受到广泛关注;三是村庄人去楼空,日益凋零;四是农村干群关系冲突不断,群体事件时有发生;五是虽然国家经济发展了,但农民生活依然无保障,安居乐业依然是梦想。

2.7 2013年至今,乡村建设转型发展时期

2013年,以习近平同志为核心的新一届领导班子形成,在党的十八届三中全会上正式提出"新型城镇化"国家发展战略,同时"促进城乡要素平等交换、公共资源均衡配置,形成以工促农、以城带乡、工农互惠、城乡一体的新型工农和城乡关系"。并且要在整个中国进行政治、经济、文化、社会、生态五大建设,到2020年全面建成小康社会。这将是我国未来长期增长和发展的主旋律,也是国家首次在国家战略中将乡村与城市放在同等地位上,体现了新一届领导人对改变农村落后面貌的远见和决心。

而提出这一国家战略的背景是2012年我国城市化率超过50%,标志着我国从以农民为大多数的国家转向农民和城市人平分秋色。中国在经历了长达20多年的经济高速增长

---

① 刘彦随,龙花楼,陈玉福,等.中国乡村发展研究报告:农村空心化及其整治策略[M].北京:科学出版社,2011:8.

后,经济发展的步伐已经放缓,GDP 7%左右的增长率已成为新常态。过去靠"三驾马车"拉动的经济高增长已难以为继。长期"高投资+高负债=高增长"模式所积累的综合债务规模巨大。据媒体报道,除香港、澳门、台湾外,我国 31 个省和 5 个计划单列市(深圳、大连、青岛、厦门和宁波)中,有 25 省财政负债(表 2-5),只有 6 省市 1 计划单列市有财政盈余。

表 2-5　2014—2017 上半年 25 省市财政缺口统计

年份	2017 年上半年	2016	2015	2014
25 省市财政缺口合计/亿元	−25 349	−48 134	−41 863	−31 927

资料来源:中国财政的真相:25 省负债只有 6 省有盈余[EB/OL]. http://www.brjr.com.cn/thread-373486-1-1.html.

表 2-5 显示,从 2014 年到 2016 年,财政赤字的 25 省合计的财政缺口数从 31 927 亿元,上升到 48 134 亿元,增幅 51%。加上 2016 年中央政府本级硬支出 27 400 万亿元,财政缺口共 75 000 亿元左右。而能挣钱的广东、江苏、浙江、福建、北京、上海和深圳 6 省 1 市总共给中央财政带来的贡献近 3 年均维持在 30 000 亿元左右,加上央企上缴的利润 5 038 亿元,合起来一年也就是 35 000 亿元左右。盈亏相减,2016 年我国政府财政缺口已高达 40 000 亿元[①]。片面依靠房地产和城市基础设施投资建设的"高投入+高消耗式"增长模式已使中国财政不堪重负,产业结构发生严重扭曲。

经济增速的放缓以及用工需求的转变意味着原来在城市务工的大量青壮年农民工将失业,在无法支付较高的城市生活成本的情况下,他们将被迫返乡。而自 2003 年实施《中华人民共和国农村土地承包法》后,很多地区农民不能再按照村内人口变动而分得土地,于是 80 后、90 后新生代农民工成为无承包地的流动人口。他们也因此成为真正意义上的"新工人阶级"群体。中国随之从最大的小有产者国家转变为拥有 2 亿新生代工人阶级的国家。这部分失去乡村依靠的新生代工人阶级,在经济下行时期将成为极大的社会问题。

面对这一系列经济困境和就业问题,中央政府意识到过于激进的城市化扩张不仅面临资源、能源、食品等方面的制约,更积累了空前的社会矛盾。于是中央政府提出"新型城镇化"战略,通过重大的结构调整,增加农村和西部地区的投资富民政策,从而扩大内需进而带动经济发展。事实上,我国能成功应对 2008 年的金融危机实现软着陆,恰得益于危机爆发

---

① 中国财政的真相:25 省负债只有 6 省有盈余[EB/OL]. http://www.bbs1.netbig.com/thread-2816941-1-1.html.

前的2005年就开始的新农村建设,从而加强了县域经济的发展,可以顺利吸纳大量农村劳动力。这对于在农村不再拥有承包土地的新生代农民工而言尤为重要。

随着十八届三中全会提出新型城镇化战略,2014年3月国家又发布《国家新型城镇化规划2014—2020》。它是今后一个时期指导全国城镇化健康发展的宏观性、战略性、基础性规划。

新型城镇化是对过去城镇化道路经验的总结和扬弃,从过去注重物质空间的建设改为以人为核心的城镇化,也摒弃了注重城市忽视乡村的发展思维。随后,国家发布了一系列发展农村的涉农政策,如新增补贴向专业大户、家庭农场和农民合作社等新型农业经营主体倾斜政策、国家农业示范区建设政策、培育新型职业农民、村庄环境整治、农村转移人口市民化政策、新型农村合作金融组织、农业保险政策、农村土地产权制度改革等。2014年国家发展和改革委员会编制《农业突出环境治理总体规划(2014—2018)》,将耕地重金属污染、农业面源污染治理、地表水过度开发、湿地恢复与保护等政策纳入其中。在新型城镇化战略引导下,一些企业面临转型,将农村视为未开垦的处女地而投资农业,使得农村休闲旅游、观光农业等新内容在大城市周边农村兴起。还有一些农民返乡后兴办生态农场等。乡村旅游成为热潮。

随着中央对农村增加投入的政策实施,连续几年的数以万亿计的大规模投资和惠民工程,改善了农村基础设施和环境,也在一定程度上改善了农村干群关系。

新中国成立60多年以来农村变迁的历程显示,在国家的整体发展中忽略了农村发展,使农村一次次沦为城市危机转嫁的牺牲品,对农村造成了深远的改变,有些甚至是致命的伤害,这些是导致农村发展停滞和凋敝的重要因素。未来若要乡村振兴,必须摈弃重城轻乡的观念,在政策层面给乡村松绑,以激发乡村的内生动力。

3 城市化快速发展下的农村困境分析

当今农村正处于前所未有的历史变革期。在农业人口、农业生产模式、农村土地及空间形态等方面都面临着巨大挑战。

3.1 高密度农业人口基数是无法回避的现实背景

我国自古以来就是高密度农业人口大国,农业产值及农民数量在国家中所占的分量一直居高不下。其最早可以追溯到战国时期。那时,各诸侯国意识到国家的实力有赖于庞大的军队人马,征兵的需求促使国家通过一系列政策鼓励早婚多子。根据黄宗智的分析,到秦代,"商鞅就有意识地将小农经济、多子继承制和高密度的人口联系起来"[①]。此时的中国已经具备了一定的农耕技术,铁犁、深翻、灌溉、施肥、轮作等已被普遍采用。这也为国家鼓励早婚多育和多子继承制提供了必要的技术支撑。在多子继承制下,即便父母在世,所有儿子很早便能分家而经济独立,促使其尽早娶妻生子,从而达到人口数量的增加。祖辈的田产在经过下几辈的均分继承后,演变成为小片化土地种植的小农经济。

虽然小规模的土地种植使人口处于贫困边缘,但因有几亩地的收成还不至于挨饿,这也就最大限度地解决了众多人口的生存问题。在高度集权制下,小土地也比大土地庄园更利于国家政权的稳定安全。与之相反,在欧洲所盛行的一子继承制,只有在父亲死后继承者才能继承其田产,其他孩子则必须另谋出路,这无疑拖后了年轻人的经济独立期,从而导致欧洲人的结婚率及生育率降低。一子继承制也保证了大庄园不被分割而得

---

① 黄宗智.明清以来的乡村社会经济变迁:历史、理论与现实:卷三 超越左右:从实践历史探寻中国农村发展出路[M].北京:法律出版社,2014:57.

以一直传承下去,大部分孩子需要脱离原田地而自生自灭,从而使其农业人口始终保持低密度状态。

多子继承制和高密度的小农经济在我国历代一直得到推崇并成为大部分人的习俗,导致了较高的生育率。在和平时期正常的死亡率下,人口增长率达到1%或以上,这意味着人口在72年间增长1倍,144年翻两番。在中国几个较长的朝代安定时期,人口翻番是很常见的。每次的增长都因改朝换代期间的战祸、饥荒而停滞或锐减。据黄宗智分析,我国秦汉时期人口可能是6 000万人,随着战乱和诸侯国的分裂兼并,人口暴减,到唐宋兴盛时期又增加至1.1亿人左右,随后再次消减,到明代重又膨胀。至清代时的1850年人口已至4.3亿人。从中可以看出,我国古代一直延续的鼓励生育制度使得人口始终保持了较高的生育率。但人口的变化因战乱等原因而使得死亡率成为其决定因素,而非出生率。与此形成对照的是,在历史上的欧洲,一子继承制所带来的晚婚和少婚导致了较低的出生率和人口增长的缓慢。直到近代工业化时期,城市工业革命带来了就业岗位的增加和年轻人较早的经济独立,才使得人们结婚年龄和生育率提高,人口得到增长。因而,出生率始终是欧洲人口变化的决定因素。

我国在新中国成立后,虽然进行了土地改革,但"打土豪、分田地"的土地政策和鼓励多生的人口制度与古代的传统制度是一脉相承的,都是土地小规模种植的小农经济和刺激生育。虽然后来实行了"大一统"的人民公社制,土地统归集体所有,生产和生活消费统一支付,但公社内的社员还是那么多,平均到每个劳力头上的人均农地仍然很少。所以公社制并没有改变高密度人口种植状况。鼓励生育政策又使得新生人口剧增,农村人口由1953年的5.03亿人,增加至1978年的7.09亿人[①]。在集体化时期,农业总产出虽然增加了3倍,但产量的增加并没有带来人们生活水平的改善,相反都被增加的人口所稀释了。改革开放后的土地承包制将土地重新均分给农民种植经营,因此重又回归到小农经济模式。虽然大量人口的压力迫使国家于1982年开始正式实施一胎制生育政策,严格控制人口出生率,但人多地少的小农经济既是我国的历史传统,也仍然是我们的现实背景。这既是产生目前"三农"问题的根源,也是解决好"三农"问题所必须考虑的前提。

---

① 刘彦随,龙花楼,陈玉福,等.中国乡村发展研究报告:农村空心化及其整治策略[M].北京:科学出版社,2011:21

3.2 农村人口结构出现失衡

我国农村人口在经历了快速增长和缓慢增长后,从 2001 年以后进入快速下降期,到 2013 年末,乡村常住人口为 62 961 万人,占总人口比重降为 46.27%,低于城市人口比例。这是我国有史以来在正常和平年代的首次大规模的农村人口下降,因而具有划时代意义,同时也给延续上千年的乡村社会带来了前所未有的问题和挑战。

分析近年来农村人口快速下降的原因,主要是几方面的因素共同作用,交汇而成。一是国家多年来的计划生育政策所致的生育率下降使得全国人口增长缓慢。全国人口的自然增加率由 1980 年到 1995 年的 1.37% 下降到 2013 的 0.492%,当然农村人口增加率也同步降低。二是农村大规模非农就业人口增加。农村大量人口离土离乡,进城务工,进而减少了农村常住人口。据国家统计局的信息,截至 2013 年年底,我国非农就业的农民工总量为 26 894 万人,其中,外出农民工 16 610 万人。三是近年来我国加快城市化进程的一系列举措,使得不少农民在城镇购房安家,变成城镇常住人口,也导致农村人口的下降。

如此大量的农村青壮年劳动力外出就业,使得留在农村的人口结构出现失衡现象,主要表现为农村人口年龄结构上的失衡和在知识层次上的失衡。

3.2.1 在人口年龄结构上,农村从业人口趋向老弱妇的失衡状态

根据中国经济体制改革研究会农村状况调查课题组所做的《2012 年中国农村状况调查报告》中抽样调查显示,在农村常住人口中,务农者占 54.7%,非农就业者占 45.3%(因农村存在大量既务工同时又务农的兼业情况,所以调查中以务农天数大于等于非农就业天数的为务农者,其余的为非农就业者)。务农者中以 46 岁及以上为主,占全部务农者的 60.6%,其中 61 岁及以上的务农者占全部务农者的 14.1%。与此相对应的是,17~30 岁务农者只占全部务农者的 12.2%,占该年龄段全部就业者的 23.4%。在就业性别上,务农妇女占 53.6%,而非农就业者中,男性占 60.8%,说明从事农业的妇女要多于男性(中国经济体制改革研究会农村状况调查课题组)。以上数据显示,虽然务农者占农村常住人口的一半以上,但老人和妇女占了较大比例(图 3-1)。

之所以造成这种状况有多种原因。一是非农收入普遍高于农业收入并逐渐成为家庭主要

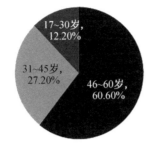 

图 3-1 2012年农村常住人口就业分析

图片来源:作者绘制

的收入来源,使得农村家庭将主要的青壮年劳力用于非农就业上,以期挣得更多收入。调查显示,2012年务农平均日收入27.4元,而常住人口的非农就业平均日收入为70.9元,是务农日收入的2.6倍。相比在家非农就业,外出非农就业的收入应该更高些(中国经济体制改革研究会农村状况调查课题组)。二是新生代农村人更向往物质条件好的城市而不愿留在贫瘠的农村,使得20多年来因计划生育政策本已经减少的年轻人能留在农村的就更少。三是早一代的外出务工者随着年纪渐长,在体力、反应力和知识层次上都比不过年轻一代,在劳动密集型的计件式报酬中势必收入减少,当收入不足以满足较高的城市生活成本支出而无法在城市立足时,他们只好返乡务农或养老。四是虽然非农收入相比务农收入要高,但还是不足以满足全家人的生活支出,老人、妇女和孩子留在农村可以减轻在城市支出的同时,他们在家务农也能创造些收入贴补家用。五是农业技术的进步大大减轻了体力消耗,使老人和妇女能够胜任田间劳作。而在一些中西部山区,因无法使用农业机械,土地抛荒现象就较为严重。六是我国正进入老龄化快速发展期,原本就有很大人口基数的农村,老年人自然很多。据统计,农村老年人占全国老年人口总数的2/3以上。近几十年城市化快速发展,年轻人到城里就业带来农村人口减少的同时,老年人却因体力和文化水平所限,难以在城市谋生,只有留在乡村,而生活水平的提高一定程度上也提高了人均寿命,因而老年人占农村常住人口比例处于高位。

在人口结构失衡的农村,存在一系列社会问题。农村老龄化远远超过城市。虽然近年来开展了新农合保险,但并没有解决根本的医疗和养老保险保障问题。年轻父母由于在城市里忙于打工无暇顾及孩子,只能将他(她)留在农村,由老人隔代抚养照顾,所以农村的养老和教育问题突出。此外,以老妇幼留守为主的农村也带来农业科技推广和更新难、农业转型慢、基层组织和建设出现断层、农村公共设施等供给动力不足等问题,对乡村发展带来巨大的不利影响。

3.2.2 农村人口在知识层次上出现人才只出不进的失衡状态

在农村人口的知识层次上,农村留守的人员远较外出就业者受教育程度低,呈现出人才只出不进的失衡状态。学业较好的农村人通过高考进入高等学校学习后,绝大多数留在城市就业,而外出务工人员由于受到城市择业竞争的压力,其总体的受教育程度也优于留在农村的人。有数据显示,2012年务农者中,小学及以下文化程度者占全部农业从业者的42.1%,初中文化程度的占47.0%,高中文化程度的占8.0%,大中专及以上文化程度者仅占2.9%。与此同时,在非农的农民工中,小学及以下文化程度者占全部农民工的15.8%,初中文化程度的占60.5%,高中文化程度的占13.3%,大专及以上文化程度者占比为10.4%[1]。这一结果显示了农村人口中受教育程度越高的人员更具备一定的择业优势,越容易适应城市多元的就业环境,外出就业的比例也就越高。而受教育程度较低、不具备竞争优势的人员就只有留在乡村。久而久之,乡村就如费孝通所描写的那样犹如被水冲洗过的贫瘠土地,只有肥腴的流失,而没有营养补给的土地复原。

传统社会之所以没有出现上述乡村社会中知识人才只出不进的失衡现象,得益于传统社会中的科举制度以及叶落归根的观念,这些观念使得乡村社会有出有进,得以平衡。科举制度在民间造就了一批有文化又有特权的士绅。他们之中无论中举与否,无论在外多久,根深蒂固的返乡情节使得他们在退休之后,都带着历年积攒的财富以及政治和文化上的资源而告老还乡,成为乡村治理和教书育人的主导力量。"家乡"在中国传统社会中始终占据着特殊意义,不仅是地理位置上的标志,更是精神意义上的"根"。即便是漂洋过海的人,最终还是希望叶落归根,返回故里。在这种制度和社会观念下,出去的人才终会回到乡间,在外赢得的资金及政治资源等也被一并带回到乡间,强壮其"根"。作为科举制度的受益人,乡绅

---

[1] 2012年中国农民工文化程度构成统计[EB/OL]. (2013-06-05)[2016-01-07]. http://www.askci.com/news/201306/05/0510532790352.shtml.

往往出于兴旺家族的初衷,而热心和支持教育事业,兴办各种社学和私塾等,成为乡间教育的中坚力量。这些使得中国的财富和文化精髓深藏于乡村,生生不息。

但今天,一方面,巨大的城乡差异,使得城市犹如一巨大的黑洞,将乡村的人才和土地资源等源源不断地吸引到城市。老师也不愿下乡教学,使农村教育资源和人才均日渐稀少。而另一方面,在城市生活久的农村人在生活方式和价值观念上已完全趋同于城市人,难以再适应农村生活,不愿意接受农业技能培训,在城市所学的技能也难以在农村发挥。但凡能在城市生存下来的一般都不愿回乡。调查显示,2012年在16~20岁的农民工中,参加过农业技术培训的仅占4.00%,参加过非农职业培训的占22.30%,两项培训都没参加过的占76.00%。21~30岁的农民工接受上述技能培训情况分别为6.20%、31.60%、66.00%(图3-2)。而喜爱田园生活的城市人却因当今制度所限很难下乡取得合法的居住身份以及土地。乡村地区人才的只出不进,使得经济文化原本就已落后的乡村更加落后。越落后就越留不住人才,越留不住人才就越落后,进而形成恶性循环,城乡差距越来越大。

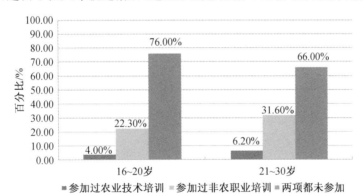

图3-2　2012年农业技术培训和非农职业培训情况

图片来源:作者根据资料绘制

3.3 规模化大资本农业与小农家庭农业运行错位

3.3.1 历史上的小农经济过密化发展

中国人的饮食结构自古就是以粮食为主、肉和蔬菜为辅,在农业体系中同样是以粮食作物为主体的种植结构,这与中国高密度的人口有密切关系。农业领域的人都知道,在同样的技术水平下,单位土地面积上种植粮食作物比畜牧和种植蔬菜能养活更多人,这一比例大概是6∶1①。也就是说,中国自古以来庞大的人口基数迫使人们选择种植粮食作物以使土地产出尽可能达到最大化,而自然排挤掉了畜牧业和果蔬种植。用泔水养殖猪因不耗费土地资源而受到养殖者欢迎。人口压力也使得农民对农地的施肥采用了最经济而不占用土地资源的方法,即用积存的猪粪和人粪(尿)。这种方法虽然耗费人力,但对土地要求最少,因此在人口压力和土地稀缺的背景下,这种施肥方法成为唯一的选择。与之形成鲜明对比的是,英国由于没有人口压力,有足够的土地来支撑肉食和农作物并行的农业模式和饮食结构。所有者将粮食种植和畜牧业结合起来,采用小麦—芜菁—大麦—三叶草交替种植。小麦、大麦作为粮食供人食用,芜菁和三叶草不仅作为牲畜饲料供养马牛羊而提高牲畜产量,而且有固氮作用能增加土地的肥力。此外,畜力的增加也意味着劳动生产率的提高,而中国庞大的人口基数和有限的土地迫使农民以单位土地上投入更多劳力的方式换取土地总产出的提高,却不在意劳动生产率的提高与否。

即便如此,在18世纪的长三角光靠种植水稻和冬小麦仍然不足以维持生存,于是转向产出相对更高一些而劳力投入更大的棉花和桑蚕业。18世纪的长三角地区已经有相当一部分耕地兼种棉花和桑树了,并逐步发展成为棉布和丝绸的主要供应地。

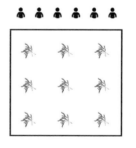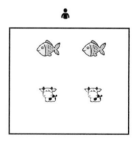

图3-3 单位土地面积上粮食作物与畜牧生产所养活的人数比较

图片来源:作者绘制

从水稻种植转向棉花、桑树种植就使劳动密集化更进了一大步。对于普通农户而言,棉花种植只占劳动很小的一部分,每家农户基本上都是自己从种植、纺纱到织布全过程的家庭化生产。黄宗智曾计算过,如果一家农户将水稻改种棉花,进而纺纱织布制成成品布,需要多投入18倍的劳动,而收入却仅仅为水稻收入的几倍。这意味着当一家农户从水稻改种棉花时,他是以少于水稻的每劳动日平均

---

① 黄宗智.明清以来的乡村社会经济变迁:历史、理论与现实:卷三 超越左右:从实践历史探寻中国农村发展出路[M].北京:法律出版社,2014:33-34.

报酬换取单位土地产出的增加。同样在桑蚕业,养蚕和丝织的日均报酬仅为农业种植的一半。普通农户形成了以种植为主,手工为辅的"半耕半工"的兼业状态。之所以如此高密度化的劳动能得以发展,主要是迫于巨大的人口压力下维持生存的本能,通过家庭中低就业的妇女和老幼从事低报酬的劳动来增加家庭的收入。意即以超越劳动日报酬递减的比例而增加劳动日数来提高每个耕作者的年产出和收入。这就是黄宗智所说的中国农业内卷化或过密化发展。这也使长三角地区的人养成了勤勉劳作的习惯和传统。这种劳动过密式发展使得长三角成为中国最"发达"的地区,但这种发达是以单位土地面积上的极度劳动密集化以及很低的日均报酬而实现的。农村家庭工业和家庭农场几乎是一体的,成为维持家庭生存缺一不可的必要条件。

而 18 世纪英国农业由于对牲畜的大量使用而使劳动生产率得到提高,其平均农场规模是中国的 100 倍,使得 1/3 农业人口足以支撑其余 2/3 人口的生存食物,从而释放出劳动力从事手工业和制造业,进而促进英国工业革命和科技及经济的发展。所以,较少的人口和广博的土地使得英国可以不断追求劳动生产率的增加。相反,巨大的人口数量和较少的耕地将人口束缚在土地上,严重抑制了中国农业劳动生产率的提高,进而阻碍了技术和经济的进一步发展。两者的区别,关键在于中国存在大量相对过剩的人口和劳动力。

3.3.2　集体经济并没有解决过密化,存在大量的未充分就业或隐性失业人口

新中国成立后,农村虽然在形式上由家庭化的小农经济改为集体化农业,但巨大的人口压力依然存在甚至更大,集体化的大规模农业根本没有解决劳动力过剩问题,甚至导致更加严重的过密化发展。因为它不可能像企业一样"解雇"剩余劳动力,相反为了确保人人有饭吃,只得组织农民更加过密化地生产以得到更多的产量,而不需考虑生产效率和用人成本,因为集体中的农民找到其他挣钱工作的机会近乎为零。从这种意义上看,新中国成立后的集体化农业只是放大了的小农经济。国家征收额是与产量挂钩的,产量越高上缴国家的粮食也越多,因此也刺激了农村干部为积极进步上缴更多而不顾农民的利益,进而更加重了农业过密化耕种。从 1950 年到 1980 年,人口每年增加约 2%,而农业产出每年只提高了 2.3%。由于机械、化肥、科学选种、新式排灌等新技术的使用,原来水稻+冬小麦的二熟制种植改为早稻+晚稻+冬小麦的三熟制种植,以使单位土地的年产出增加,但第二季水稻种植所需劳力与第一季相同,而其产出却远比一季水稻的低。有研究显示,集体化时期是以 4

倍的劳动力投入换来3倍的总产出增长,这就是多年劳动力报酬基本停滞不前的原因①。

3.3.3 乡镇企业的勃兴开启了我国农业历史上的首次去过密化

改革开放后,与其说土地承包制调动了农民积极性刺激经济发展,不如说是土地承包制打破了土地对农民的束缚,使得农业剩余劳动力可以自主转移从事副业和非农劳动以增加收入。农民亦农亦工的兼业传统由来已久。前文已述及,人多地少使得中国农民只靠农业收入不足以维持生计,于是兼做手工业成为农民维持生活不可或缺的补充。即便在改革开放前的高度集体化农业时期,家庭副业和全村的集体副业也一直与农业这一主业并行。20世纪80年代广泛兴起的乡镇工业正是源自集体化时期的集体副业。80年代,在国家鼓励和村镇干部领导下,乡镇企业的蓬勃发展带动了近1亿农民的非农就业,使得分享农业成果的人减少,由此开启了划时代的农业去过密化。在乡镇企业就业的人员并没有脱离农业,而是形成了既有务工又有务农的兼业家庭。在经济最发达的苏南地区,甚至农业已经反过来变成了副业,完全靠空闲时间或妇女完成田间劳作。

3.3.4 饮食结构的变化带来农业结构的转变,释放出更多劳动力

首先,自20世纪90年代以来,我国进入了持续20多年的经济高速增长阶段,以每年GDP高于10%的增速发展,人民的生活水平有了明显提高,随之带来对食品多样性和高价食品的需求,从而引起食品消费的变化:由过去以米面为主食搭配少量鱼肉和蔬果的饮食习惯(粮肉菜比8:1:1)向米面与鱼肉和蔬果几乎均等(粮肉菜比4:3:3)的饮食结构转变(图3-4)。这一饮食需求的变化带来了农业生产结构的根本性改变:从以低价值的粮食种植为主向高价值的养殖业和经济作物种植转变,从根本上带来农业产值的增加,而非单纯产量的增加,从而使得农民收入增加。根据黄宗智的资料汇总,在改革以来的30年里粮棉油等旧农业总产量只增加了1倍,而同期种植业产值却增加了407%、畜牧养殖业产值增加了1 042%、渔业产值增加了1 904%②,这即是黄宗智所说的中国农业的隐形革命。其次,沿

---

① 黄宗智.明清以来的乡村社会经济变迁:历史、理论与现实:卷三 超越左右:从实践历史探寻中国农村发展出路[M].北京:法律出版社,2014:74.
② 黄宗智.明清以来的乡村社会经济变迁:历史、理论与现实:卷三 超越左右:从实践历史探寻中国农村发展出路[M].北京:法律出版社,2014:105.

海地区外向型经济和城市房地产、建筑业的蓬勃发展(即通常所说的支撑国民经济发展的"三架马车"),吸引了大批农民离土又离乡到城市打工。2013年年底在外从事非农劳动人员1.66亿人,在本土从事非农劳动人员1.03亿人。大量人口从农业转移到非农业,无疑使得分享农业收入的人数大大减少。最后,自20世纪70年代执行的计划生育政策使得农村新生儿出生率大大降低,而自然增长的年轻劳动力又多被吸引到城市,使得农业劳力补充减少。上述三方面共同构成了当下中国农业发生的历史性转变——进入去过密化进程。有资料显示,农村总就业人数从1995年的最高值4.90亿人下降到2010年的4.10亿人,农业从业人员从1995年的3.26亿人下降到2010年的1.96亿人(图3-5)。

但是我国农村目前依然存在约1亿的不充分就业或隐性失业人口,大部分农业从业人员依然收入微薄,中国农业劳动力在相当长时间内依然继续过剩。这也就是许许多多农民期望将孩子送到城市脱离农业和贫困的缘故,也是众多学者和政府官员力推城市化,期望通过城市化就业来减少农业隐性失业人口,期望通过发展农业龙头企业带动农民就业。但针对中国目前的现实,城市化和农业大型企业真的能解决问题吗?龙头企业在我国农业中发挥的作用究竟有多大?对于农业发展和变革,农民所起的作用多大?

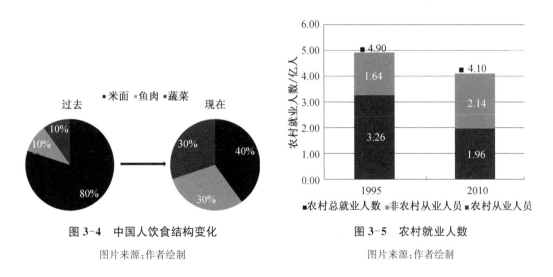

图3-4 中国人饮食结构变化
图片来源:作者绘制

图3-5 农村就业人数
图片来源:作者绘制

3.3.5 小农家庭农业仍然是我国农业主要生产方式

农业发展无外乎是国家、企业和农民三方共同作用的结果,而谁起主导作用却是颇有争议的。最近十多年,国家不仅免征农业税,还每年在农业上增加投入。以市场为导向的企业被认为是推动农业发展的主力军。国家不仅在政策上倾斜,也在资金上扶持龙头企业的发展。2000—2005年,中央政府共投入119亿元来扶持国家级的龙头企业。地方政府亦步亦趋,江苏省每年也投入一定的资金直接扶持企业资金周转或贴息贷款。一段时间内,扶持龙头企业被纳入地方政府"招商引资"任务,成为考核干部"政绩"很重要的一部分。根据农业部2008年的《中国农业产业化发展报告》,农业龙头企业"带动"了8 700万农户,也就是占总农户43.5%的农户进入产业化农业生产。但是深入研究企业与农民的关系后发现,绝大多数龙头企业与农户的关系是以签订合同、订单和契约的方式存在。而真正意义上的企业雇佣农民的雇佣关系只占3%左右。为何企业与农民的关系是订单关系而不是雇佣关系?首先,这与我国的土地制度相关,也与田间作业的特殊性相关。国家规定土地承包制长期不变,因此农业企业若从农民手上流转土地必须花费流转费用增加成本支出,与农民相比,种植同样的农作物无疑比农民的成本高。其次,田间劳作是个精细活儿,很难像工厂一样有统一的标准,容易出现出工不出力或少出力的状况却难以监督。记得有位老农曾说,他受雇去除草时只会除掉表面的杂草而不会将草连根拔起,因为把根除掉,雇主就不会再需要他了,而留着根在,他就可以天天除草挣钱。最后,农业是靠天吃饭的行业,雇佣农工则种植的风险全在企业,而与农民签约到时收购则农业种植的风险全在农民。所有这些因素导致了企业雇佣农工从事农业生产的成本要远远高于农户家庭农场,而企业与农户签约收购却可以回避掉这些风险和高成本。在契约关系下,当然主要是农民对农业生产进行资本投入。只有那3%左右雇佣农工的企业才会在生产环节进行资本投入而直接进行农业生产。

另外,从数据上也显示了农民是农业投资的主力。根据黄宗智对有关统计的分析,2010年农户投入农业的总资本为16 931亿元,占当年农业GDP(40 534亿元)的41.8%。其中流动资本投入为12 186亿元,固定资产的投资为2 305亿元[①]。同期国家对农业基础设施等固定资产的投资是2 400亿元,在该项投资上农民与国家实际上相差无几。但在流动资本投入方面,农户则明显高出国家和农业企业。这充分显示了,农民不但是农业生产的主

[①] 黄宗智.明清以来的乡村社会经济变迁:历史、理论与现实:卷三 超越左右:从实践历史探寻中国农村发展出路[M].北京:法律出版社,2014:164.

体,更是农业发展投资的主力,大大超过国家和企业的投入。

农业发展所必需的资本投入,实际上主要不是来源于企业或国家的投资,而是来源于小农户,这确实超出笔者的想象。那农户所投入的资金来源于哪儿?前文已论述过,我国农民历史上就有半耕半手工的兼业传统,由于平均每家耕地很少,只靠农业不足以维持生存,必须靠家里妇幼做手工业挣钱补贴家用,构成了农业主业与手工业副业两腿支撑缺一不可的生存状态。事实上这种兼业状态的家庭现在也一直存在,只不过反过来是以非农打工为主农业为辅。自20世纪八九十年代以后,很多青壮年离土离乡进城打工,有的即便不离乡也是在村附近从事非农劳动,留下老人或妇女在家耕地种植。在外从事非农劳动的青壮年会将打工积蓄寄回老家盖房或补贴家用,农忙时也会回乡帮忙抢种抢收,使农民家庭呈半工半耕状态。对于大多数打工者而言,城市高昂的房价及子女教育等成本迫使他们只能将自己看作是城市的过客而暂住于此,真正的归宿还是回乡靠那"一亩三分地"。因此,家乡的田地仍然是不可放弃的后路。为了节约农事体力更利于老人妇女劳作,也为了在外打工者少回家帮忙以节约时间和返乡成本,就促使他们投资到机械化设备和农药化肥以节约劳力,后期则是投资到具更高劳动回报的新农业中。因此,农业生产的资本投入初始阶段主要来自农民的非农打工收入,后期就来自经济作物等新农业的高回报。可以说,是农民用他们的血汗钱支撑了中国农业的发展,构成了中国农业过去20年增长的源泉和最关键的动力。小农家庭才是中国农业发展真正的主力。但这一点被很多人乃至政府所忽视,使得农民的力量远远没有被充分利用和发挥。

在国家的大力推动和政策及资金扶持下,龙头企业虽然带动了8 700万占43.5%的农户参与到农业现代化种植中,但由于与农户大多是签约合同或契约收购的关系,企业总是追求最低成本和最高回报的,所以农民非但享受不到农产品涨价或增值的好处,还要承担着投资和靠天吃饭的风险。另外,那56.5%的小农家庭由于处于原子化无组织的分散作业状态,处于市场信息不对等和形单势弱无力与市场抗衡的状态,常常造成农业投资的失败而致贫。也就是说政策利好都被企业享受了,而作为真正的农业主力的农民非但没有享受到国家扶持反而承担着所有的农业风险。国家该如何制定更利于农民的扶持政策,如何组织和发挥好农民的力量,促进中国农业的进一步发展,仍然是值得深入思考和研究的。

虽然土地承包制存在很多问题,但在当今没有社会保障的农村中,它所起的作用相当于一种替代性的社会保障,以保证2.69亿农民工有退路。小块土地的承包制度形成半工半耕经济体,其逻辑就是人多地少的过密型农业迫使人们因收入不足而外出打工。而外出打工的风险又反过来促使人们把家里的小规模口粮地当作一种保险。过去种植业是主业,在农村打短工或在家纺纱织布是副业。今天半工半耕的农户则以城市打工为主,家庭种植为辅。这种生产形态本质上还是因人口过剩而起。正因为人口过剩,才需要国家的干预来均分土地,避免社会动荡。随着城镇化进程,人多地少的矛盾还需要一段时间的过渡和人口消化才能逐步得到解决。也就是说,土地承包制在相当长一段时间内还需要存在。印度与我国情况类似,都是人多地少的农业大国,但由于城市化进程过快,大部分农民失去土地挤入城市找不到工作而流浪街头,应该引以为戒。

3.4　乡村社会组织结构失衡

3.4.1　我国历史上的二元化乡村治理

中央集权在中国已有几千年的历史。在封建社会,中国的政治只有自上而下的一个方向,"君叫臣死,臣不得不死"是皇权至上的最好体现,人民似乎只有完全被动地接受,而无丝毫反抗之力。但政治绝不可能只是自上而下的单向运行,任何性质的政权都要慎重考虑人民的意见,必须重视自下而上的民意表达。一个健全、能持久的政权必须能上通下达、往来自如的双向交流。在中国传统社会,自上而下的政令传达是显性的,但也只到县级层面。对于县级以下广大的农村地区,由于财力有限及交通不便,除了税收,皇权基本处于表面上放任的无为政治状态,就是所谓的"天高皇帝远"——管不着了。在这种制度下却孕育形成了以乡绅或族长为代表的中国传统乡村自组织模式。对国家政令的执行与否以及自下而上的民意反馈由村里有威望的乡绅或宗族长老作为民间代言人从中传达。因此在乡村,皇权实际上是借助乡绅、宗族、信仰及乡规民约等各种形式来间接地稳固统治的。

"士大夫居乡者为绅"。科举制度造就了一个具有功名身份、学衔或官职而退居乡村的精英和特权阶层,即乡绅。他们既有文化知识又有土地等丰厚家产,既有田赋、税收的权力,同时出于维护其声望和地位的需要,大多又热心于乡村的教育、礼仪及道路、祠堂修建等公共事宜,以维持乡村正常的社会公共秩序。他们成为广大基层社会的实际权力者。"在漫长的中国历史进程中,乡绅始终是乡村社会建设、风习教化、乡里公共事务的主导力量。"①但乡绅不是政府机构任命的官职,这就决定了他们不会完全听命于上级政府。相反,对于官方政令,出于维护自身及本乡众亲利益的考虑,他们会将不同意见通过所拥有的人脉关系往上输送并协商沟通及讨价还价,直至达成默契。虽然中国历史上朝代更迭动荡,但以乡绅和宗族族长为核心组织的封建社会基层结构却不曾变化。他们在乡村基层不仅维护着农村的社会秩序,也依赖族田收入提供和组织基本的公共设施建设,从而使基层社会生活得以维持正常的运转。与之类似的还有等级分明的传统宗族制度,各种商会、协会等。这些基层自组织的存在使得封建皇权能在最小的政治和财力成本下维持着整体社会的平衡。以农业税为主要收入的传统人口大国,不可能负担庞大的官僚系统开支,将县以下农村腹地交给民众自治也是必然的选择。因此,"我国历史上的乡村治理实际上走的是一条二元化的路线,公权力和自治力长期共存"②。

3.4.2 新中国成立后高度统一的农村集体组织

新中国成立后的土地改革政策打破了原有的乡村多元化自治模式,村落被前所未有地纳入国家正规的组织管理体系中。新政府重构庞大的乡村组织机构,其目的当然是恢复农业生产、稳定农民生活、增加农业产出,以解决国家建设之需。1950年12月《乡(行政村)人民政府组织通则》颁布,在全国范围内实行乡和行政村两级农村基层行政组织结构,党务机构同时入驻村民委员会。1953年12月,中央颁布《关于发展农业生产合作社的决议》,此后将农村基层组织改为人民公社(乡)、生产大队(村)、生产队(村民小组)三级组织机构,以人民公社为经营单元、生产大队负责记账、生产队组织生产,建立起"统一经营、分级管理"的制度,形成了"一大二公""一平二调"③的平均主义。国家通过人民公社三级一体化生产管理制度,不仅垄断和控制了农村的商业销售渠道,也将国家权力延伸到农民家庭层面,对农民生活资料实行统一调配。这样国家几乎掌握和垄断了乡村所有的资源,以此获得尽可能多

---

① 王先明.乡贤:维系古代基层社会运转的主导力量[N].北京日报,2014-11-24(19).
② 蒋楠.历史视野下的中国乡村治理[N].光明日报,2015-04-08(14).
③ "一大二公"即人民公社规模大,基本上一乡一社,每个公社有成千上万农户;土地、牲畜等生产资料公有化程度高,甚至生活资料都公有。"一平二调"即合作社合并为人民公社后财产上调,统一核算,统一分配,实行平均主义。平均主义的分配方式,大量无偿调拨生产资料和生产成果的做法广泛伤及农民家庭的利益,农民生产的积极性大打折扣,农业生产大受影响,社队深藏密窖、瞒产私分现象大量存在。

的农业产品和财力进行国家的工业和国防建设。这阶段，一切以"公"为出发点，而忽视"个人"的利益诉求，因而遭到部分农民的消极抵制，怠工、窝工现象普遍存在，使得公社制成为低效的代名词。但公社强有力的领导和组织力在村治方面也取得了很大成效，如农田的水利灌溉，修梯田、水库等基础设施的建设都是靠组织村民投工投劳来实现的。有些设施一直沿用到现在。

与此同时，党组织的深入在这过程中起到了较大的作用。"支部建在村上"是将党在军队中的成功做法复制到乡村控制中，从而在思想上统一了农民的意志。经过几十年的党组织深入村级领导及人民公社制，旧的乡村社会组织体制逐渐瓦解。以前作为维持乡村社会秩序的儒家礼仪和乡规民约等均被无产阶级的意识形态所取缔，从而失去了赖以存在的合法基础。

3.4.3 改革开放后农村集体生产组织基本瓦解

我国改革开放后，国家提出在农村实行"以家庭联产承包为主的责任制和统分结合的双层经营体制"。从提法上不难看出，国家除了提出家庭联产承包责任制，同时也提出了统分结合，也就是以家庭为主的分包和集体合作相结合的有机整体。实行土地承包制以后，政社合一的人民公社体制逐步解体，实行政社分开，原来的人民公社三级制度改为乡政府、村委会和村民小组三级组织。由于新中国成立后30多年的集体化道路并没有解决农民的吃饱饭问题而被认为是违反农业发展规律，在实际操作中不再提及集体合作组织的统筹功能，只强调土地承包到户，农民自主经营、自负盈亏，由原先的以队为基础的集体统一生产经营转变为完全以家庭为基本单位的个体经营。原先承担组织生产职能的村集体合作组织职能被合并到村委会中。但村委会由于没有在新的相关法律法规中被界定明确的职能，故而逐渐弱化。改革开放初期，家庭联产承包责任制极大地激发了农民的生产积极性，在物资和食品严重匮乏的时期，生产和销路都不是问题。但随着经济的不断发展和市场竞争的越发激烈，以个体小规模生产和销售为主体的农民在信息不对称的情况下，难以适应瞬息万变的市场行情，"种地不挣钱"成为农民共识，于是纷纷弃农进城打工。大批农民离乡进城打工，使得农村呈现"空心化"现象，只剩老人儿童留守村庄。而需要靠村庄集体力量共同修建的基础设施建设基本停滞了，原来修建的基础设施因长久无人管养也遭到了损坏。但是，在少数农村比如江阴的华西村和天津的大邱庄等，依然保持了村集体的生产组织结构，由村支书行使村级经济合作组织的权能,带领村民组织生产。

1987年国家颁布了《中华人民共和国村民委员会组织法(试行)》。1998年,国家颁布实施《中华人民共和国村民委员会组织法》,实行村委会的村民自治和民主选举等自我管理,乡镇政府只有指导作用,不具有领导监督等上下级权限。同时,村民委员会自治和村党委领导并存。理论上,村民自治属于自我管理,村委会有充分的自主权和民主权利,在村级治理上应该能够反映村民的意志。但遗憾的是,在实际操作中并没有解决农村治理中的民意和组织化问题。

一方面,很多村党委将村委会作为附属机构,独揽村务决策权,使村委会的自治功能无法发挥,村民的主体地位形同虚设。有些乡镇政府通过村党委和内定村委会主任等手段,对村级事务进行控制、干预和管理,以完成上级政府安排的各项行政任务,使乡村发展更多地体现行政意志,而非村民意愿。一些村主任和村党支部书记成为上级政令的执行者,而非村民代言人。

另一方面,有些村委会海选选出来的村干部也不见得能真正代表村民利益,而是自己借机谋取私利。取消农业税前,有些村干部私下通过多收税而谋求私利,加重农民负担。取消农业税后,在没有利益的地区,没人愿意参选村干部。尤其在空心化严重的村子,文化水平高、工作能力较强的青壮年都外出务工经商,留下文化程度低的年老者,人才的匮乏造成村干部后备力量严重不足。

在有些地区甚至村霸盛行,不仅操纵选举,还存在霸占资源、欺压村民等恶劣行径,村民敢怒不敢言,怕遭报复。村霸现象绝不是一两天形成的,如果村级组织能正常运行,依法治村的情况下,是不会产生此现象的。

3.4.4 行政开支缩减使村级行政组织脱离村民

新中国成立前,县以下基层组织是以乡绅和宗族族长为核心组成的自治组织,维持着农村基层的社会秩序和基本的公共设施建设,使基层社会得以正常运转。在自上而下的封建皇权统治和自下而上的乡村自治并行的二元体制下,封建皇权得以能用最小的政治和财力成本维持着几千年的整体社会的平衡。新中国成立后,政党体制延伸到村,形成统一生产经营的人民公社制,因为党员制不需要国家提供活动经费,因此政权下沉到村里并没有带来国家的财政负担。但是,改革开放后村级组织逐渐行政化、村干部职业化,使得地方财政不堪重负。据了解,村支部书记年均补贴和福利共 2 万元左右,普通村干部是 1.5 万元左右。这相对于村民打工收入而言已是偏低了,但对于政府而言全国上百万个村庄的行政开支绝不是小数。于是,前些年为了整合空心化村庄,更为了节省地方政府的行政成本,国家大力推进"合村并组",并推行村级"书记主任一肩挑",精简基层组织工作人员。原本在村民自治制度设计下,村干部既是上级命令的执行人又是村民利益的代言人,但在村干部数量减少而服务对象增大的情况下,村干部角色也发生了转换:村干部完全职业化为坐班工作人员,除了为村民提供办理新农合、新农保等基本服务,还要忙于上传下达和文字汇报,而不能主动深入村中与农民打交道。面对合村后庞大而分散的人口,他们既无时间也无精力深入基层,形成"行政村悬浮"于村民小组的状态①。村级组织脱离于村民,与村民相互不了解,更加深了农民诉求无法满足、村庄公共品供给继续失效、村级治理缺失或不当的局面。

3.4.5 缺乏基层组织的乡村很难有效承接政府资源

近些年来,虽然国家政策不断向农村倾斜,国家资源和资金不断输入农村,但由于基层组织的薄弱,乡村无法有效承接。失去村民信任的乡镇政府及村两委在实施项目过程中也得不到村民配合,无法将村民凝聚在一起,造成国家支农惠农项目落地困难。项目实施中,村民被排除在项目运作过程之外,村民的诉求无法表达,矛盾冲突不断发生,项目实效也大打折扣。笔者在湖南南部农村调研时,陪同我的是刚毕业分配到县政府的女大学生。尽管对笔者照顾有加,但当涉及县重点工程水库建设的搬迁事项时,她就三缄其口,说领导有交代,不能对外人透露,怕被媒体曝光。由此可见当地村民对搬迁政策争议之大。按说,水库建设是造福百姓,利于当地经济的好事,但好事为何将官民推到对立面上,这不得不令人深思。同样的事情在成都农村调研时也见到了,由于成都农村搞土地"增减挂钩",将散落在偏远山区的民宅拆迁集中安置,便于提供配套的基础设施,改善生活环境。这样为民着想的好事因拆迁补偿问题同样遭到村民的抵制。其实,在没有征求村民意见的情况下,谁又能保证该项惠民工程就一定对村民有利呢。"一切政治行为都与一定的经济利益联系在一起"(于建嵘),国家、地方政府及农民都有各自独立和明确

---

① 刘成良.微自治:乡村治理转型的实践与反思[J].学习与实践,2016(3):102-110.

的利益诉求。由于没有能代表村民意愿的乡村自组织参与到乡村的公共事务中,与政府形成有效的沟通协调去影响政府公权力,在政府强行推进政令时,矛盾就会激化,群众就只有上访直至暴力冲突。

笔者到乡下调研,所遇镇长或村主任,都提到工作压力大,群众的协调工作难做,但又必须完成。维稳工作是上级考核下级的重要指标之一,实行一票否决制,也就是如果村镇干部维稳工作没做好,有群众上访事件,那今年的年终考核就是不合格,全年做的其他工作就都白费了。可见维稳已经成为乡镇政府及村两委工作的重中之重。

据学者于建嵘 2012 年的调查:"近十年来,湖南省无论在湘南、湘西,还是湘中和湘北,都出现过大规模的农民反抗事件,其中,上万人的农民反抗事件就有两起,较大规模的有十多起。"① 类似严峻的形势在其他省份也存在。而根据公安部门的数据统计,1997 年全国共发生群体性事件约 1.5 万起,1999 年上升至 3.2 万起,两年翻了一番。2003 年 6 万起,2004 年 7.4 万起,2005 年 8.6 万起。此后虽然再无官方数据,但 2009 年网上资料显示该年就超过 20 万起(图 3-6)。很多群众加深了对基层政府的不信任,进行大规模集体越级上访。1998 年上半年集体上访 187 批,共 24 203 人,分别比 1997 年同期上升 33.6% 和 449.7%。② 中国农村的社会组织失衡和体制问题已直接导致乡村的政治危机。

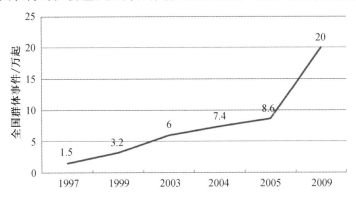

图 3-6　1997—2009 年全国群体事件发生数
图片来源:作者绘制

---

① 于建嵘.中国农村的政治危机:表现、根源和对策[EB/OL].(2018-03-17).http://www.ft.newdu.com/economics/Agriculture/201803/220631.html.
② 温铁军,等.八次危机:中国的真实经验 1949—2009[M].北京:东方出版社,2013:186.

近年来,随着国家加大对农村的资金投入和政策倾斜,乡村干群矛盾有所缓解,但在重大的乡村事务中,农民依然没有合理的渠道自由地表达自己意愿和争取权利,使乡村建设的成效大打折扣。

总之,改革开放前,农村过度强调集体的"公"而忽视"个体"利益,严重压抑了农民的积极性,一定程度上阻碍了农业的发展。改革开放后,农村治理又过度强调"个体自由经营",而弱化对村民经济的组织管理。同时"财权上收,事权下移"的财政体制改革,使农村基层刚性行政开支转由农民负担,从而激化干群矛盾,致使村庄政治生活中公意严重缺失,乡村治理严重恶化。近年来对农村的政策倾斜有效缓解了此状况。

3.5 乡村空间失序、建筑形态失调

3.5.1 农村人口减少伴随农村宅基地不减反增

如前所述,我国自改革开放以后,农业人口在经历了1978—1991年的快速增长期后,从1992年开始进入缓慢增长期,并于2001年开始进入快速下降期。原因一是自1982年开始的计划生育政策,二是自1990年以来国家政策允许农村户籍人口向小城镇转移为非农户口,三是1996年以后快速的城市化进程导致大量农村人口进城打工,使得农村常住人口快速减少。至2013年年底,全国有1.66亿农村人口外出打工,农村常住人口降为6.3亿人,占总人口比重降为46.27%,首次低于城市人口。

与此同时,我国农村居住用地和住房数量并没有随着农村人口的减少而同步减少,反而出现农村居住用地和住房量持续上升的情况(表3-1)。自1996年以来,我国的农村居住用地呈现出快速增长态势,年均增长达2万hm^2,年均增幅为0.12%[①]。而城市建成区面积从1981年的0.7万km^2也增加到2015年的4.9万km^2。也就是说,快速城镇化所带来的农村人口转移到城市,使城市面积扩张的同时,农村居住用地并没有因为农村人口的减少而减少,相反,其居住用地还在持续扩张。呈现出城市与农村居住用地双扩张的态势,使得我国

---

① 刘彦随,龙花楼,陈玉福,等. 中国乡村发展研究报告:农村空心化及其整治策略[M]. 北京:科学出版社,2011:37.

坚守18亿亩耕地红线面临极大的挑战。

表3-1　1990—2014年我国农村新建住宅面积一览表

年份	1990	1995	2000	2005	2010	2014
农村新建住宅面积/亿 m^2	6.78	6.62	7.55	6.23	8.79	8.38

农村宅基地不减反增,分析其原因:一是农地承包到户长久不变的土地政策将农民身份固定在农村,即便远走他乡长期在外打工,家里的"一亩三分地"还是他的财产,成为他的根和最后的归宿,因此当农民经济好转,建房意愿和能力不断提高时,他们就将在外打工挣得的钱大部分用于回家盖房,以待返乡养老。二是城市高昂的房价和生活成本使得靠打工挣钱的农民工无法将城市作为最后的归宿,只能将农村老家作为后路。这也促使他们趁着还干得动的时候,攒钱盖房以备后需。三是农村普遍存在的炫富和攀比心理也是农村住房越盖越大、越盖越豪华的重要原因。四是我国之前缺乏有效的宅基地退出和流转机制,使得部分已在城市定居的农民(新市民)只能将农村宅基地搁置。

笔者曾采访一位长期在南京做保洁工作的50多岁妇女,她有两儿一女。她和丈夫及孩子在南京打工生活已十多年了,目前孩子都已结婚生子,同在南京。她夫妻俩与大儿子一家生活在一起,在南京近郊铁心桥附近租了两间平房。她说他们夫妻早几年在农村老家盖了新房,最近几年两个儿子结婚,都要求不仅在村里盖新房,同时还要在附近镇上买一套商品房。笔者问为何既要在村里盖房又要在镇上买房,她说她们那儿年轻人结婚都这样。他们平时在南京打工,只有过年回家住几天,剩下时间房子都是空着的。这种情况在今天的农村很普遍。笔者在昆山巴城镇绰墩山村调研时看到了同样情况。江苏省进行美丽乡村建设时,对绰墩山村进行了环境整治、绿化美化和房屋出新,使之成为环境宜人的水乡村。但村里的房屋大多空置,只有少量的房屋住着老人。村主任说虽然政府花钱修整了房屋,村里环境得到很大改观,但这些空置的房屋依然只有过年那几天才有人住。有的甚至常年空着,房主大多在昆山附近工作生活,虽然离村子不远,过年回村走亲戚也是当天去当天回,不在老房子里住。

一方面,农村空房有增无减,另一方面,农民工在城市的聚居区条件却非常差。他们一直是抱着为打工养家糊口而暂居城市的"过客"心态存在于城市的,所以可以将就和忍受很差的居住条件,而将对美好生活的希望寄托于老家盖房。但事实上,有很多打工者在城市里已经"暂住"十多年甚至二十多年。农业收入的微薄迫使农民放弃农村而常年"暂住"在城市打工,从而使农村成为他们无法回去的家。

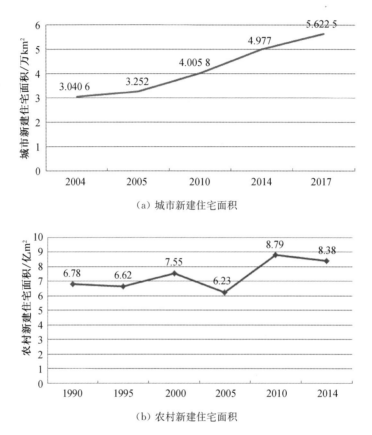

图 3-7 农村新建住宅面积和城市新建面积的对比

图片来源:作者绘制

3.5.2 农村空心化

大量农民长期外出打工生活,农民工向城市集聚的同时,却将积攒的大部分钱用于回农村老家盖房(表 3-2)。村里虽然小楼林立,但平常鲜有人出没。人去楼空成为村庄空心化的典型特征。农村空心化现象一方面造成了土地的低效利用,另一方面也加速了农村社会的瓦解。

表 3-2　1990—2015 年我国农村住宅投资总额一览表

年份	1990	1995	2000	2005	2010	2014
住宅投资总额/亿元	649.8	1 343.9	1 846.8	2 083.1	4 931.7	6 843

农村住房空心化主要分为旧屋废弃与新房空置。旧屋废弃是指原有旧房子的固有缺陷不能满足现在人的需求而使得农民弃旧屋,另择地而建新房,原来的老房子逐渐成为废弃之地,即建新不拆旧。目前存在于乡间的很多传统古民居或传统村落,大多属于此类型。由于历史原因,传统古建筑大多产权不清,关系复杂,导致村民们谁也不愿出钱维修改造,而另外择地新建住房。于是,老建筑处于年久失修、长期废弃、濒临倒塌的无人问津状态(图 3-8)。新房空置是指农村劳动力的大量外出,造成农村房屋的"季节性空置",或由于土地制度禁止农村房屋流转买卖,已在城里购房安家的原农村居民的住房长期空置。

图 3-8　湖南永兴县板梁古村中废弃的老房子

图片来源:作者拍摄

3.5.3　村庄空间失序

如前所述,随着农民经济条件的改善,农村住房大幅增加。建房热不仅占用了大量农业用地,在建筑风格上也完全背离中国传统的乡土气息,取而代之的是模仿城市现代风格甚至国外欧陆风格,求洋求高求大,使得乡村整体风貌发生根本改变。这一方面是由于农民的文化自卑和对城市的向往,将传统的建筑风格视为落后而一味追求城市的现代和崇洋,另一方面传统木制及砖瓦不但建造费工费时,日后维护也麻烦,而现代建筑材料和建造技术的推广使得砖混结构建造快而且省人工。村中心很多年代久远的老宅被视为土气落伍而遭废弃,成为无人之地,任其倒塌。村庄空间在布局上杂乱无章,看不出任何秩序。村庄的公共地带更是处于脏乱差的无人问津状态。笔者在福建莆田市农村调研时发现,村民家家户户的小院里繁花锦簇、干净整洁(图3-9、图3-11)。而出了小院,村里的干道边、池塘边则是垃圾堆积、杂乱不堪(图3-10、图3-12)。这种情形在中国农村相当普遍,既反映了农民只顾自己而缺乏公共意识的小农思想,同时也反映了村庄缺乏最基本的组织和公共秩序的维护。

图3-9 福建莆田市锦墩村村民家干净的门前
图片来源:作者拍摄

图3-10 福建莆田市锦墩村村内路边垃圾
图片来源:作者拍摄

图3-11 福建莆田市锦墩村村民干净漂亮的院子
图片来源:作者拍摄

图3-12 福建莆田市锦墩村村内河面垃圾
图片来源:作者拍摄

建筑是为人服务的，一定程度上反映了人们的思想意识和审美情趣。同样，村庄是容纳村民生产生活的，村庄的物化形态某种程度上映射了其背后深层次的社会结构和意识形态。乡村建设的整体失控与乡村的组织体系失效有密切关系。

1. 中国古代村落自治，体现出主次分明、秩序井然的状态

所谓"国权不下县，县下唯宗族，宗族皆自治"，说明了中国古代县以下乡村社会是以宗族为首的自我管理的社会体系。作为乡村社会的实际权力者，族长或乡绅为了维持本村正常的社会公共秩序，带领大家制定宗族内部管理规定和乡规民约等，同时通过传统的礼制思想来约束村民的日常行为。乡村社会内部自治的有序化管理，映射到村落空间上，显示出主次分明、统一有序的村落形态。一方面，人多地少的小农经济导致了人们"寸土必争"的思想观念，强烈的土地占有欲反映到住宅建造上就是最大限度地用围墙圈地以争取内部空间最大化；另一方面，大家在建房时又都必须遵循一些成文或不成文的规矩以及共同遵守的默契。一旦出现邻里矛盾，村里德高望重的族人或乡绅就会出面调解或主持公道。村民所共同遵守的规矩和默契就是根植于人们意识里的封建礼制和宗族制度，以及几千年流传的风水思想。

传统时期的村庄发展深受风水、宗族和礼制思想的影响。风水一般出自晋人郭璞所撰的《葬经》："气乘风则散，界水则止，古人聚之使不散，行之使有止，故谓之风水。风水之法，得水为上，藏风次之。"风水思想在村落空间形态的各个层面上都起到了很大作用。在村落选址和空间布局上要求：背靠龙脉之气的祖山、少祖山，左青龙右白虎，前有生情的水流绕过，水对面要有对景的案山和朝山（图3-13）。这种选址和布局不仅隐含了人类生存最适宜的自然环境，更是将村落的未来命运寄于周围的山川水势中，以满足人们对宗族兴旺发达、财源广进的希冀。安徽古村落宏村三面环山，面对南湖，南望吉阳山的"太师椅"式空间格局正是风水学说的最好例证。笔者在调研安徽泾县厚岸村时，也发现了厚岸村（原名柳溪村）的手绘图（图3-14），其村落布置和周围环境也体现了古代村落选址的风水思想。对风水思想的尊崇使得村落的整体形态一经形成就能在很长的时间里都保持着相对稳定的状态。风水学说对村落水系的影响也随处可见，按照"引水补基"的思想，村落水系的"尚曲"多有体现。《水龙经》曰，"直来直去损人丁""气行则水随、水止则气蓄""水见三弯，福寿安闲，屈曲来朝，荣华富饶"，这些都说明了曲水比直水好①。从实用的角度看，蜿蜒曲折的水系更有利

---

① 段进，揭明浩.空间研究4：世界文化遗产宏村古村落空间解析[M].南京：东南大学出版社，2009：49.

于在村落中的均匀分布和贴近全村住宅，便于村民使用。我们在安徽以及江南等多个古村落中均可见大大小小的水系绕房而过，甚至在最南端的云南丽江古城亦同样见到类似的小沟渠围绕着房前屋后奔淌不息。由此可见，风水中关于水系的理念在中国大地上得到广泛的认同和运用。住宅单体的建造必经过相地、看风水、定朝向和门的程序。住宅的选址和朝向讲究要有"乘气""聚气""顺气""界气"等利于养生的环境，以获得家道昌盛、福禄寿喜的保障。在处理住宅的邻里关系上，风水学要求"忌悖众"，即忌讳与众人的屋向相反。同时"不强出头"，即无论宅前空地，还是建筑屋脊，都不能自己独高，与众相异。这些对住宅朝向和高度的约束有效地维持了村落内部空间的井然秩序。风水学说虽然一定程度上被巫术化和神秘化，但也包含了大量民间生活和环境的实用哲学，深植于村民思想和生活中。风水学又将大量"禁忌"与个人切身利益相关联，成为自内而外约束人心的规范和准则。当这些准则成为人们自觉自愿遵守的行为习惯时，任何外在的监督都是多余的了。

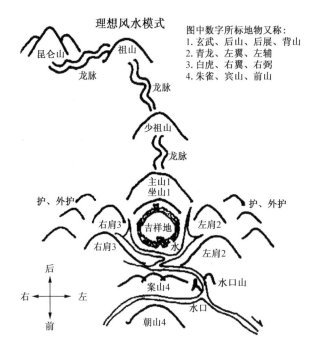

图 3-13　村镇选址与古代风水

图片来源：http://www.dili360.com/

图 3-14　柳溪村图

图片来源：作者拍摄于厚岸村王氏宗祠内

宗族制度使祠堂成为村庄的核心建筑。宗族制度是中国几千年社会发展的重要支柱，从社会组织到人们的思想意识和日常生活的方方面面，都深深烙上了宗族制的印记。最有代表性的祠堂是祭祀祖先、族人聚会、主持公道、婚丧嫁娶等的场所，被视为关乎宗族命脉延续之所在。作为宗族意识的代表，祠堂在村落中占据着绝对权威和至高的地位。因此，民间均有"祠堂周围房屋方向不可与其相背"的说法。由此看出，祠堂对周围建筑朝向以及街巷空间形态所起的控制作用。祠堂前面也成为村落中人们经常聚集的开敞空间。同时，宗族规定各家建屋不可侵占街巷，甚至对一些主要道路的宽度也做了详细规定。此外，村落内部也表现为以宗族血缘关系为纽带的聚族而居，不同姓氏的村民分化为不同地块的聚居。因此，村落内部虽然建筑群体因地块所限而形态各异，但却存在着明确的中心和秩序感，即靠近宗祠和主要公共建筑的区域，其朝向基本与祠堂和公共建筑相一致，远离这一区域而接近自然环境的村落边缘建筑群更多地表现为顺应自然地形的自由形态。

礼制对村落空间的影响则表现在森严的等级上。明洪武时期，对普通住宅的形制有明确的规定："庶民庐舍不过三间五架，不许用斗拱，饰彩色"，"三十五年（1402年）复申禁令，不许造九五间数，房屋虽至一二十所，随其物力，但不许过三间。正德十二年（1517年）令稍变通之，庶民房屋架多而间少者，不在禁限。"[①]由此可见，普通百姓的住宅大小是被严格限定的，尤其在最能表现气势的间数上更是严格。礼制对住宅内部空间上更严格规范了多进院落的内外有别、祖孙几代卧室位置的尊卑有序，以及形成内院空间的门堂分立等必须遵守的规则。

由上可见，风水学说、宗族和礼制等共同构成了古代百姓建房和村落选址建设必须遵守的规则和戒律，维持着古代村落发展的空间秩序。

2. 新中国成立后的农村社会是高度集权的集体化，村庄整体风貌没有根本改变

新中国成立后，国家体制发生了根本性改变，意识形态从封建主义转变为共产主义新思想，以前的宗族、礼制和风水学说都被当作封建残余而被彻底根除。一些宗祠、寺庙、族田等宗族公产被依法没收，并以阶级划分等级来取代宗亲关系，从而彻底动摇了乡村宗族势力的存在基础。风水学说随着新文化运动的兴起也遭受重挫，成为被人遗弃的封建迷信。在将这些传统思想从人们思想意识中铲除的同时，树立了共产主义理想和共产党的绝对权威，乡村公共秩序的维护以及村庄环境的建设转变为依靠党垂直领导下的生产大队，其组织形式

---

① 段进，揭明浩. 空间研究4：世界文化遗产宏村古村落空间解析[M]. 南京：东南大学出版社，2009：64.

为大队党支部自上而下地领导和组织群众进行生产和生活,最能反映当时情况的典型就是电影《红旗渠》和《学大寨 赶大寨》中描写的组织群众兴修农田水利的情景。这阶段的社会组织关系更强调在党领导下高度的思想和行动一致性,表现出极强的集体组织纪律性,而忽略农民个体意志的诉求。农民仅限于服从和听命于上级的指挥,而无提出自我需求的权利。村庄的空间形态并没有太多变化。新中国成立前的连年战乱所造成的人口迅速减少也使得农村有大量空余房屋。因此,新中国成立初的4亿农民在居住方面基本属于挖掘潜力、消化存量房屋,村庄无论是在建筑形态上还是在数量上都没有太多的变化。

但是,由于社会阶层在新中国成立后发生彻底改变,贫下中农当家做主,从原先的社会最底层变为最高阶层,而乡绅地主沦为遭人唾弃的社会底层。打土豪、分田地,将原先的地主大院没收后分配给贫农无房少房户,从而改变了原来一户人家居住多进院落的传统居住模式,而形成分进居住、多户共用的使用方式。这也造成了日后的产权不清。

此后的20多年间,虽然农村人口由1953年的5.03亿人激增到1978年7.09亿人,但在温饱问题还没有解决的情况下,农民无暇顾及居住条件的改善,农民基本是在原有住房周边增盖房屋以解决多出来的人口居住问题。村内空间呈现出紧密聚居式的组团形式。因此,到改革开放前,村庄总体居住形式和空间格局均没有太大变化,以泥草房、木瓦房为主。但许多被割裂的深宅大院和宗祠内部被任意改造,私搭乱建,造成严重的破坏。加之原本就是多户分散使用,一些精美的古典建筑装饰和楹联牌匾等被损毁,造成了传统建筑一定程度上的损坏。

3. 改革开放后的农村处于无组织的原子化发展,村庄发展处于无序失控状态

改革开放后,随着土地承包制的实施和乡村工业的蓬勃发展,农民的收入水平显著提高,于是出现了第一次的农村建房高峰期。由于村内可供盖房的空地很少,于是在很多土地管理不严的地区,村外建房快速增加,村庄呈现出外扩势态。而在人口密集、土地管理较严的省份如江苏,则大多是拆除老宅在原址上盖新房(这就导致了江南农村住宅年代出现断层,多是20世纪80年代以后的建筑)。人均住房面积由1978年的8.1 m^2 增加到1988年的16.6 m^2。房屋结构也有所改变,砖木结构增多,混凝土房屋开始在经济发达地区出现。建筑形式大多为在传统建筑风格基础上的延续和改进。

20世纪90年代以来,由于中国经济改革和发展的重心由乡村转向城市,乡村工业逐渐走向衰落,无法提供更多就业岗位给农村剩余劳动力。而城市经济的快速发展却吸引着农

村劳动力向城市转移。1997年《小城镇户籍管理制度改革试点方案》的出台,进一步向农民敞开了城镇的大门。于是农村劳动力大量外出,农村经济和社会进一步衰落,农村开始出现大量的空置房。与此同时,国家扩大内需等政策的出台在带动城市房地产的同时,也使农村建房热潮持续高涨,1997—2000年的4年间农村人均住房面积增加了3.0 m^2,此后农村建房热潮一直居高不下。许多农户均废弃老宅,而在自家农田里建新房。钢筋混凝土结构逐渐取代砖木结构成为农村新宅的主流。村庄贫穷落后的面貌得到极大的改观。但在建筑形式上也完全脱离了传统样式,取而代之的是模仿城市现代风格甚至国外欧陆风格。建房热不仅占用了大量农业用地,也使更多的村中心老宅被废弃,在建筑风格上也完全背离中国传统的乡土气息,求洋求高求大,使得乡村整体风貌发生根本改变。

村庄空间的整体失序与乡村的组织体系失效有密切关系。新中国成立后,乡村原有的以宗族长老和乡绅为主、以道德约束为基础的自治体系被彻底摧毁,代之以依靠自上而下的政权治理模式,表现为生产大队的组织形式,由大队按照上级行政要求组织农民进行集体的农业生产和收成分配。改革开放后,村级组织取消了生产大队,成立村党支部领导下的村委会自治体系。土地承包制恢复和激发了传统小农经济的优势,充分发挥了农民的自主积极性,但在废除了生产大队集体组织的同时,没能建立起有效的社会组织结构。村民委员会没有真正形成农民的民主自治,而是成为事实上听命于村党支部的执行机构。由于中央强调"个体自由经营",也鉴于改革开放前对组织农民集体生产的失败教训,村党支部对村民采取了放任其自由发展的态度。村两委在丧失了生产组织功能的同时,在村庄管理等方面也大大弱化,仅仅成为上级政府下达和执行指令的工具,只对上级政府负责,而对组织村民生产销售及解决村民社会矛盾等方面所发挥的作用很有限,所以在村民中的威信也随之降低。村民失去了村级行政的组织束缚,又失去了传统道德约束后,彻底处于原子化无组织无约束状态,成为自由涣散的"一盘散沙"。

农村组织结构的瓦解,反映到村庄空间上,就是无序的空间发展。只要不妨碍其他村民的利益,村民们都可以按照自己意愿在空地甚或田地里争相盖房。于是,形态各异的农民住房如雨后春笋般在短短二十几年间覆盖了乡间。虽然国土部门对农村土地有相应的管理规定,但村镇级管理薄弱,在各地的执行力度差别很大。

1996年,笔者曾去过福建莆田锦墩村,当时从莆田县城的长途汽车站到锦墩村半个多小时的车程沿途还是大片农田,村里大部分都是平房,只有零星的二层楼房,村周边也是大片的田地。2015年笔者再去时,变成莆田市一部分的锦墩村已很少有田地了,据村里人说原来的农田目前也就剩下20%左右了,大部分农田不是被农民私盖成厂房,就是盖成多层楼房。村里老房子已很少见了,取而代之的是混凝土小洋房,仅有的几间传统房屋也是破烂不堪,被废弃空置。大部分村民都从事非农工作,仅剩的一点田地也是自家老人用来种些自己吃的。当然,锦墩村是被城市化的农村,不能代表大多数农村的状况,但毋庸讳言,农村中私搭乱盖、无序发展是普遍存在的现象。

3.6 乡村环境污染严重,耕地严重退化

3.6.1 耕地污染形势严峻

中国是传统的农业国家,有5 000多年的耕作史。在农民祖祖辈辈既种地又养地的情况下,耕地虽经几千年的种植,依然保持着很好的肥力和质量,养活了占世界20%的庞大人口。与此相对应的是,美洲大陆开垦耕地不到一百年就使得肥沃土壤大量流失,农业发展受到严峻挑战。为此,1909年美国农业部土壤管理所所长、威斯康星大学农业物理学教授富兰克林·H.金特意远涉重洋来到中国和日本探究学习亚洲的农耕方式,写就了《四千年农夫:中国、朝鲜和日本的永续农业》一书。

但是,我国在最近短短30多年的高速发展时期,丢弃了传统的耕作方式,向西方学习大力发展工业化农业,使得耕地质量迅速下降,耕地污染非常严重。中国地质调查局会同各省国土部门涉及10多万人,于1999—2014年对我国耕地质量进行了全面调查。结果显示,我国东北、闽粤琼、西北及青藏地区部分耕地有机碳含量明显比30多年前的改革开放初期要下降许多,严重降低了土地肥力。东北地区耕地有机碳含量下降了21.9%。此外在调查范围内29.3%的土壤主要是北方地区碱化加剧,pH上升了0.64。而21.6%的耕地主要在南方地区酸化严重,pH降低了0.85,并且重金属污染严重[1]。据报道,全国受污染的耕地约有1.5亿亩,几乎占中国耕地总面积的1/10,主要集中在经济较发达地区。此外还有耕作层板结以及因水土流失而变薄等问题。所有这些因素导致耕地退化面积达总耕地量的

---

[1] 蒋高明.中国生态六讲[M].北京:中国科学技术出版社,2016.

40%,呈现出断崖式质量下降。而 2010 年公布的《第一次全国污染源普查公报》显示,中国农业使用化肥、农药以及地膜的污染已经超过工业和生活污染,成为污染水资源的最大来源①。

3.6.2 国家推行工业化农业导致化肥、农药的泛滥

在以农业高产为唯一目标的背景下,工业化农业的盛行带来我国农业耕作方式的根本改变。国家补贴化肥、农药厂,以低价销售化肥、农药,鼓励农民购买使用,长期给耕地施用大量合成的速效无机肥料以补充氮、磷、钾等矿物质,而忽视土壤中动物和微生物的作用及其生存需求,造成碳、氮等比例严重失衡,土壤微生物和动物多样性发生变化,打破了土壤生物群落的生态平衡。一方面使土壤板结和酸化到从未有的程度,另一方面失去天敌的害虫大量爆发猖獗,这又导致农药的进一步使用,在杀死害虫的同时也消灭了大量动物。今天的化肥施用量已经是新中国成立初期的 100 多倍,今天的农药种类也数十倍于人类的食物种类。绿色和平国际组织曾在山东某著名的蔬菜之乡调查,发现农户为了种植反季节蔬菜,在一亩温室大棚里每次施用化肥 5~6 kg,平均每隔 10 天上一次肥料。每亩大棚一年总共能消耗掉 182~219 kg 的化肥。而据统计,中国单位耕地化肥平均施用量达 434.3 kg/hm²,是化肥施用安全上限的 1.93 倍,但利用率仅为 40% 左右。使用过量的化肥不仅使得地下水受到严重污染,而且导致土壤严重酸性化,使得喜酸的根线虫大面积爆发,无法消灭。受根线虫病侵染的植物根系不再吸收水和养分,造成颗粒无收。当常规农药消灭不了根线虫时,就轮到剧毒农药上场了。

杂草木可以提供土壤有机质,但除草剂在杀死杂草的同时也杀死了地里的其他有益生物,益虫对农药的反应往往比害虫更敏感。当用农药防治稻田里的稻飞虱时,最先消灭的不是稻飞虱,而是它的天敌蜘蛛。虽然在使用农药初期有效,但随后稻飞虱就会以更加凶猛的态势卷土重来。失去了天敌的病虫害只有依赖更大量的农药。虽然大量农药和抗生素的使用一时控制了病虫害,但是食物链被污染,最终通过食物进入人体,造成人类病患。目前仅农药种类就多达 300 多种。我国农药的平均用量为 13.4 kg/(hm²·a)。1990 年我国农

---

① 温铁军. 理解中国的小农[M]//富兰克林·H. 金. 四千年农夫:中国、朝鲜和日本的永续农业. 北京:东方出版社,2011:3.

药总量约为 70 万 t,到 2008 年这一数字变为 173 万 t,平均每亩用量 0.96 kg 农药,其中有 60%～70%残留在土壤中。六六六、毒杀芬、灭蚁灵、敌敌畏、辛硫磷、乐果、西维因、巴丹、杀虫脒、代森锌、敌克松、灭菌丹、退菌特、田安等杀虫灭菌剂,还有杀螨、杀线虫、灭鼠剂,这些众多的农药和除草剂使耕地充满了杀气,但害虫和杂草却越杀越多,产生了很强的抗药性。1980 年,世界报道的抗性昆虫有 432 种,到 1989 年就变为 589 种,其中的 392 种是农业害虫。农药大量使用后,益虫益鸟、青蛙蛇类等纷纷减少,田间地头的雉鸡、野鸽、家雀以及秃鹫、乌鸦等大量消失,树上的松鼠、草丛中的野兔、花朵中的蜜蜂、土壤中的蚯蚓等都难寻踪迹。原先拥有新鲜空气、水和食物,一派生机的乡村田野,如今已是杀气腾腾。蒋高明曾在田间统计过棉农打农药次数,转基因棉花生长期为 22 周,除去第一周播种和最后一周成熟收获不打农药,中间的 20 周打农药次数为 18～20 次,平均每周 1 次。

过量的化肥和农药导致地下水产生硝酸盐和氮含量超标等严重的污染。山东蔬菜之乡的水井水硝酸盐超过国家标准 20 倍以上,硝酸盐污染可导致高铁血红蛋白症、婴儿畸形和癌症等疾病。中国有关方面曾对 57 个城市进行调查,发现有 46 座城市地下水氮超标。这些超标地下水很多就是因为使用过量的化肥引起的。

农民因长期接触农药,患各种疾病特别是癌症的人数越来越多。众多农药进入自然环境,最终通过食物链进入人体。如广泛使用的草甘膦除草剂,它仅仅保护抗草甘膦的转基因作物,而对其他生命统统杀死。它通过粮食进入人体后危害是很大的,但有关部门避而不谈。笔者通过百度搜索,显示草甘膦是通过茎叶吸收后传导到植物各部位的,主要用于转基因玉米和大豆,涉及食品包括各种糕点、饼干以及以玉米、大豆为饲料的家禽和家畜。通过食物进入人体后,它可能造成的后果有:大脑智力或精神活动异常、血液系统疾病、不育症、(眼)角膜异常、皮肤毛发疾病、神经肌肉及心脏等多器官疾病、难治性低血压、休克、肾衰竭、胃肠炎等。

3.6.3 工业废水也对耕地造成污染

除了化肥、农药等对土壤和地下水的面源污染,工矿企业的废水排放更使中国耕地雪上加霜。目前全国有 70%的江河水系受到污染,流经城市的河流有 95%受到严重污染。在受污染的 1.5 亿亩耕地中,因污水排放直接造成的受污染耕地就有 3 250 万亩。水利部曾公布,有 3.2 亿农村人口喝不上达标水,这其中包含高氟水、高砷水、苦咸水及有害物质超标的水等等。在全国113个重点监测城市中,不达标的占35%,涉及16个省的40个城市。

如此严重的工业废水污染,究其原因,是许多企业虽然按照国家要求建有污水处理设备,但运行成本高,违规排污罚款额度小,他们宁愿罚款排污也不愿开机处理污水。当地政府看在税收的份上也对他们从轻发落,从而造成了大面积的水污染状况。处理1 t污水的费用是1.2~2元,而工厂一天的排污水量就达十几万吨,一天光处理污水费就是十几万元甚至几十万元。如果企业不经处理私排污水,2008年以前的标准是最高罚款额20万元。依照《中华人民共和国行政处罚法》中"一事不能两罚"的规定,同样的事由一年只能处罚企业一次。在潜规则下,企业交一次罚款就可以直排污水一年,节省成本几百倍。据报道,由于岷江上游建有很多造纸厂,产生的污水直接排到岷江造成水流黑色,洄游鱼类死亡。但是如果造纸厂关停,工人工资和当地政府每年的税收将受损。虽然饮用水受影响,但在经济利益面前,在被"慢性毒死"还是被"没钱饿死"的选择上,生存的本能使当地人选择了前者,而政府监管的缺失和纵容更是重要因素。虽然河流湖泊有一定的自净能力,但成千上万个企业长年持续排污,足以令所有水系都被污染一遍。众所周知,北京水问题很严重,在其水资源严重缺乏的情况下,排放的污水更难以稀释和降解,从而加重了北京地表水的污染。除远郊有些水库及其支流属二类水质外,北京市地表各河湖水系基本都是超五类的劣质水。这里起关键作用的还是观念问题,每个人都存在侥幸心理,都认为自己是在上游,污水是排到下游,受害的不是自己。但当人人都这样做时,谁都难逃互害模式。

据监察部门统计,我国近些年发生的大大小小的水污染事故高达1 700件以上,其中比较严重的水污染有140件。2016年,常州外国语学校的"毒地"事件已使493名学生身体出问题,甚至患上淋巴癌和血癌。学校土壤里监测出有毒致癌物和有害物竟超标9万倍。还有前些年的松花江污染、太湖蓝藻暴发、盐城饮用水污染、陕西凤翔儿童血铅、云南地下藏毒事件等,都昭示着我们的生存环境正遭受严重的威胁。地下水一旦污染,即使彻底消除了污染源,仍然需要十多年甚至几十年才能恢复水质。

在农药、化肥以及工业污染的包围下,农村居民患癌率剧增。原卫生部和科技部联手于2008年完成的中国居民死亡调查报告中显示,癌症已成为中国农村居民最主要的死因之一,其中与环境密切相关的肺癌和乳腺癌在过去30年里分别上升了465%和96%。2009年华中师范大学地理系学生孙月飞的毕业论文《中国癌症村的地理分布研究》指出:中国癌症村的数量超过247个,涵盖中国内地的27个省份。癌症村多发生在城郊接合部,主要是因为城市在郊区发展工业园区,引进化工、制造等企业,造成大气、水和土壤污染,致使工业区周边或城市下游集中分布着癌症村。中国经济的高速发展和农业产量的十几年连升,影响了农村自然和生态环境。

3.6.4 土壤有机质再认识

化肥、农药从来就不是中国保持土壤肥力和祛除病虫害的方法。为何我国传统农法能几千年保持耕地肥力不降,而化肥、农药却难达长效?其核心就在于对土壤有机质的认识程度。土壤有机质是土壤中各种生物的能源库,在土壤复杂的生态系统和食物链中起着重要作用,从转换养分到病虫害控制,都发挥着不可估量的作用。一般土壤中空气和水各占25%,固体物质约占50%,其中,固体中又包括矿物质(45%)、各种活动的生物有机质(0.5%)、根系有机质(0.5%),以及已转化为稳定的高分子的"死"有机质(4%)。在理想的土壤生态系统中,应含有脊椎动物、蜗牛、锅虫、蚯蚓、线虫、原生动物、细菌、放线菌等等,这些动物和微生物构成了食物链/网。这些生物一年中生物量总合能达到每亩400~470 kg。根据现代科学的分析论证,土壤有机质的含量直接关系到土壤肥力水平。

1. 土壤有机质含量决定肥力

土壤有机质含量虽然仅占土壤总量的很小部分,但它对土壤肥力及植物生长起着巨大的作用。土壤有机质的分解转化分为腐殖化和矿质化两个过程。腐殖化过程中所合成的腐殖质保存了养分,腐殖质再经矿质化而释放养分,从而满足植物的生长需求。有机质中含有大量植物生长所需要的氮、磷、钾、钙、镁、硫、铁等重要的营养元素,以及一些微量元素。土壤中92%~98%的氮都是以有机氮形式存在的,且植物从土壤中吸收的氮素占50%~70%;土壤中20%~50%的磷是有机磷,75%~95%的硫是有机硫,它们都随有机质分解而释放供植物吸收。土壤中的碳在分解过程中转化成CO_2释放到大气中,再通过植物光合作用回到植物中满足植物生长对碳素的营养需求。土壤有机质中的胡敏酸可以提高细胞膜的渗透性,促进养分进入植物体,有利于植物根系的生长发育。此外,土壤有机质中还含有VB_1、VB_2、吡醇酸和烟碱酸、激素、异生长酸、抗生素等,促进植物的生长并增强其抗病能力。

需要指出的是,土壤中的有机磷是以迟效态或缓效态形式存在的,而不是像化肥磷是速效态形式存在。土壤有机质与难溶性的磷反应后,增加磷的溶解度,从而提高土壤中磷的有效性以利植物吸收。此外,有机质中的腐殖酸是一种生理活性物质,可以加速种子发芽,增强根系活力,促进植物生长。这也正是有机磷能在较长一段时间内被农作物充分吸收,而化肥磷却只有少数被吸收利用的原因。

2. 土壤有机质能改善土壤的物理性能

土壤腐殖质是一种带负电荷的亲水胶体,有巨大的表面能和比表面,从而吸附土壤溶液中 K^+、NH_4^+、Ca^{2+}、Mg^{2+} 等的交换性阳离子,使其既可以避免随水流失,又能被交换后供植物吸收利用,所以说有机质的保肥性能很好。腐殖质胶体与土壤中的矿质土粒相结合,形成有机-无机复合体的团粒状结构。这种复合团粒不仅具有较强的水稳定性和土壤黏性,从而减少干旱时的土壤龟裂,而且还能增加土壤的疏松性,改善土壤的通透程度,避免土壤板结。腐殖质亲水胶体具有极大的吸水率,高达500%,而矿物质的吸水率仅为50%。这也是为何有机土比沙土更具有保水性的原因。有研究表明,土壤有机质含量从1%提高到3%,土壤的保水能力将提高6倍。土壤腐殖质颜色为深棕色或黑色,热容量高于空气和矿物质,因此具有吸热提高土壤温度和保温的能力,有利于种子发芽。

3. 土壤有机质是土壤动物及微生物的能量源泉

土壤微生物是土壤中一切生物化学过程得以发生的根源,有些微生物还有解钾功能,促进植物对钾元素的吸收。而微生物的生存离不开有机质,有机质中的腐殖酸能促进微生物生长发育,因此土壤有机质的多少直接关系到土壤微生物的种群、数量和活性程度。蚯蚓等土壤动物以有机质为食物,并能进一步促进土壤的疏松度和加速有机质的分解,有利于植物生长。衡量土壤是否良好的重要指标就是看土壤中自然繁殖蚯蚓的多少。

由此可见,土壤有机质构成了一个复杂的土壤生态系统,成为土壤活力的来源。从养分的储存和分解转化到病虫害的控制,它均发挥着不可替代的巨大作用。我国土壤的有机质含量,旱地是0.5%~3%,水田是1.5%~6%。由于不断的分解转化,农作物生长带走养分,使得其含量始终处于变化之中。中国农民自古就懂得,良好的耕地肥力需要不断借助外力补充有机质。他们将大山、河流等都纳入补给耕地肥力的范围内,而且卓有成效。山上的杂树野草既是生活燃料,也是堆肥肥料的来源之一,即便燃烧后的草木灰也是被当作肥料撒到田间;河底的淤泥也被视为很好的肥料用于田间;农民早已认识到有机质转化为植物能吸收的养分需要很长的时间,因此还将各种有机垃圾与泥土混合堆肥来分解有机质,制成土家肥;人畜粪便更被看作是农作物的宝贝。记得笔者小时候所生活的南京老城南居民区里的公共厕所皆被专人承包,定时打扫卫生,将清理出的粪便运到乡下做肥料;中国农民很早便认识到豆科植物对维持土壤中的氮素起很大的作用,因此一直都将豆类作物作为不可或缺的田间作物,与其他多种作物进行轮作。通过以上手段,中国农业既实现了对城市废弃物的无害化处理,避免对水体的污染,又实现了对耕地的养分补充,真正实现了对废弃物的循环利用。

但是有机肥的使用无疑会大大增加劳动强度和种植成本。现实是,年富力强的农民工都外出打工,留下老人、妇女从事农业生产,如果有机肥的使用不能给农民带来经济效益,是不会有人愿意舍弃省力的化肥,而多花成倍的体力去用有机肥的。这就是我们当下面临的食物安全及环境保护困境。

4 城市扩张下的农村土地整治和乡村建设

21世纪初在全国普遍开展的大规模新农村建设或乡村建设,实际上是源于国家实施的"增减挂钩"土地政策。在政策设计上考虑不周全,使得国家在制定"增减挂钩"政策时的初衷和地方政府在执行时的目的不一致,导致我国新农村建设过程中出现很多偏差。

4.1 农村土地政策

农村的土地整治实质上是源于城市扩张对土地的需求。前文曾提过,20世纪80年代分税制改革后,中央政府的财政收入迅速增多,地方政府则陷入"财力有限而事权无限"的尴尬境地。对于原先主要依靠农业税收入的乡镇政府财政,在国家取消农业税后,更是陷入工资都难以为继的状态。虽然中央财政通过转移支付方式"反哺"地方,但均是以项目资金形式下拨的"戴帽子"资金,不能挪作他用,同时还要求地方政府也配套相应的资金投入。对于财政吃紧的地方政府,这不但不能解决吃饭问题,更加大了财政负担。加之上级政府在保增长、以GDP为衡量政绩方面施予的压力,地方政府逐渐摸索出一套土地—土地财政—土地金融的生财之道。这大大刺激了土地城镇化步伐。随着城市不断向外扩张,侵占耕地成为必然趋势。

中央为保护粮食安全,制定了农业用地"占补平衡"的土地政策,严守18亿亩耕地红线,但为刺激地方政府的积极性,随后又实行了建设用地"增减挂钩",激励地方政府进行土地整治,从而将城镇化引向农村腹地,导致了村庄一系列的巨大变化。

4.1.1 "占补平衡"土地政策

城镇化的快速发展不可避免地要侵占城市周边的耕地。为了控制这一势态,保护国家的粮食安全防线,中央制定了严格的18亿亩红线保护制度,作为政治任务实行一把手负责制。1997年4月《中共中央 国务院关于进一步加强土地管理切实保护耕地的通知》(中发〔1997〕11号)首次提出,必须保持耕地总量动态平衡,实行占用耕地与开发、复垦挂钩的政策。1999年2月,国土资源部39号文《国土资源部关于切实做好耕地占补平衡工作的通知》提出"建设用地占一补一制度",即占补平衡制度,要求城市建设占用多少耕地,就必须开垦补充相同数量和质量的耕地。开垦耕地需要一定的时间周期和资金,地方政府最先都是先占用耕地进行立项建设,后开垦土地进行补充。但在只追求经济发展的背景下,"保耕地"被地方政府视作负担而应付为之,虚补耕地的现象在多地发生。于是从2009年起,国土资源部发文规定必须"先补后占",即新增建设项目用地在审批前,必须先将足额耕地资源储备进行补充,并确定由用地单位出资、国土部门实施耕地开垦①。中央政府这一政策意在控制地方无节制地占用耕地扩张城市,但在以地谋发展的指导思想下,地方政府又必须以不断侵占耕地为代价,凸显了中央与地方的矛盾和博弈。

随着"占补平衡"的实施,未垦土地逐年减少。尤其在人口密集又经济发达的省份,原本耕地储备就很少。一方面经济发展对土地的需求量大,另一方面补充耕地的资源又很有限,"占补平衡"成为在省域范围内越来越难以平衡的规定,制约着城市进一步扩张。此外,在过分强调增加耕地开垦面积的政策下,很多地方农民毁林造田,对自然植被和生态系统已造成严重破坏。笔者一位朋友在云南省文山壮族苗族自治州的丘北县沙子坡的一大片荒山上搞生态修复,已经请当地农民进行了5年的荒山绿化,终于有点样子了。但一场山火,使刚刚长大的小树又面临劫难,使农民5年的努力付之一炬,留下的只有心痛(图4-1)!当地村民说新中国成立前这里植被茂密、郁郁葱葱,还曾经是个林场,后来上面不断要求开垦耕地,鼓励家家开荒种粮,于是将那些大树连根刨掉种植粮食(玉米),现在就变成今天这荒山样子(图4-2)。5年的生态修复目前还没见多少成效,可见生态环境一旦被破坏再恢复真是难上加难。因此,为了制止农村无节制的开垦耕地、毁林造田,中央出于生态修复的需要而提

---

① 谭明智.严控与激励并存:土地增减挂钩的政策脉络及地方实施[J].中国社会科学,2014(7):125-142,207.

出了"退耕还林"的政策要求。

图 4-1　5 年荒山绿化被山火烧毁

图片来源：胡益文

图 4-2　村民在荒山上重新种植的树苗

图片来源：胡益文

综合以上诸多因素，终于在未垦土地行将用完之际，中央政府意识到片面追求耕地数量是得不偿失的，转而将目光从耕地挖潜投向农村建设用地的整治挖潜，于是"增减挂钩"政策应声出台。

4.1.2　"增减挂钩"土地政策

1. "增减挂钩"政策的提出

随着城市化进程加快，大量农民外出进城务工，留下农村大量空废房屋和低效土地，成为空心村。一方面大量人口涌入城市，造成城市空间越发拥挤、用地越发紧张，城市规模不断扩大；另一方面大片村庄空心荒废、无人问津。有资料显示，2000—2011 年这 11 年间，全国有 1.33 亿农民进城，城镇建成区面积增长了 76.4%，但农村建设用地不仅没有减少，反而增加了 3 045 万亩。之所以出现双增长的城镇化现象，是因为在对农民不健全的社会保障体制和城乡用地二元分割的制度下，进城打工的农民不仅在城市要占用建设用地，而且其农村的宅基地没有合理的退出机制，他们收入增加后也回村增盖房屋，造成建设用地"双增长"局面，给耕地保护带来压力。

多年来，地方政府一直致力于城市建设和经济发展，对成本较高而经济效益低的农村土地整理则缺乏兴趣。为激励地方政府挖掘农村土地潜力，中央政府在总结各地方土地置换政策经验基础上,提出了"增减挂钩"政策,意即鼓励地方政府通过对农村建设用地的整理,梳理出闲置或低效土地还耕为田,来换取城市建设用地指标。

2004年10月,国务院28号文《国务院关于深化改革严格土地管理的决定》首次提出了城乡建设用地"增减挂钩",即"鼓励农村建设用地整理,城镇建设用地的增加要与农村建设用地减少相挂钩"。2005年国土资源部发布《关于规范城镇建设用地增加与农村建设用地减少相挂钩试点工作的意见》,随后分别在2006年和2008年将天津、江苏、四川等共24个省市列入试点范围。于是,在这些试点省市迅速开展了撤村并点、整体搬迁或原村址拆旧建新等新农村建设运动。

2. "增减挂钩"政策背后的逻辑

2008年,国土资源部138号文《城乡建设用地增减挂钩试点管理办法》提出:"依据土地利用总体规划,将若干拟整理复垦为耕地的农村建设用地地块(即拆旧地块)和拟用于城镇建设的地块(即建新地块)等面积共同组成建新拆旧项目区(以下简称项目区),通过建新拆旧和土地整理复垦等措施,在保证项目区内各类土地面积平衡的基础上,最终实现增加耕地有效面积,提高耕地质量,节约集约利用建设用地,城乡用地布局更合理的目标。"

"增减挂钩"政策设计的初衷:一是目前农村村庄存在大量闲置和低效的建设用地,有潜力可挖;二是通过对村庄拆旧复垦来增加耕地;三是集中新安置农民住房使农民居住条件得以改善,造福村民;四是在保证建设用地总量不增加的前提下,城市得到了新增建设用地指标可供发展,且该指标不占年度计划,这就为地方政府留下了更多的施展空间。由此看出,该政策可谓"一举多得",多方受益。

而"增减挂钩"政策的核心,是实现农村建设用地与城市边缘耕地的空间置换,即将农村分散闲置的居住空间集中后,多余的建设用地作为指标用于城市周边的扩张开发,而农村原居住空间经复垦成为新增加的耕地,以弥补城市周边用于开发所侵占的农地,通过此种"腾挪大法",即将农村建设用地位移到城市,满足城市不断扩张的需求,也将城市周边农地位移到农村,满足农村耕地数量上不减少的要求。

3. "增减挂钩"实施存在的问题

中央与地方目标取向不一致导致执行偏差。中央政府意在通过该政策促进地方政府加强农村的集约化改造和建设,带动农村的发展。而地方领导在任期有限和财力有限的条件下,将目标锁定在新增建设用地指标这单一目标上。新增耕地面积并不是地方政府最急需的,恰恰是被置换的新增建设用地才是地方政府用以实现土地财政增加收入的目标。出发点不一样,导致的结果必然不同。由于中央的综合性目标与地方的单一目标不一致,执行过程中难免出现有违初衷的做法及由此引发的一系列问题。

"增减挂钩"的实施是个复杂的工程,包括大规模的农民居住地迁移、居住地复垦、建设用地流转、农用地流转等多个环节。而所有环节的顺利实施是建立在充分的成本核算和经济分析基础上的。只有建设指标流转后收益高于四大成本(农民安置房建设成本、农民搬迁补偿费用、原宅基地复垦费用、农民社保及就业培训等费用)支出,项目才能顺利实施。在同样的资金条件下,为了指标最大化,地方政府必然会挑选户均占地面积大的村庄作为拆旧对象,而不是立足于农村长远发展的综合效益来评估和选择拆旧村庄。例如成都市大邑县为了在有限的资金条件下完成增减挂钩项目,就采取了包干制。大邑县规定农民集中安置房人均住房标准是 30 m²,加上公共配套设施,人均用地面积是 50 m²。2012 年大邑县下拨的土地整理及拆迁安置费用是 25 万元/亩。经过测算,平均每户结余建设用地周转指标只有达到 103 m² 才能满足成本要求。但现实是,县域内由于受地形等客观影响,各村原有的建筑密度有高有低,山区的农民住宅原本就占地较小,且拆旧复垦的成本也较高。如西岭镇,经成本核算后,拆旧建新复垦后平均每户结余建设用地需达 135 m² 以上,才能达到资金平衡,远高于县平均 103 m² 的水平。因此,在选择拆旧复垦村庄时,成本核算就成为最重要的选择条件。在受到严格的资金限制情况下,势必用尽可能小的占地面积安置尽可能多的农民住房,而不是切实从农民生活和生产需求出发来合理建设农民住房。于是,出现农民被迫"上楼",在偏远的农村腹地出现很突兀的多层甚至高层农民安置房,就不难理解了。

以上这些情况在笔者 2014 年调查眉山市丹棱县群力村和成都市金堂县三溪镇的农民集中住区时也得到了印证。群力村农民集中住区约有 30 多栋房,是在该村原有的山坡上拆除一部分、保留了几栋,在此基础上规划新增了一部分住宅,均为独栋三层楼房。居住对象是附近散居在偏远地带的具有四川乡村特色的林盘被拆迁后集中安置到此地的农民。据村干部讲,"刚开始农民不愿来,现在是抢着要这儿的房子"。每栋建筑都有平台有车库,车库多被用于存放农用器具。越过村子紧挨的一片田地,能望见远处几幢深红色的高层建筑,村支书说那是新的农民安置房,一层商业,二层以上都是住宅单元。我问,农民都上楼住单元房了,那农具怎么办?村支书说这确实是个问题,他们也在考虑在一层专门辟出个地方给各家做储藏间。远望着这几幢高层,忽然就明白了村支书说的眼前这片集中住区为何抢手了,毕竟独门独户独车库，离田地也很近，相较高层单元式的城市人居住方式，农民当然选择前者。村支书说现在村干部的主要职责就是维稳和协调拆迁事宜，目前拆迁量很大，拆迁协调工作很多。可见，农民对国家通过"增减挂钩"政策达到改善农民住房条件的初衷并不买账，相反，农民更愿意维持原有乡村居住模式。在调查金堂县云溪镇的农民集中住区时，笔者问及镇长"增减挂钩"的资金是否能平衡或有盈余呢，镇长说虽然没有仔细算过账，但总体上肯定是亏的，比如原有10亩的旧房宅基地拆迁后，有5亩用于新建房，腾出5亩地的"增减挂钩"指标，卖出100万元，但对拆迁户的新房补贴及住区的配套设施建设费用，以及原地复耕等费用远不止100万元，所以一般都再申请省里的专项资金，如旧房改造资金等以补充不足部分。

"增减挂钩"政策在各地的适用性存在很大差异。在平原地区，由于农民原本居住就比较集中，村庄的搬迁基本采取整村搬迁集中安置的方式，所以腾出的土地面积较大，易与村庄周边的农地连成一片，有利于实现规模化和机械化种植。但山区则不然。笔者在江西井冈山市茅坪乡调查时了解到，"增减挂钩"在这里基本是以户为单位进行拆并，而不是整村的拆迁，因为一是山区地少，二是山区多为梯田，无法实行大规模机械化种植。被拆迁户基本上是在本村安置，由偏远地安置到村里。山区地少，最多的一块"增减挂钩"项目是10亩，一般都是5、4、3亩大小。因此"增减挂钩"从2010年开始到2013年3年只搞了30亩地。与此同时，2011年乡镇总体规划调整后，镇区周边的土地都被调整出来作为建设用地了，但由于没有用地指标，一直无法实施建设。整个井冈山市一年所下达的用地指标只有300亩。只有省市重点工程才能批地，其他项目都靠"增减挂钩"。当地乡长认为虽然觉得"增减挂钩"这项政策挺好，但由于他们那儿山地农宅搬迁腾出的地块面积太小，不能依靠这办法来完全解决建设用地供需矛盾，感觉作用不大。可见，"增减挂钩"的适用性在不同地区差异很大，应该根据不同类别的情况差别化对待。

"增减挂钩"复垦后的耕地状况及质量同样存在一些问题。还是在江西茅坪乡，我们在公路沿途见到夹在公路和山坡之间的一块不足一亩的空地。当地乡长介绍说这里原是宅基地，上面盖着农房。通过"增减挂钩"拆除原老宅异地安置后土地被复垦为耕地。这块地本就不大，夹在公路和山坡之间，也许是孤零零的与周围农田都不相连不便种植，也许是农户被迁至较远地方，不方便每天到此种植，总之现在是杂草丛生，无人问津。江西属于人多耕地面积较少的山区，农民自古对耕地就很珍惜，总是将最好的土地用于耕种，而选择不宜种植的山坡或地力较差的地方盖房居住。现在将不适宜耕种的宅基地作为"增减挂钩"项目拆迁,复垦出的耕地质量自然不会太好。山区农宅都很分散,基本是以户为单位零星散落在山中,套用"增减挂钩"搬迁后复耕的农地面积小又地处偏僻,加之村民更愿在工厂打工,所以实际上复垦后的农地很多并未用于耕种,而是处于抛荒状态。因此就有干部说有些"增减挂钩"是走形式。

由于"增减挂钩"项目是跨区域实施的,必须动用政府强力的行政手段才能完成。在中国现实情况下,地方政府为了完成上级政府的任务,往往会忽视村民的意愿。村民们是否愿意搬离几代繁衍生活的地方、离开他们熟悉的环境和社会生态圈?除了资金补偿多少,这些问题也成为项目实施过程中干群矛盾激化的因素之一。此外,"增减挂钩"政策本质上是将农村闲置多余的建设用地换成指标给城市使用,在一味追求指标最大化的情况下,挂钩置换后的农村就失去了再发展的空间。因此说,在这一轮的城乡统筹和新农村建设运动中,农村再次成为城市的土地资源提供者和牺牲品,并没有达到真正意义上的"城乡统筹"和城乡共赢。

4. 重庆"增减挂钩"政策的突破——地票制

重庆市在升为直辖市之后城市化进程加快,大量的城市建设急需土地,但国家每年下达的计划内土地指标非常有限,远远不能满足当时的发展速度要求。与重庆市发展用地紧缺形成鲜明对比的是,重庆农村尤其是偏远山区农民很多都外出打工去了,甚至有些已经常年居住生活在城镇。虽然他们的户籍没动,但事实上他们已经在城镇安家,有了稳定的工作,遗留下大量的农村房屋长期闲置,大量的农村土地资源被荒废。据调查,重庆农村的人均建设用地是 220~250 m^2,远高于全国水平,闲置严重而流转困难成为突出的问题。

由于国家严格禁止农村宅基地的转让,在现有政策框架下,时任重庆市市长黄奇帆就提出了建设用地指标交易这个概念,即针对已经居住在城镇的农民,通过农村土地交易所这个平台,为他们提供一个农村宅基地的退出通道,使得其农村资产可以变现,同时将交易所得的建设用地指标转移用到城市建设中,以解决城市发展用地指标不足之需。利用重庆市作为全国统筹城乡综合配套改革试验区可以向中央争取优惠政策这一有利契机,2008 年在黄奇帆主持下,在国土资源部和国家发改委的帮助下,重庆市向国务院申请建立全国第一个农村土地交易所,进行农村建设用地指标的公开买卖,开启了地票改革,以实现城乡建设用地指标的有效流动和配置。由于农村集体建设用地使用权、农村集体建设用地指标等概念描述太麻烦、太专业,老百姓不好理解,黄奇帆就提出干脆叫"地票"吧,这样理解起来比较容易。"地票"就是对建设用地指标的通俗叫法,其实质就是将农村的建设用地指标拿到城市来用。其主旨是,"以耕地保护和实现农民土地财产价值为目标,建立市场化复垦激励机制,引导农民自愿将闲置、废弃的农村建设用地复垦为耕地,形成的指标在保障农村自身发展后,节余部分以地票方式在市场公开交易,在全市城乡规划建设范围内使用"①。可以说地票制是重庆市政府面对城镇用地指标紧缺的局面,针对现行土地制度的一个创新举措。

重庆地票制与国家"增减挂钩"政策最大的区别是,"增减挂钩"政策是与具体项目一对一挂钩的,也就是项目封闭运行,拆旧地块与建新地块要一一对应的置换方式,而重庆地票制则突破了地域和区域的限制,可以在全市范围内进行。也就是说,拆旧地块和建新地块不是一一对应关系,而是在整个重庆大辖区内总体指标平衡的运作模式,从而实现了远距离农村腹地的闲置低效建设用地与城市建设用地的置换。拆旧地块整理出来后以指标形式在农村土地交易所出售,而经营性用地在参加土地竞拍时,必须同时购买地票以获取新增建设用地指标才能"落地"。

重庆地票制已基本形成了"自愿复垦、公开交易、收益归农、价款直拨、依规使用"的制度体系。其具体实施步骤是:一是自愿复垦。在土地利用总体规划确定的扩展边界以外的农村集体或农户,在住有所居的前提下,自愿申请对农村建设用地(宅基地)实施拆除复垦。二是质量验收。由土地管理部门会同农业、水利等部门,对复垦的耕地从质量和数量两方面进行验收把关,腾出的建设用地指标作为地票来源。三是公开交易。重庆农村土地交易所将地票与经营性土地通过招拍挂的方式一同打包销售。目前,地票成交单价稳定在每亩20万元左右。对于经营性土地动辄几百万元一亩的地价而言,强制性附加20万元的地票价格虽然一定程度上增加了土地成本,但依然在开发商可接受范围内。四是落地使用。重庆建立了计划指标、地票、增减挂钩指标分类保障制度,要求对新增经营性用地必须使用地票。购得地票及待开发土地的主体,凭地票申请办理转用手续,获得城市建设用地使用权,地票指标即转变为等量的城市建设用地指标,从而实现地票的落地使用。

在这城乡空间置换过程中,农村地区拆旧复垦的费用通过地票价格转嫁到城市经营性

---

① 新型城镇化建设系列报道之一:重庆地票改革试验情况[EB/OL]. (2016-05-18)[2016-07-20]. http://www.gov.cn/xinwen/2016-05/18/content_5074350.htm.

土地开发成本之中。而地票收益除去复垦成本后,按农户与集体组织85∶15比例分享。这一政策既尊重了农民财产的现实状况,也同时考虑了集体组织作为土地所有权人的权益,量化了农村集体土地所有权和使用权收益分配比例。重庆农村户均宅基地为0.7亩,农户复垦宅基地交易后,能一次性获得10万元左右的净收益。复垦形成的耕地还归原集体所有,仍交由农民耕种,每年的收入有上千元左右。复垦形成的耕地所有权和承包权主体不变,一方面使得进城农民可以携地进城,另一方面有利于促进农地流转实现规模化经营。享受地票收益的不仅是农民,村集体同样受益。如重庆市石柱土家族自治县马武镇18个村,地票制实施以前集体经济收入为零的有11个村,有收入的7个村,每村每年收入均低于1万元。农村建设用地复垦3年后,全镇集体经济组织的地票收入6 161万元,村均342万元[1]。

重庆自2008年12月成立农村土地交易所开始实施地票制,截至2016年5月,已累计交易地票17.7万亩、353.4亿元,惠及农户超过20多万户(数据来源于《新型城镇化建设系列报道之一:重庆地票改革试验情况》)。地票制实施7年来,得到农民、专家、政府等各方的认同,达到了很好的实施效果。总结下来,有几个关键之处:

一是"自愿申请",必须由农民或村集体自愿提出复垦申请,这是地票制的最大突破。这一举措既是对百姓意愿的充分尊重,体现农民在处置农村房屋财产上的主动性、自愿性和参与性,改变农民"被复垦""被上楼"的被动局面,同时也彻底改变了政府一厢情愿大包大揽,从而陷入矛盾焦点的不利局面。政府不下指标、不搞大拆大建。此外,拆旧复垦的农户必须具备的条件之一是另有所居,这意味着拆旧复垦的农户一定是另有合法、稳定的第二居所,比如进城农民如果在城市买了房,需要提供购房合同或产权证。通过这种条件限制来真正按照农民的实际生活状态和意愿拆旧复垦,从而达到有效消解农村空置房,盘活农村闲置、废弃和低效建设用地的目的,有效地避免了城乡建设用地"双增长"现象。重庆至2016年5月已有9.7万户转户进城的农民自愿提出退出宅基地,户均获得10万元左右的地票收益,顺利实现农村宅基地变现带着财产进城,帮助他们更好地融入城市生活。

二是严格制定农村建设用地复垦条件。坡度大于25°的不得纳入复垦,要求复垦地块必须与周边耕地相连,复垦验收合格证上记载耕地级别,达到占优补优的管理要求,从而既保证了复垦耕地的质量,也在农民自愿的条件下,实现连片复垦,便于耕地的规模化种植。

---

[1] 谢必如,白文起.重庆地票已七年[N].中国国土资源报,2016-03-21.

三是地票制度与相关工作配套联动,将地票制度与户籍改革、保障房建设、新农村建设、城镇化、农村金融改革、农业产业化等系统关联、统筹推进。重庆的普遍低房价政策也为农民工在城市安家提供了可能性。

四是大城市带大农村。重庆有大量的本地区农民在本城市内长期打工,有大量远距离的农村腹地,这就为在整个市域范围内实现用地随人口和产业走,将农村闲置土地这一"不动产"通过指标化形式变为"虚拟动产",跨界转移到利用率高的城市区域,为实现远距离城乡建设用地调整和总量平衡提供了可能性,从而为制度创新提供了较大的施展空间。最终本着农民自愿的原则,在市场机制下实现了空间资源的重新配置。

五是地票制与重庆城乡规划相衔接。地票的产生和落地都是依据重庆市总体规划,符合城乡规划要求。城市规划区内的农村建设用地不纳入复垦,不在规划建设范围外使用地票。地票落地后仍按现行土地出让制度供地。通过地票制度真正实现了对城乡土地的统筹利用,促进了国土空间优化和主体功能区功能的进一步发挥。在重庆已交易的地票中,76%来源于国家贫困区的渝东北、渝东南地区,这两个区域在重庆市发展中承担着生态涵养和生态保护功能,发展导向是引导超载人口转移,实现"面上保护、点上开发"。通过地票交易基本实现了上述的发展导向。而95%以上的地票使用落在了承担人口、产业集聚功能的都市功能区及城市发展新区。这样有利于推进区域差别化发展,以及资源利用最优化和整体功能最大化。农村建设用地复垦后,有利于耕地集中连片规划整治及规模化利用经营,对盘活农用地资源、促进农村土地流转和提高农业生产效率大有裨益。

重庆的地票制也有局限性。对于远郊农村的闲置建设用地,受区位所限,开发建设机会相对较少,土地价格很低,一旦通过地票交易,就能大幅提升其价值,从而达到反哺农村和农民的效果。因此,地票制度必须是城乡建设用地指标远距离、大范围置换,这从地票来源主要是偏远的渝东北、渝东南的现象得到明证。而城市郊区的城镇化就不太适用。

重庆通过地票制在以下三方面获得了成功:一是城市资本进入农村,发展和丰富了农村的生产要素市场,从而使农民获得了一定的生产资金,有的农民因此完成了"原始积累";二是在理论上创新了土地作为不可移动的物质资源和生产要素这一特性通过地票实现空间转化,至少是利用空间的转化;三是推动了户籍改革。但重庆地票并没有真正突破制度设计,实质上还是"增减挂钩"政策的改进;在具体实施上,依然依赖于政府强有力的推进。

5. "增减挂钩"政策导致乡村传统文化的重创

前文已述,"增减挂钩"的基本逻辑是将农村闲置或多余的建设用地置换给城市使用。那么,对于"闲置或多余"的理解就见仁见智了。农家院落从来就是兼具生活与生产功能的,但人们只看到了其居住功能,而忽视了它也包含生产功能和生产空间。因此与城市居民居住的面积比较,自然会有大量"多余"面积。为节约土地,在铲除农家院落的同时,也改变了农民的生活方式、社会结构和乡村文化。乡村历史文脉被割裂,大量传统村落消失,传统文化出现断层。

作为拥有 7 000 年农耕历史、4 000 多年文化积淀的农业国家,散落在各地的传统村落承载了我国大量不同时期、不同地域、不同民族的文化信息。无论其村落的空间格局,抑或是其建筑单体都蕴含着祖先丰富的智慧结晶,在世界文化遗产中也具有极高的价值。

村庄是历经千年自然生长出来的,其演变也是一个漫长的渐变过程。村庄的选址和空间形态不仅与自然资源有关,也与文化、经济、交通等因素密切相关。我国传统村庄的选址深受风水学说的影响,饱含了对气候、地形、地质构造、河流等自然资源的考量,选择最适宜人生存居住的地方发展村落,并经历千年的检验和不断调整演变,体现出人和自然的和谐并存。国外的研究同样验证了村落选址受多种因素影响的客观重要性。自 19 世纪以来,英德日等国学者研究认为村落分布状况与地形差异、社会经济环境、交通发展、村民生产生活方式及民族特性、当地人的共同认同等因素影响、决定了村庄的选址位置。此外,还与一定范围内可开采使用的自然资源,如可开采耕地、畜牧草地、林地、地表水流等农业环境以及建筑材料、与外界联系程度等密切相关。因此村落的存在本身就说明了其具备充分的适应性和较高的生产效率,以及相匹配的村庄规模[①]。遗憾的是,在"增减挂钩"土地政策和新农村建设过程中,往往通过强制性的迁村并点使大量传统村落快速消失。而新布点的村庄因为缺乏全面的考虑而发展动力不足。

根据中国村落文化研究中心 2009—2010 年走访我国长江、黄河流域及西北、西南 17 省 113 个县的统计数据显示,2004 年有价值的传统村落有 9 707 个,到 2010 年这一数字变为 5 709 个,平均每天消失 1.6 个村落[②]。随着"增减挂钩"政策的深入实施,近年来这种情况

---

① 梅耀林,许珊珊,汪晓春. 基于村庄空间演变内生动力的村庄布点规划探索——以江苏金坛市为例[J]. 乡村规划建设,2013(1):87.

② 胡彬彬. 我国传统村落及其文化遗存现状与保护思考[N]. 光明日报,2012-01-15(7).

图 4-3　云南沙溪弥沙村
图片来源：作者拍摄

有增无减。据 2015 年 12 月 8 日《河北日报》报道，未来 5 年，河北省"将对 13 387 个村进行撤并……向小城镇、中心村、园区和景区附近转移"。

4.2 江苏省村镇规划建设发展历程

江苏一直是经济大省，其农村发展也走在全国前列。历史上苏南农村就因"半农半手工"而成为全国重要的鱼米之乡和棉纺丝绸产地。费孝通先生 20 世纪 30 年代在江苏吴江开弦弓村深入调查写就的著作《江村经济》展示了当时苏南地区农村的社会、经济和生活状况。改革开放后，苏南农村抓住机遇，大力发展乡镇企业促进当地经济发展，迅速崛起而走在全国经济发展的前列，被誉为"苏南模式"。其村庄的经济繁荣也得益于乡镇企业蓬勃发展所积累下来的成就，有些村的工业产值高达村庄产业总产值的 97% 以上。随后，有些村庄又紧跟时代发展的脉搏不断探索农村经济发展新模式，将分散在各户的农地集中起来搞农业规模化经营，成立现代化农业示范区。例如，无锡截至 2009 年已先后共建成"四有"（有健全的组织制度、有一定的合作手段、有较大的合作规模、有明显的合作效益）示范合作经济组织 485 个，培植发展超亿元农业园区 5 个。无锡在全国率先步入农村小康社会，成为探索建设中国美好新农村的先行地区。

江苏省同时也是人地矛盾最突出的地区之一。作为我国经济较发达的省份，改革开放后，随着城乡经济的快速发展，土地资源的束缚尤为明显。城市的快速发展和扩展急需大量的土地来承载,很多招商引资项目因为无土地指标而无法落地,向农村要土地就成为顺理成章的结果。

4.2.1 以土地整治为目标的"迁村并点"运动

2005年,国土资源部出台《关于规范城镇建设用地增加与农村建设用地减少相挂钩试点工作的意见》后,江苏省作为首批试点省之一,为便于开展农村土地"增减挂钩"工作,在全国率先推行了省域范围内的城乡规划全覆盖,到2008年已建立"从区域到城市、从小城镇到农村、从总体到专项、从建设性规划到保护性规划的层次分明、互相衔接、完善配套的城乡规划体系"[①]。其中村庄规划的重点就是村庄布点规划。计划将原有的25万个自然村,规划迁并为5万个布点村庄。2005年,江苏省300人以下的村庄占25万个自然村总数的84%,平均每个自然村164人。大量小而散乱的村庄被认为是土地利用很粗放而应予以"迁村并点"调整的对象。村庄迁并后的人口规模要求一般以800人左右为宜。此轮村庄布点规划主要是基于"增减挂钩"这一基本的农村土地调整背景,因此其出发点也主要是以土地为核心要素,以土地的集中高效利用为主。针对村庄规模小、数量多、布局分散,实行"农业向种植能手集中,乡镇企业向工业园区集中,农民住房向小城镇集中"的三集中政策。例如,江苏省泰州市姜堰区溱潼镇原有52个自然村,1.6万农村人口,在这轮镇村规划中,布点村庄只有8个,缩减到原来的2/13,规划村庄人口8 000人,另一半人要变为城镇人口。平均村庄人口规模1 000人。居住模式由原来的庭院式改为联排低层住宅和多层公寓式住宅。宜兴太华镇,2005年时有村庄人口1.8万人、24个自然村,规划中规划农村人口6 400人、布点村庄15个,村庄建设用地由322.38 hm^{2}减少到58 hm^2[②]。也正是基于农村土地调整的目的,以"迁村并点"为核心,此轮规划基本以"成批"编制为主(如某个县曾在一个批次连续编制了75个村庄规划),而真正以"村"为单位的深入规划比较少,导致村庄规划的针对性和可实施性不强,并且缺少特色。

由于"迁村并点"过分注重农村的土地调整,片面追求土地"增减挂钩"指标和村庄并点数量,而对村庄布点规划如何实现协调城乡关系、改善人居环境、促进城乡一体化发展等问

---

① 张泉. 江苏省镇村布局规划的实践回顾[J]. 乡村规划建设,2013(1):65.
② 张泉. 江苏省镇村布局规划的实践回顾[J]. 乡村规划建设,2013(1):65.

题研究相对不足,对村庄长远发展、特色挖掘、产业联动等内容涉及不多,部分规划难以落地,而且由于对农民意愿和利益重视不够而遭到农民的抵抗。部分规划布点村庄位置不合理,村庄位置较为偏远,缺少比较优势,发展机遇不多;有的被撤并村庄至规划布点村庄,距离较远,导致劳作半径较大,耕作不方便,村民不愿搬迁。

据段进等2012年对无锡下属村庄的调查,有57.14%的村庄是部分实施完成了规划,而占9.52%的村庄几乎完全没有实施规划,规划全实施的仅为14.29%[①]。村庄规划中存在的问题主要有以下几点:①规划未能有效发挥作用;②实际操作性偏弱;③未能充分调动村民积极性;④规划建设监督体系有待完善;⑤需具有长效管理机制的配合。

笔者2014年在昆山调研时也印证了上述情况。昆山市规划局的一位领导介绍情况时说:"昆山下属的锦溪镇原有1 834个村庄,已拆了900多个,涉及6万户农民。拆一户补偿100万～120万元,或3～4套90 m²的住房。现在还剩837个村,实在拆不动了。乡镇负债率高主要是拆迁引起的。现在要把剩下的村庄保留下来,一是因为本来就已经拆不动了,二是保留住村庄城市就蔓延不了。昆山也有义务探索如何留住文化和典型的水乡特征。"负责昆山总体规划的一位规划师的话也同样说明问题。他说:"9.8万户被拆迁至城镇,投入一年的昆山公共财政的安置房,是近三年商品房售价的总和,却只拆掉空间40%。单纯土地出让金能平,但衍生的投入很多,如安置房等。拆一户,需要公共投入100万元,却只腾出1/3亩地。市里地价300万～500万元一亩,农村地价是200万元一亩。已拆光两个镇。但现在难度已经很大了,建设过程中的周转成本也很大。"因此,昆山已从增量发展开始转向存量发展。由此可见,在地价本就很贵的城市近郊地区,拆村并点不仅使政府债台高筑,不堪重负,也加速了城市的蔓延和乡村文化的快速消失。

4.2.2 以美化环境为主的村庄整治运动

经过上轮推动,江苏省全省自然村数量由2005年的约25万个减少到2011年的近20万个。总结村庄整治过程中出现的土地纠纷突出、规划实施困难等问题,村庄布点规划一时很难再继续推进。于是在2011年,江苏省政府及时改进和调整政策,提出"十二五"期间全面实施以村庄环境整治行动为重点的"美好城乡建设行动"。该行动不涉及村庄拆并和土地

---

① 段进,章国琴,薛松.2012江苏乡村调查:无锡篇[M].北京:商务印书馆,2015:40.

整理，更侧重对村庄脏乱差现象所进行的村容村貌的美化和整理，以期通过此行动，能有效提高农民生活水平和居住环境质量，进而推动农村的发展。而村庄布点规划成为此次村庄环境整治的依据，将村庄分为规划布点村庄和非规划布点村庄，分类确定不同的村庄整治标准和资金安排，规划布点村庄通过"六整治、六提升"达到"康居乡村"标准，非规划布点村庄通过"三整治、一保障"达到"环境整洁村"标准[①]。着力提升"规划布点村庄"的基础设施和公共服务设施配套水平，以增强"规划布点村庄"对农民的吸引力，引导农民集中居住。

笔者曾走访昆山锦溪镇朱浜村。村里的房子大多是20世纪八九十年代盖的二层楼房，也有少量是近十年盖的二三层房子，只有个别更老的房子因年久失修，基本无法住人。房前屋后很小块地都被种上了蔬菜瓜果。村里老的格局和肌理还在，一条小河穿村而过，村民住房沿河两岸排列。沿河两岸种植了各种花草，很是喜人。河边修有石阶和操作台，供村民使用。老人们还保持着依水而居的传统生活方式，在河里洗衣洗碗，是典型的江南水乡农村。看着这宁静安逸的村庄，笔者不禁也想在此多停留片刻。但当与村民交流时，笔者还是发现了一些问题。这是一个空心化较严重的村庄，笔者在村里见到的都是老年人。村民说约有50%以上的房子都是空关的，有的甚至常年无人居住。昆山经济很发达，就业机会多。村里的年轻人基本都住在昆山市里，大多在工厂工作，或从事开网店等个体经营，留下村里这一片空屋无人问过。2012年前后，江苏省搞新农村建设，将河边私搭乱建的牲口和杂物棚子拆除、种植绿化、铺装村内道路，并将住房粉刷一新后，村里面貌大为改观，朱浜村成为舒适宜人的村庄。但即便如此，很多人还是不愿回乡居住，有的过节回来看一眼，晚上就回昆山市里住了。因为这村子的经济很薄弱，除了农业没有其他产业。虽然宜人的居住环境优于昆山市，但只靠有限的农地种植远远承载不了村民的正常生活。当附近有更多的工作机会和更高的收入时，村民的出走是必然选择。这里的人大多在村里有老宅，同时在城市也买房，常年在市里工作生活，乡里的老宅就常年空着，也没出租（也许交通不便，没有市场需求）。

麻雀虽小，五脏俱全。村庄虽小，但也是一个复杂的人文系统，它的兴败不仅仅有居住

[①] 江苏省对村庄环境整治工作提出了明确的要求：对规划布点村，重点突出"六整治、六提升"，即整治生活垃圾、整治生活污水、整治乱堆乱放、整治工业污染源、整治农业废弃物、整治疏浚河道沟塘、提升公共设施配套水平、提升绿化美化水平、提升饮用水安全保障水平、提升道路通达水平、提升风貌特色化水平、提升村庄环境管理水平。对非规划布点村，重点突出"三整治、一保障"，即整治生活垃圾、乱堆乱放、河道沟塘等环境卫生，保障农民群众基本生活需求。

环境问题,更涉及就业和吃饭问题。如果不从产业、文化和社会等方面综合考虑、系统解决,而只是侧重房屋和环境的美化改造,那结果必然是事倍功半,不能从根本上带来乡村的发展。

这次村庄环境整治如同以政府为主体的历次运动一样,有明确而紧张的时间节点、有明确的指标要求,全面开花,快速强力推进。从设计到施工完成不足一年,根本没有时间进行深入的调研和群众参与。环境整治按照村庄级别采用菜单式的统一标准,而不是因村而异彰显特色,否则验收就较难通过。笔者在南京浦口区汤泉街道新金社区遇到该社区正在实施的环境整治。由于政府有统一的拆牲畜圈、刷墙及绿化标准要求,将宅前屋后原有的土质地面改为水泥硬地面,村民住宅墙面统一刷成白色。政府不允许有猪圈和鸡鸭棚的存在,村民当然不同意,在多次斡旋之后,双方达成一致,将猪圈拆除后再原址原面积给村民盖了新房住人。将原有的自种菜园改为花坛,路两边增种统一的花木。虽然村庄从表面看整齐漂亮了,但却少了宅前屋后瓜果满园的乡村气息,也增加了村庄的绿化维护成本。过不了几年,村民还会在花坛和绿化带里种上蔬菜瓜果。政府花了大量资金却没有得到村民的拥护和满意。

村庄是村民生活的栖息之地,村民们对自己常年居住的村庄的每一个角落都积累下不同于外人的理解和使用习惯,正如城市里居民对同样户型的住宅装修和使用都千差万别一样,每个村庄都因那里的村民不同,而赋予了不同于其他村庄的独特气质。乍一看差不多的村子,静待几天,就会体会到它独特的一面,这不是物质空间决定的,而是生活在那里的人们所带来的。因此,只有他们才知道生活中最需要什么,只有他们才对村庄的环境改造最有发言权。而在村庄环境整治中恰恰缺少村民参与这一重要环节。在笔者走访的村庄中,90%以上的村民都说本村的环境整治从没征求过他们的意见。在村庄整治过程中,政府工作人员付出了大量心血,而村民依然怨声载道,个中缘由值得反思。

4.2.3 "美丽乡村建设"中的"空屋"计划

随着城市的发展,城市居民开始厌倦拥挤而污染的环境,把目光转向乡村,向往田园般的悠闲生活。于是周末和节假日,到乡村旅游的人数逐渐增多,政府也顺应这一趋势吸引大资本进入农村。2014年,国家先后出台了《关于引导农村土地经营权有序流转 发展农业适度规模经营的意见》和《关于农村土地征收、集体经营性建设用地入市、宅基地制度改革试点工作的意见》等文件,为城市资本注入乡村开辟了途径。在国土部门严格的用地政策和建房限制的情况下,为了吸引资本进驻,腾出空间方便资本运作,地方政府出面将村民整体迁出,留下空屋供城市投资者和艺术家等重新改造利用,做乡村旅游。这一举动被南京附近乡镇政府称为"空屋"计划。

三二村位于南京市浦口区江浦街道白马社区,地处江苏最大的国家级森林公园——南京老山国家森林公园南麓,象山湖西侧,是一条狭长山谷中的自然村落(图4-4)。其地形为南北皆山的丘陵地带,村庄民舍依据地势呈带状自由分布,其地理位置和自然环境均十分优越。村庄总面积845亩,其中耕地面积750亩。村庄约有40户人家共200人,均以农业为生。户均建筑面积90 m²。由于地处偏僻,交通不便,村里没有其他产业和公共配套设施。在2012年江苏省建设厅统一进行的江苏省乡村调查中曾专门调查过该村。当时进行的村民访谈结果显示,只有"10%的农户在今后五年内有建房或者买房的打算,且希望以自建为主"①。但是在时隔不到一年后的村庄环境整治中,绝大多数村民却选择了搬迁进城。村民的意愿前后反差之大令人吃惊。

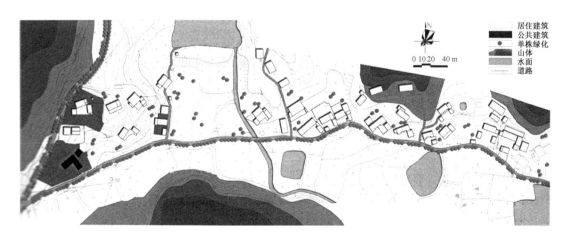

图4-4 三二村原总平面

图片来源:童本勤,刘军,沈俊超,等.2012江苏乡村调查:南京篇[M].北京:商务印书馆,2015:145.

2013年开始,当地政府对三二村进行村庄环境整治,其主要内容:一是对村民实施"自

---

① 童本勤,刘军,沈俊超,等.2012江苏乡村调查:南京篇[M].北京:商务印书馆,2015.

愿"性整体搬迁安置;二是在保留原村庄的自由带状布局和肌理的基础上,对村内道路、景观、水系进行全面改造,对村内住宅部分改造、部分增建;三是重新对村庄进行商业定位,为"城市轻度假的高端综合体",并将三二村更名为"不老村",意即"生命中的返璞归真之旅",由此可以看出该定位明确指向城市中产阶层(及以上)。

在以政府为主体的强势推动下,在不到两年的时间内,不老村发生了翻天覆地的变化。在这一轮的村庄环境整治中,农民、农业、农村这三农中,农民已完全被替换(目标为城市中产),农村的自然乡野风光被整治为度假休闲景观,农田完全被改为景观地从而使农业消失代之以旅游服务业。无论是"换人"行动,还是空间更新,抑或业态转变都在快速推进。这当然得益于政府的财力、人力和物力投入。笔者 2016 年上半年去时,不老村的建设已基本建成(图 4-5)。

图 4-5　不老村(原三二村)一期规划布局图

图片来源:南京时代一德文化旅游发展有限公司

在不老村的商业运营上,当地政府授权一专业公司进行招商和运营管理。专业公司对不老村的运营采用的是类似于商场经营的模式,即由专业公司统一管理商户,根据每个商户全年收益情况收取一定的分成,再将整个不老村园区的全部收益按照比例与政府投资的旅游开发公司进行分成。对于入驻商户的政策是:免费提供场所和创业平台、无须缴纳租金而采用经营性收益分成的模式。通过此种商业模式,将政府(旅游开发公司)、专业公司、商户连接在一起,从而形成了利益同盟。但是原住农民呢?

笔者在 2016 年的实地调查中了解到,约 40 户村民中的绝大多数被以"自愿搬迁"的名义迁至浦口区11层高的集中安置房中,只有5户(互为亲戚)据说在当地有一定势力的人家坚持留在原地不走,他们的住房由政府出资改造。村里的农地都被政府收走用作景观绿化,作为补偿政府给每位村民发放补贴300元/月。一位在不老村打扫卫生的原村民的说法代表了搬迁村民的想法:一是政府表面讲自愿,但实际上还是带有强制意味的;二是村民只要同意搬迁,政府就给三套安置房,虽然乡下的生活环境好,但农地被政府收走,留在乡下无以谋生;三是不许村民在村里新建房子(但事实是政府可以新建),而打工的收入很难在城镇上买得起商品房,家有儿子的就必须考虑今后的结婚用房,搬迁补偿的三套房子无疑能解决今后新增的住房需求,因此村民们经过权衡大多选择了搬迁。

笔者在与坚持留下来的一位村民的交谈中感受到,他显然思考问题比一般村民要深远一些。他说两个孩子都已成家有房子了,他们老两口舍不得自己家房子所以坚持不搬出去。现在拿出来一间屋子开个商店卖点特产和饮料,也面向游客做农家饭。旅游的人越来越多,现在的收入靠周末就能抵到以前工资了。对本村的环境整治和新农村建设,他提出了如下疑问:一是原本能力低的农民靠耕地可以自己养活自己不需政府负担,但现在耕地都收归政府改种花草搞景观美化,虽然每月有政府的300元生活补贴,但在迁居至镇上各项生活成本都增加的情况下,这点补贴不足以维持正常生活,对于受教育程度低而在城镇找不到工作的这部分人,未来是否会对社会的安定造成影响?二是原先政府可以不用负担农民的生活,而今却要给外迁农民人均300元/月的补贴,无疑将增加政府财政的负担。而腾出来的土地在高额举债投资美化之后,是否能产生很高的经济回报还是个未知数。对于这两头都不落好的账,政府是如何算的?

现在乡村建设已成为各级政府,尤其是基层政府的工作重点。类似三二村这样以村庄环境整治为名,实则置换乡村资源为资本下乡腾出空间的"空屋"做法,在全国还有很多,手段基本是:以政府为主体实施的村民整体搬迁——农田收归集体进行整体景观改造——招商引资做旅游开发和文创介入。诚然,乡村发展尤其是环境建设和基础设施等物质空间的改善需要一大笔投入,没有政府力量的投入和推动,光靠村民自身是极难完成的。政府对乡村转型发展发挥了关键性作用。但是,政府在主导发展时,在考虑各方利益时,对最应该考虑的利益主体——村民的意愿和诉求缺乏重视。三二村少数留下来的村民都是在当地有一定势力和人脉关系的"另类"。况且,这种突变式、外化式的发展在改变乡村环境和人的同时,也割裂了乡村的文脉。在2012年的《2012江苏乡村调查:南京篇》中还记载的"三二村每年在七佛寺定期举行法会"①,"每年举行的庙会活动,传承着当地人的生活习俗和精神信仰"②,如今也荡然无存。这种失去农民和农业的村庄还是乡村吗?这种失去乡村生活和乡村文化的旅游景点又有多少吸引力、能有多长久的发展后劲都是值得怀疑的。

据原国家旅游局数据:2015年我国旅游投资1万亿元,年增42%;2016年旅游投资1.3万亿元,年增29%;2017年计划投资超过1.5万亿元,年增20%。同样据原国家旅游局的数据,2015年国内游客年增长10.5%、收入增长15.2%,2016年游客增长11.2%、收入增长13.1%。2017年游客计划增长11%③。不难看出,过去几年旅游投资增速一直为旅游消费增速的2~3倍,投资与消费比例已极不合理。过几年旅游业也许会成为去过剩、去库存、去杠杆的重点领域。面对全国约260万个亟待改善的自然村落,这种用宝贵而有限的乡村建设资金投入个别村庄的泡沫,一旦破灭谁来承担?

关键还在于体制,究竟是市场还是政府对资源配置起决定性作用?如何更好地发挥政府作用?是微观层面管到具体的项目投资和投资主体,还是宏观层面营造好投资环境、经营环境?政府在乡村建设中究竟该做什么、不该做什么?在"稳中求进"的大背景下怎样引导理性投资、有效投资?"政府主导"与"政府主体",个中区别应该再思考。

---

① 童本勤,刘军,沈俊超,等.2012江苏乡村调查:南京篇[M].北京:商务印书馆,2015:24.
② 童本勤,刘军,沈俊超,等.2012江苏乡村调查:南京篇[M].北京:商务印书馆,2015:54.
③ 王兴斌.旅游投资与需求增长失衡势必导致供给过剩[EB/OL].(2017-05-30)[2017-07-12]. http://www.sohu.com/a/144636622_109002.

5 城镇化困境下的转型发展

5.1 中国城市化带动力已明显不足

5.1.1 资源集聚型城市化使大城市承载力达到极限

改革开放 40 年来，我国城镇化道路经历了 20 世纪 80 年代自下而上的就地小城镇化发展，和 90 年代以后以大城市为中心的自上而下的异地城市化发展道路。城镇常住人口从改革开放前 1978 年的 1.7 亿人增长为 2014 年的 7.5 亿人，城镇化率也从 17.9% 增至 54.8%。尤其是以长三角和珠三角区域为代表的城市群成为人口和投资汇聚之地。在经济高速增长和城市快速扩张的同时，大城市人口过度集聚，造成交通日益拥堵、环境污染严重、资源能源供给紧张、基础设施和公共服务供给压力大等一系列大城市病。北京、上海、广州、深圳等一大批特大城市的承载力均已达极限边缘，过度依赖土地金融的高投资建设也使城市政府债台高筑难以为继，推高了城市化成本。

与这种快速城市化发展相伴的是大量农村人口尤其是中西部欠发达地区农民跨省流动到沿海东部发达城市的打工潮，形成家庭分隔。以 2010 年数据为例，农民工总量为 24 223 万人，其中外出农民工为 15 335 万人，占总量的 63.3%，而举家外出的农民工为 3 071 万人，仅占外出农民工的 20.0%。由此造成了大量农村三留人员（留守的老人、妇女和儿童）及农村人口结构的失衡、农村教育资源匮乏、农村养老保障缺失等一系列农村社会问题。最为壮观的是，各大城市每年春节前夕，返乡过节的农民工形成巨大的洪流塞满火车、长途汽车站等各大交通枢纽，成为史无前例的人流景观，考验着各大城市的交通运力和公共服务承载力。

要解决异地城市化的矛盾问题,除了要不断扩张城市土地解决城市承载力问题,还要解决 2 亿多进城农民工及其 2 亿多户家庭的安居问题,必须让他们在城市买得起房和有体面的工作。但目前土地财政导致的高房价使得大量农民工根本不可能在城市买得起房,如何实现人口城市化呢?以著名农村专家刘守英为代表的主流观点认为这种以政府主导的城市化难以为继。其主要理由是:一是已计入城市化率的农民工难以在城市落地;二是城市拆迁成本的提高导致城市化成本上升;三是城市病的蔓延;四是政府作为拆迁主体导致的官民矛盾危及社会稳定。由此,国家将"城市化"目标改为"城镇化"发展,意在减少大城市压力,通过小城镇的发展实现农民工集聚进而实现农民向市民的身份转化,实现人口城镇化的发展。

5.1.2 中国经济下行阻碍城市进一步吸纳农村劳动力

2008 年美国金融危机爆发后,导致我国沿海大批外向型企业因外部市场需求大幅度下降而出现倒闭潮,致使 2 000 万农民工失业返乡,初步显现出城镇吸纳农村劳动力的能力已趋不足。2009 年大学毕业生就业率仅为 70%。国家为重振经济启动了 4 万亿元的投资计划,用于基础设施建设,而实际投入和调动的资源远超十几万亿元。在国家巨量投资的强刺激作用下,我国经济增长确实出现了反弹,成为世界经济的一枝独秀。但人为的经济反弹毕竟不能维持长久,几个月后国家经济便又进入了下行通道。随后国家虽然又进行了多次投资拉动的政策刺激,其效果受边际效应递减影响,一次比一次弱,逐步走到今天"L"形下滑的颓势。根据著名经济学家许小年的论述,我国在 2008 年前基本完成了工业化的投资增长,多个行业已经出现了产能过剩现象。上万亿元的投资刺激无疑加重了产能过剩危机。很多企业生存都成问题,更别提增加就业岗位了。

问题是这一系列的投资刺激政策几乎都是靠借贷支撑的,不但没有真正拉动经济,反而使国家负债率迅速从 2008 年的 140% 蹿升到 2017 年的 260%,远高于国际上其他几个大经济体。根据央行公布的信息,截至 2016 年年底我国对内总债务高达 244 万亿元人民币,而 2016 年全年 GDP 总量才 75 万亿元。由此可以推断,2008 年以后 6%~8% 的 GDP 增长率几乎都是靠透支未来获得的。

国家意识到高债务风险,从 2017 年开始采取各种去杠杆的金融紧缩措施,导致市场上哀鸿一片,民营经济受到重挫。而民企是吸纳劳动力最重要的部门,这进一步影响了农村劳动力向城镇的非农转移。从近些年外出农民工统计数据看,2011 年到 2015 年中国农民工外出人数增速分别比上年回落了 2.1、0.4、1.3、0.4、0.9 个百分点,显示了我国城镇对农村劳动力的吸纳能力正在走弱。

中央在制定 GDP 增长率指标时曾有过测算,我国每年新增劳动力 1 000 万人左右,只有维持 GDP 高于 7% 的硬增长,才能带动就业,如果低于 7%,将意味着每年几百万人失业。2017 年 GDP 增长率为 6.9%,2018 年经济形势更加严峻。中国经济在未来几年还将在底部徘徊,将会有更多的失业人口出现,城镇化速度放缓已成为必然趋势。这种大背景下,庞大的农村富余劳动力的生存问题,成为摆在国家决策者面前的现实问题,直接关系到国家的稳定。

5.2 农民工流动新趋势

随着我国经济发展从东部向西部纵深发展,农民工数量、结构和特点在最近几年已经悄然发生了变化,具体表现在以下几方面。

5.2.1 本地农民工是新增主体

根据我国近几年的《农民工调查监测报告》,农民工总量继续增加,2016 年农民工数量达 28 171 万人,比上年增加了 424 万人。其中本地农民工 11 237 万人,比上年增加了 374 万人,已占农民工总量的 39.9%。而外出农民工 16 934 万人,比上年只增加了 50 万人(图 5-1)。可见,新增加的农民工以本地务工为主,外出农民工增速连续 6 年回落,所占比重从 2010 年的 63.3% 下降到 2016 年的 60.1%。在 2017 年农民工数据统计中,对外出农民工进一步细分,发现省内流动的农民工 9 510 万人,比上年增加 2.6%,占外出农民工的 55.3%。这说明即便是外出打工农民工也是以省内近距离打工为主。这种趋势显示未来农民工外出打工大潮将有可能出现根本性逆转,我国延续 20 多年的人口异地城市化现象正在发生变化,就地城镇化趋势日渐显现。

5.2.2 中年以上农民工是新增主体

受农村人口结构变化影响,壮年以上尤其是 50 岁以上农民工占比明显提高。2016 年 41 岁以上农民工占 46.2%,为 13 015 万人,比 2015 年的 12 430 万人增加了 585 万人,而当

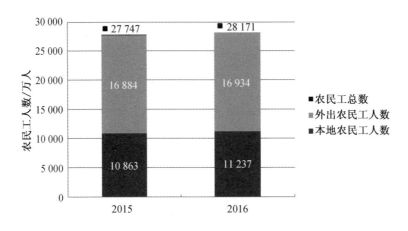

图 5-1 农民工人数变化

图片来源:作者绘制

年新增农民工总数才 424 万人。由此看出,新增加的农民工都是中年以上的。表 5-1 显示,50 岁以上农民工占比呈快速上涨态势,2017 年已占全部农民工总量的 21.3%。

表 5-1　2010—2017 年农民工年龄构成

年龄	农民工年龄占比/%							
	2010	2011	2012	2013	2014	2015	2016	2017
16～20 岁	8.8	6.4	4.9	4.7	3.5	3.7	3.3	2.6
21～30 岁	49.6	32.7	31.9	30.8	30.2	29.2	28.6	27.3
31～40 岁	23.5	22.7	22.5	22.9	22.8	22.3	22.0	22.5
41～50 岁	13.4	24.0	25.6	26.4	26.4	26.9	27.0	26.3
50 岁以上	4.7	14.3	15.1	15.2	17.1	17.9	19.2	21.3

资料来源:2011—2016 年《农民工调查检测报告》

由以上两方面看出,近年来我国农民工人数虽有增加,但是以在本地务工的中年以上特别是 50 岁以上农民工为新增主体。农民工大龄化趋势明显,年轻后备力量接近枯竭,分析其原因,我国前几十年的计划生育政策导致农村出生人口比例不断降低,使年轻农民工不断减少。用工需求增加的情况会进一步吸引壮年以上农民工走出家庭。

年长农民工一方面需要照顾家庭,使得外出积极性低,更愿意就近本地化务工。另一方面,我国农民工在城市从事的绝大多数是劳动密集型行业,对从业者的体力、灵敏度以及操

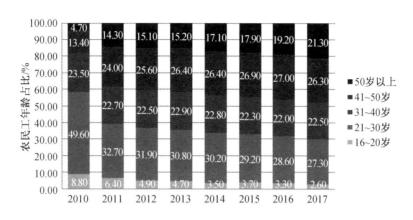

图 5-2　2010—2017 年农民工年龄构成

图片来源:作者绘制

作精确度都有较高的要求。在计件式报酬形式下,农民工随着年龄增加而逐渐缺乏竞争优势,只能选择回乡就近务工或务农。《2017 年农民工监测调查报告》显示,本地农民工平均年龄 44.8 岁,外出农民工平均年龄为 34.3 岁,本地农民工平均年龄高出外出农民工 10.5 岁,这说明了年长农民工更倾向就近务工,在外务工的更多是年轻农民工。

5.2.3　新生代农民工成打工主体

《2016 年农民工监测调查报告》显示,1980 年以后出生的农民工已占农民工总数的 49.7%,比上年提高了 1.2%,占了半壁江山成为农民工主体。新生代农民工(又称农二代)是没有土地的农村人,将成为我国现阶段最大的无产阶级。与老一代农民工相比,他们受教育程度较高,接受新事物能力强,进城意愿强烈。与父辈赚钱回家盖房的目标不同的是,他们更期望在城市里找到好的出路而扎下根来。他们对工作环境和生活有更高要求,很少像父辈一样愿意从事最脏最累的工作。在城市无所依靠的新生代农民工,当经济下滑不能提供给他们足够多的工作岗位时,就容易成为社会不安定因素,产生社会隐患。

5.2.4　打工本地化趋势和城市化趋缓态势

对上述农民工人口数据的分析显示,农民工已按年龄段呈现明显的分化现象,新生代农民工无论是思想观念上还是生活方式上都已将城市作为生活终点。而老一代农民工受传统观念和自身局限性影响,还把农村和土地看作是最后的归宿和根,随着年龄渐长大多回到农村就近务工务农。一方面,这种分化说明农村人口城市化在以脚投票的自然选择下,1980年代以后出后的农村年轻人将成为城市化的主流,为城市输送着新鲜血液,但受计划生育影响这部分人口数量将越来越少,面临枯竭状态;另一方面,老一代外出的农民工仍然会回归农村,使农村人口数量很难在短时间内消减,同时带来严重的农村老龄化和后继无人等问题。这部分人口正在逐年增加,表5-1显示,41岁以上的农民工比例已由2010年的18.1%上升到2017年的47.6%。

对这些数据的动态分析,既是对人口城镇化成果的检验,也是为了对未来城镇化走向进行预测,以便对相应的政策进行及时调整和应对。城镇化不仅应显示的是城镇人口的增长,而且应该显示出农村人口绝对数量和所占比例的同步减少。农村人口的减少一方面依赖于农民有能力在城镇长期稳定生活并转化为城镇市民,另一方面依赖于没有能力在城镇谋生的农民的"自然消亡"。英国等发达国家经过了100多年的"自然消亡"才完成城市化进程,而中国的城市化目前只经历了30多年。中国农村的庞大人口基数,决定了中国城市化靠"自然消亡"这部分进程很难在短短几十年就完成发达国家百年的历程。

此外,与中国不同的是,在很多国家城市化过程中,农民是因失地而为了生存离开家乡来到城市,这种"失根"性决定了他转移到城市的彻底和决绝。但在中国现有客观条件下,假如城市的几亿农民打工者都彻底转移到城市而无法找到长期稳定的工作,政府若按照城市标准为这部分人口提供失业救济、医疗及养老保险等服务,保障其在城市里的最低生活水平,所需财力将非常巨大,以中国目前的财政水平是无力负担的。因此,中国政府将长久性的土地承包制作为农民维系最低生活的保障之一,使得农民的生存之根仍然留在农村。老一辈打工者随着年纪增大,当无力负担城市生活成本之时,可以回归农村养老。农民小规模种植的自给自足经济模式,比起现代城市生活的开支大大减少。

2016年国务院出台了《关于完善农村土地所有权承包权经营权分置办法的意见》,将土地承包权与经营权相剥离分割,在促进农村土地流转的同时,为保障农民土地承包权的长久性收益扫清了制度障碍。这也意味着在相当长的一段时间内,大多数农民的城镇化转移都不会非常彻底。这种对农民的最低保障措施无形中也使得我国城镇化进程放缓。

5.3 新型城镇化成为转型发展方向

我国在经历了20多年的城市化高速发展后,面临着诸多经济和社会问题。经济增速已经从两位数高速发展回落至7%以下的徘徊波动,城市化后继乏力。异地城市化所造成的诸多社会问题以及庞大的农村人口基数也使得城市化进程不可能一蹴而就。作为一场涉及经济、政治、文化、社会、生态等各个方面的深层次变迁,快速城市化已经引起了社会阶层分化和诸多社会矛盾积累,其所带来的一系列负面影响倒逼着我国必须及时进行结构调整和纠偏。此外,根据西方发达国家城镇化进程与经验,城镇化率在50%时是一个重要转折点,之前处于高速发展期,之后就转入中速发展阶段。当城镇化达到65%~70%时,就会出现逆城市化现象,也即城市居民尤其是上层中产阶级以上的人向乡村反向迁移。我国目前的城市化率已达54%,无论是根据国内的形势,还是根据国际经验,都到了一个转型发展和深度变革时期。

5.3.1 重提"离土不离乡"的就地城镇化

就地城镇化的提出,既是基于中国庞大的农村人口基数,也是基于异地城市化暴露出的难以克服的一系列问题。目前,我国乡村存在着隐性失业人口1亿~1.2亿人左右,随着我国经济增长速度的减缓(近几年在7%以下徘徊),还将会有更多的农民工找不到工作。而且农业现代化和家庭农场的发展也将进一步析出劳动力,未来15年内乡村隐性失业人口有可能达2亿人以上。费孝通先生曾说,"从整个经济分析上说,农业技术、劳力需要、人口数量、农场面积……自主权利等因素是一个有机的配合……任何经济结构如果不能维持最低限度的民生,是绝不能持久的"。当我们的城市经济发展增速在未来几年难以提供更多的工作岗位时,我们的社会稳定必将是难以为继的。因此,城镇化发展的速度、发展模式、采取的措施对策等,都应该与当下的人口、技术和土地等相匹配,顺应客观现实需要。

事实上,早在20世纪80—90年代改革开放初期,我国农村就发生过自下而上的"离土不离乡"的就业转移,并且取得了令人瞩目的成就。80年代土地承包制打破了原有的制度束缚,极大地激发了农业发展的同时,也激发了乡村工业的发展。在中央政府的支持下,地方政府通过提供税收、土地出让费、贷款、户口配套等优惠政策营造良好的投资环境吸引投资。1984年,乡镇企业数量就从上年度的134.64万个,猛增至606.52万个,就业人数达5 208.11万人。乡镇企业在基层政府的推动下,不再靠国家分配,而是借助优惠政策,依靠好的投资环境和农民自有资金发展起来。1994年我国乡镇企业固定资产投资总额中,群众集资达240亿元,占总额的9.5%。而发达地区乡镇企业自有资金占比更高,达50%～55%。在乡镇建设方面,20世纪90年代,群众为建设小城镇进行的集资款累计达1.3亿元以上,主要是通过农民出资承租承购城镇土地设厂开店,以及向务工经商的农民集资建城。最突出的例子是浙江龙港,5 000多户农民完全通过民间集资建厂开店,自我管理、自我负责,将5个小渔村建成为18万人的新城。农民作为发动主体,自下而上地推动着农村就地城镇化快速发展,到1996年全国农村劳动力非农化率已达到28.8%,80%的乡镇企业落户在自然村落[①]。

看到乡镇企业的迅速崛起,费孝通先生在20世纪80年代就曾有远见地及时提出中国农村应走"离土不离乡"的乡村工业化之路,即农村富余劳动力离土不离乡,就地转移至乡镇企业。他认为中国城乡劳动力过剩的国情和现实状况,不允许我国走原有城市空间拓展和建设新城的大城市化道路,中国自古就有的"男耕女织"农工兼业方式,使得"离土不离乡"的就地职业化转移在中国农村有深厚的历史基础,以此为依托发展乡镇企业和小城镇将是未来一个时期中国城镇化的现实道路。他所主张的"小城镇、大战略"思想,成为我国20世纪八九十年代城镇化发展的主流思想。

我国之所以从发展以小城镇为主的城镇化模式转变为以发展大城市为主导的大城市化模式,最主要的原因是1988年我国发生了原材料供给和资金供给空前紧张的危机,出现了乡镇企业与国有企业争夺原材料和贷款的局面。国家为保障城市的发展,选择了城市经济优先、制约乡镇企业发展的战略性改变。此外,由于当时认识的局限性,政府没有及时对农村城镇化在空间和产业上做适时的规划、限制和引导,导致乡镇企业同构竞争,且无序和"井喷"式的发展,对资源和环境也造成了不良影响。"村村点火、户户冒烟"是人们对当时乡镇企业发展的印象,使得人们对小城镇发展战略也产生了一定程度的怀疑。国家发展的重心随后转向自上而下的以政府主导的大城市化热潮。在计划经济体制下发展起来的乡镇企业还不具备很强的市场竞争力,当脱离了政府的庇佑后,面对竞争激烈的市场逐渐失去了优势

---

① 崔功豪.中国自下而上城市化的发展及其机制[J].地理学报,1999(3):106.

而纷纷倒闭,使得小城镇发展也随之失去了动力。从乡镇企业失业的农村劳力,在国家取消了对农民流动的限制后,转而涌向大城市。乡村日渐荒芜凋敝,农村及小城镇发展随之淡出人们的视线,成为被遗忘的角落。

今天,当异地城市化模式面对经济下滑和巨大的农村转移人口基数压力,以及难以解决的"城市病"问题而困难重重时,不得不回过头来重新思考费老当初提过的"小城镇、大战略"。2017年,我国总人口13.9亿人,其中乡村常住人口5.7661亿人,乡村就业人数3.5178亿人,城镇就业人数4.2462亿人。流动人口2.44亿人,这部分人也是未来城镇化最先需要安置的对象。此外,城镇化还在以高于1%的速度递增。至2018年5月,我国只有约300个城市,却有2 856个县和41 658个乡镇,其中2万多个小城镇平均人口仅7 000多人,很多甚至不足5 000人,具有巨大的发展潜力和发展空间。虽然中小城镇的聚集效益和规模效益远不如大中城市高,但众多中小城镇对农村过剩劳动力的吸储量远远大于城市。从国际经验看,很多先进国家的普遍做法也是借助大城市的辐射将很多小城镇发展成卫星城。因此强化县域经济,依靠众多中小城镇的发展来就地吸纳大量富余劳动力,实现人口就地城镇化是中国实现均衡发展和城市化发展的必经之路。由此,国家将城市化战略再次改为城镇化战略,意在加强对中小城镇的发展壮大,实现农村人口的就近非农化转移和就地城镇化的发展。

就地城镇化就是指,当农村经济发展到一定阶段,中小城镇的基础设施和公共服务提高到一定水平后,农民的收入和生活水平提高,不再盲目地向大城市移居,而是在原居住的乡村或附近中小城镇同样能获得在大城市的生活质量,实现就地市民化的实质性转化。

5.3.2 国家新型城镇化战略的提出和内涵

2013年11月,党的十八届三中全会正式提出"新型城镇化"并将其作为国家发展战略,继而在2014年3月中共中央、国务院印发了《国家新型城镇化规划(2014—2020年)》。这实质上是我国城市化发展后继乏力之后,在多重矛盾倒逼下,旨在寻找新动力和新模式的发展转型。

那么新型城镇化中的"新"究竟应体现在哪里?笔者认为,这既体现了对过去异地城市化过程中出现的问题进行纠偏,也区别于20世纪八九十年代的城镇化。具体表现在以下几方面:一是在发展目标上,应从土地城镇化的经济目标,转向人本城镇化的多元目标。纠正以往过度重视物质空间的开发,而实现以人为核心的最优资源配置,达到人本化发展。二是在发展模式上,改变自上而下政府主导的外生模式,转为依靠民众为主体的自下而上的内生模式,实现由"政府主导"向"市场主导,政府引导"的角色转换。三是在发展效率上,从只追求经济效益的粗放型发展,转向经济、社会和生态效益的协同并进,改变城镇化过程中出现的空间拥挤、资源承载力极限、宜居性丧失、高债务风险等矛盾问题,真正实现内涵式、可持续、精细化的集约型城镇发展。四是在空间布局上,从以大城市空间扩张为核心的非均衡性发展,转向以区域平衡和城乡协调为核心的均衡性结构方向的发展,重塑乡镇空间。五是在社会治理上,从以静态封闭的农业社会为基础的权力至上治理模式和城乡分治,转向以现代的动态社会为基础的开放性、参与性与协商合作性的民主法制治理模式。

概括以上,新型城镇化的方向就是实现人本化发展基础上的城乡均衡全面发展。而新时期的就地城镇化就是新型城镇化的外在实现形式。

5.3.3 就地新型城镇化与乡村振兴的关系

长久以来,我们一直认为随着城市化的不断发展,"三农"问题会随之解决。但现实是随着城市化的快速发展,"三农"问题不但没有解决反而是乡村衰落在进一步加剧,城乡差距不是缩小了而是进一步加大了,国家统计局关于城乡收入分析数据显示,城乡人均收入差距从1985年乡村经济最好时的1.86:1的最小差距逐渐拉大到2009年的3.33:1最大差距。虽然在国家对农村加大投入后,2017年我国城乡居民收入差距缩小到2.71:1,但与世界其他国家相比仍然很大。其原因不是因为城市收入过高,而是农村收入过低,根本上是农村经济发展滞后所导致的。与城市经济和技术快速更迭发展相对应的是,农村在大量流失了劳动力和资本后,观念守旧的老年化农民对新兴产业感觉迟钝,一些新的技术和理念难以被接受和落地,使得国家每年投入农村的资金和项目成效大打折扣,这进一步拉大了城乡在技术和文化上的差距。而不断加大的差距逼着农村青壮年更加流向城市,加剧乡村衰败而形成恶性循环。恒大研究院报告中的农村人口外流情况也说明了农村在进一步衰落。从2011年到2016年,一二线共35个大城市常住人口持续大幅流入,三线71个中等城市稍有流入,四线107个小城市基本平衡,大量的五六线地县级小城和乡镇持续净流出。在就地城镇化中起关键作用的县级中小城镇和农村一样只出不进。由此可见,中小城镇与农村是属于"同呼吸共命运"的连带关系。分散在农村腹地的大量中小城镇作为城乡连接点,更多的是服务于乡村的。当乡村衰败时,中小城镇同样留不住人,农村人口会越过城镇直接奔向工作机会更多的大城市。如果乡村不兴旺,中小城镇发展只能是空谈。因此,就地新型城镇化发展与乡村振兴属于一脉相承互为因果的关系。

1. 乡村兴旺是中小城镇发展的源泉

城镇化本质上是工业化在城镇的发展集聚而产生大量的就业需求,从而吸引农村人口不断向城镇汇集的一个自然演进过程,因此城镇化的动力基础是工业或产业集聚。20世纪末,我国小城镇也确实因乡镇企业的发展而蓬勃兴旺。但今天中小城镇的现实情况是否具有集聚效应呢?目前,乡镇企业都被要求集中在县级工业园区内。而20多年的快速城市化发展,在一边倒的城市经济利好政策下,乡村人口和资金大量流失,乡镇企业已所剩无几。在县级工业园区内乡镇企业入驻都很难饱和的情况下,小城镇就更少有产业和就业岗位了。失去了产业支撑的小城镇就成为单纯的生活消费型而非生产型空间,很难留住人。

笔者2014年在湖南江华瑶族自治县大圩镇调研时,见到政府实施的高寒山区农民异地扶贫搬迁工程。根据县政府要求,大圩镇政府结合小城镇开发,新开辟400亩土地打造新农村示范点,集中规划三层高的 5 m×15 m 宅基地自建房230户和六层楼高的公租房324套,一部分用于散居在15个高寒山区自然村的村民异地搬迁,另一部分面向其他农民销售。对于被异地搬迁的村民,保持他们在山上原有的林地和宅基地不变。由于镇上相对村里和山上交通便捷和生活配套完善,村民都愿意搬迁入住。但从大圩镇到村民的承包山上有两个小时的路程,长期居住在镇上不仅无法照料山上的林地和耕地,而且镇上各项生活成本均高于村里,只消费没有产出,于是村民们不久就又搬回山上和村里居住。这种异地搬迁又回迁的现象不仅仅在湖南,在广西、云南以及西北部农村都普遍存在。中国自古就有"遥田不富"的说法,村庄不仅具有生活功能,而且也是农业生产的场地,居住在村庄不仅生活成本更低,而且离农田近,利于耕作。绝大多数务农的村民既离不开农业,也离不开村庄。城镇化不是简单把农民住房从农村搬到城镇上,而是需要有产业支撑和就业岗位需求等一系列功能的匹配。没有一定功能集聚的城镇很难实现城镇化。

深处乡村腹地的中小城镇天然具有面向乡村的属性,其兴衰成败都与乡村社会息息相关。我国历史上的小城镇按功能分,有手工业型小城镇、商业型小城镇、工业型小城镇、交通型小城镇等,为周边乡村地区提供服务和贸易集散,同时也成为周边乡村的管理中心。除了乡镇企业的汇集,市场也是小城镇发展的另一个重要动力。某种程度上说,城镇也是因市场而形成的。在市场上,各种商品、消费、信息、资金以及劳动力等要素聚集和流通。因此,小城镇经济是依托乡村市场的空前活跃而繁荣的。如果没有乡村的兴旺,中小城镇的繁荣和城镇化的集聚就成了无源之水。

2. 中小城镇是推动乡村振兴的增长极

中小城镇同时承担的是城市向乡村转移的承接点。中小城镇一头连着城市,一头连着广大农村,在城乡之间很自然地形成了中间层次。对城市来讲,它代表了农村,是城市向农村进行经济、技术和文明辐射的落脚点。对农村来讲,它又是一定区域范围内农村的中心,代表着城市。中小城镇的这种过渡属性决定了必须将其发展置于城乡关系的框架内来看待和分析。由于农村的分散,为农业生产提供的一系列服务体系和技术革新只靠城市是很难满足农村要求的,中小城镇作为农村社区的中心,无论是在文化历史上还是在地理位置上抑或社会生活上都与农村有着密切联系,可以承担起为农村服务的职责。中小城镇是加强农业新技术推广和促进农业现代化的转化基地,以及农村二、三产业发展的空间载体。小城镇作为城乡连接点和纽带,连接着城市和广大农村,形成城、镇、乡网络,将城乡社会连成一个整体,使城乡各种经济要素和社会要素在此优化组合、优势互补、协调发展,真正实现城乡融合。中小城镇发挥着城乡经济网络、城乡分工协作的关键节点作用,应该成为推动乡村振兴的增长极。

新时期"离土不离乡"的中小城镇发展,其产业应结合乡村地域特点和优势,以农业为基础,延长产业链,针对环境问题和食品安全问题发展生态农业和农产品加工,使乡村地域与小城镇加工基地相结合,形成乡村地区农、工、贸产业的共同发展和多种经营,促使产业发展和结构升级。还可以结合农村劳动力富余和拥有较多的土地资源的优势,发展劳动密集型、土地耗费型工业等。目前,这些工业企业正在从我国东部沿海城市向内陆城市转移,在乡村规划中,可以按照梯度转移规律,从城市、城镇中逐步转移过来。乡镇企业的发展和乡村地区工业化,更为有效地调整了乡村地区劳动就业结构,增加乡村地区的人均收入,从而提高乡村地区的消费结构和消费水平,进而促进以商业服务业为主的乡村第三产业的发展,最终使乡村经济从单一的种植业发展到包含农业、工业、商贸和旅游业等一、二、三产业并存的多种类综合体系。我国近年来提出的田园综合体、特色小镇等概念,正是基于多产业融合的乡村振兴模式,为就地城镇化创造条件。

总之,中小城镇的发展动力主要依赖于其地理环境、政策、对外开放度、乡镇企业、外资利用、大中城市的辐射、政府作用和农民主体行为等。但政策制度无疑是起着关键性作用,国家提出的乡村振兴战略,不仅仅极大地刺激乡村的发展,而且也必将促进中小城镇的兴旺。

6 乡村振兴及其路径分析

长久以来,农村发展滞后和"三农"问题一直是我国党和政府高度关注的大问题。对于"三农"问题产生的根源,普遍认为是城乡政策上的二元结构割据造成的城乡发展不均衡所致,但为何形成城乡二元割据,为何形成了城乡发展不均衡,为何国家一号文件连续十几年都将农村发展作为重要内容提出,而恰恰这十几年正是我国农村快速衰败、城市化高速发展的十几年。城乡人均收入差距比从 1985 年乡村经济最好时的 1.86∶1 的最小差距逐渐拉大到 2009 年的 3.33∶1 最大差距。虽然在国家对农村加大投入后,2017 年我国城乡居民收入差距缩小到 2.71∶1,但此差距与世界其他国家相比仍然很大。笔者认为深层次的原因还是在于对乡村在整个社会中发挥的作用认识不足导致我国在政策制定上实际是一直沿着重城市轻乡村的发展路径,在具体实施上地方政府片面追求 GDP 的结果。虽然党的十九大正式提出乡村振兴发展战略,但只有整个社会都真正认识到乡村对人类社会的价值,才能更好地实施乡村振兴和充分发挥出乡村应有的作用。

6.1 乡村价值再认识

由于世界上占全球人口 51% 的农村人口(2007 年)仅贡献了 20% 的 GDP(根据麦肯锡全球研究院 2011 年的数据),而城市创造了世界上 80% 的财富,同时也吸引了大量的人才和资本集聚,因此世界上的人们普遍对城市的关注与重视远远超过乡村。我国长期以来片面追求 GDP 高增长而忽视农村的发展,导致农村整体衰败,农村经济更是低迷。以 2016 年为例,我国农村以 53% 的国土面积和 42.65% 的人口仅贡献了 9.2% 的 GDP,农村几乎成了贫穷和荒芜的代名词。但实际上撇开经济指标,农村在生态、文化等方面有无法被取代甚至更加重要的方面值得我们重视。因此,有必要对乡村的价值进行梳理和再认识,以达到城乡协同发展的作用。

6.1.1 乡村保障着人类赖以生存的生态环境

从全球来看,城市面积只占整个地球表面积的2%,但却消耗了世界上60%~80%能源,排放了世界上约75%的二氧化碳,产生的废物量占世界50%以上。可见城市所使用的资源和产生的废物远远超出城市面积本身的生产量和消解量,需要周边广大的乡村地区进行资源再生和补给。以城市水足迹为例,虽然城市地区仅占不到2%的地球表面积,但为城市提供水资源的上游地区却占到了地球表面积的41%。水域流经的这些广大乡村既是满足人们食物和水等基本生存需求的主要来源,同时也是人类废弃物的降解场所,因此其生态系统很容易被破坏。据联合国环境规划署估计,由于发展中国家90%的废水不经任何处理,直接排入江河湖海,所造成的脱氧死区影响了超过245 000 km² 的海洋生态系统,相当于全球珊瑚礁的总面积。人类赖以生存的生态系统因此面临危险境地,湿地、河口及沿海生态系统等许多敏感地带的自然生境均经受着严峻的挑战。因此,对乡村生态系统的保护和治理直接关乎人类生存环境的安危。联合国环境规划署对全球50个城市的城市扩张的研究表明,近50年来的全球城市化发展已经直接影响了地球生态系统。城市发展与森林、农田和草原有着很大的消极关联。现在生态系统的变化速度和范围已经超过了人类有史以来的任何时间的相关变化速度和范围。我国同样面临着大面积的乡村污染问题。不仅仅有来自城市的废水、废气和固体废弃物的降解问题,农村本身的农业污染已经成为我国最大的面源污染,我们的食品安全和生存正面临着空前危机。只有保护好人类赖以生存的乡村自然生态系统,人类社会和经济的发展才会有意义。乡村长期得不到重视,与乡村所承载的生态服务价值一直不被人们所认识直接相关。

充分保护好城市周边的乡村生态环境,将自然环境与城市建成环境有机结合,不仅有助于维护城市系统本身所必需的正常运转,而且还可以大大降低城市的能耗和资金。例如纽约20世纪90年代末启动的保护整个流域内的生态系统,以及为纽约市民提供饮用水这一项目。纽约每年花在流域保护项目上的支出平均为1.7亿美元左右,但因此节约了大约60亿美元修建饮用水过滤厂的费用,还避免了每年2.5亿美元的维护费用。该项目不仅成功蓄成了美国最大的淡水库,而且还为当地政府节约了一大笔财政支出[①]。

---

① Kenney A. Ecosystem Services in the New York City Watershed[EB/OL]. (2006-02-10)[2018-04-11]. https://www.ecosystemmarketplace.com/articles/ecosystem-services-in-the-new-york-city-watershed-1969-12-31-2/.

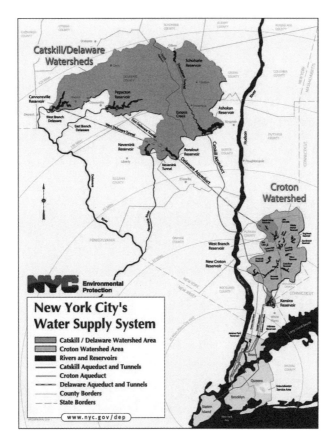

图 6-1　纽约流域保护图示

图片来源：www.nyc.gov/dep

再如全球废水产生量一直在增长,然而在全球收集的 1 650 亿 m^3 废水中仅有 2% 得到了回收。如果能有效保护城市与周边乡村的湿地,就能够通过湿地留住废水中 96% 的氮和 97% 的磷,大大降低污水处理成本[①]。乌干达坎帕拉郊区的纳基乌博(Nakivubo)沼泽地就提供了天然的处理过滤服务,可处理过滤坎帕拉产生的大部分生物废弃物。有关方面曾提出抽干这片湿地的水,将其作为农业用地,但最终没能实施,因为当时的一项评估显示,运行一座与这片沼泽地处理能力相同的污水处理厂,每年的费用将会达到 200 万美元左右。

---

① Ewel K C. Water Quality Improvement by Wetlands[M]//Daily G C. Nature's Service: Societal Dependence on Natural Ecosystems. Washington，D C: Island Press,1997:344.

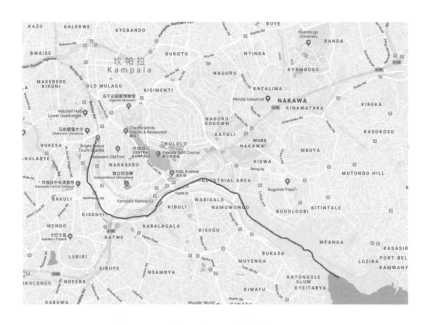

图 6-2 乌干达坎帕拉湿地位置图

图片来源:百度地图

图 6-3 乌干达湿地

图片来源:https://www.vcg.com/creative/1001850183? utm_source=360&utm_medium=imagesearch

6.1.2 乡村有助于缓和自然灾害风险

联合国相关机构最近对世界上的16个大都市地区进行了风险分析,涉及全球17亿人口,占总人口的25%,及世界GDP一半的地区。分析发现,在所有自然灾害中,洪灾对人类的威胁最多。河水泛滥对3.79亿城市居民造成威胁,地震和大风可能会分别对2.83亿和1.57亿人口带来影响①。气候变化②还将使自然灾害进一步加剧。在今后的几十年中,气候变化引起的极端灾害有可能增加多倍(政府间气候变化专门委员会2014)。近40年来,灾害成本占GDP的百分比已经翻了三倍多。

而广博的乡村为抵御和缓和洪灾等极端气候提供了天然屏障。虽然难以进行量化,但越来越多的研究证明,乡村生态系统有助于增强抵抗变化多端的自然灾害和对隐患的抗逆力③,并能从中迅速得到恢复,如减缓洪水水流、稳定边坡、保护海岸线等。城市因有着生态系统的保护而从中受益,这生态系统既包括城市内部的生态系统,当然也包括城市外的乡村生态系统。例如,当发生洪灾时,城市以外的良好集水区以及城市内部的绿地开放空间可帮助减缓水流,同时增加洪水的渗透量。乡村流域和湿地的生态系统退化直接影响到城市抵御洪灾和水质风险的能力。因此,城市需要与"上游的"自然资源建立起良好的协作关系。生态系统的保护或恢复均为适应气候变化、降低灾害风险提供了低成本的有效途径。例如越南台风(平均四次)、暴风雨(多次)每年都会肆虐越南海岸线。为减少台风对海岸线的冲击,越南决定在一套海堤系统前面恢复红树林。恢复红树林可保护海堤,同时帮助减少海堤维护的成本支出。一般情况下,红树林的面积越大,越能保护环境。红树林区提供了一道耗散波浪能的物理屏障,同时也可稳定海床并控制泥沙。

---

① 联合国人居三任务组.联合国住房与城市可持续发展会议人居三议题文件15:城市抗逆力[C].2015.
② 气候变化:《联合国气候变化框架公约》第1条对气候变化的定义是:"气候变化是因人类活动改变了地球大气组成而直接或间接引起的,包括在可比较同期观察到的自然气候变化。"此定义对因人类活动改变了大气组成而引起的气候变化和自然原因引起的气候变化进行了区分。
③ 城市抗逆力,是指城市系统有能力抵抗城市变化多端的多重冲击和压力并迅速从中恢复,并随着时间的推移逐渐提高城市的绩效。抗逆力提供了一种应对各种风险,并实现与日益上升的城市灾害、气候变化影响、关键生态系统服务和自然资源保护相关的各种转型发展的机遇。抗逆力就是城市可持续发展的质量标准,认为城市区域必须是整体上持续适应各种挑战的复杂动态体系。可以从功能(如市政创收)、组织结构(如治理、领导)、物理(如基础设施)、空间(如城市规划设计)的角度来理解"城市体系",这一体系的每一部分均对其他部分存在天生的依赖。抗逆力策略就是要求了解这种内在关系。

越南在该项目上共投资了大约110万美元,用来规划、保护1.2万 hm^2 的红树林。不过每年的海堤维护成本却减少了730万美元。红树林恢复后,2000年9月的台风虽然肆虐了越南3个北方省份,但是没有破坏到再造红树林后面的海堤①。我国仅2018年9月发生的第22号台风"山竹"就致使广东、广西、海南、湖南、贵州5省(区)共300万人受灾,造成了5人死亡,1人失踪,农作物受灾面积达17.44万 hm^2,直接经济损失有52亿元②。良好的自然防护虽然不能避免自然灾害的发生,但无疑会消减自然灾害对城市的侵袭,减少灾害损失。

图 6-4 越南红树林

图片来源:https://www.toutiao.com/i6412187383394992641/

6.1.3 乡村农业保障着人类健康的食品系统

食物供给是人们对乡村最主要的功能认可,所以乡村农业被认为是国民经济的基础。农业生产最基本的特征是有效利用自然资源为人类生产出生活必需的食物。由此看出,生产出满足人类需要的健康食物取决于自然资源的健康肥沃和生产者的生产活

---

① 联合国人居三任务组.联合国住房与城市可持续发展会议人居三议题文件15:城市抗违力[C].2015.
② 台风山竹造成经济损失已达52亿![N/OL].北京青年报,(2018-09-19)[2018-12-01].http:www.hxnews.com/news/gn/gnxw/201809/19/1615230.shtml.

动。这里涉及耕地问题、食物安全问题和农业生态问题等多方面内容。我国是人多地少的国家,历史上须解决过密化人口的吃饭问题,农业一直是国家头等大事。所以新中国成立后,为了增产增收,国家采取了一系列以高产为目标的机械化、化学化(化肥、农药和农膜)与设施化等科技下乡等措施。但是在过度的化学化和设施化农业作业下,大自然却出现了严重的生态环境恶化和前所未有的食品安全威胁。设施化农业这种高投入高能耗又加剧了农业的生产成本和高风险性。一方面过剩的农产品已经造成大量滞销和浪费,使得农民增产却不能增收,打击了农业生产的积极性,另一方面过量化肥农药催生的农产品已引起了严重的食品安全问题,再者耕地的断崖式退化和污染,对未来的粮食生产已构成威胁。所有这些都证明了仅把乡村看作是理所当然、取之不竭的食物来源却不加以爱惜和重视是不可持续的。

6.1.4 乡村保留着人类发展的根脉和丰富的文化

由于古代交通限制,乡村社会在空间上的隔离造就了各地乡村文化的多样性。乡村文化反映了世世代代所形成的、阐释的、传播的价值观的动态历史沉淀,同时也反映了在世世代代的多样性中得到认可的传统和经验的不断积累。乡村文化包括建筑及村落布局等这些有形资产,以及植根于当地村民内心的民俗习惯文化等无形资产,它们是社会凝聚力的基础。随着人们从农村向城市移居数量的激增,以及通信技术的发展,在加强各乡村与城市相互交流影响的同时,也对文化多样性和保护传统文化习俗带来了挑战,乡村文化正面临着被边缘化的风险。从历史角度看,文化是社会发展的驱动力和关键。文化遗产源自各社会文化历程的积淀,为文化兼容和创新奠定了基础。保留和认可乡村的文化习俗和文化价值观的多样性,在多样性的基础上形成归属感,一定程度上能缓解社会冲突,并提高社会对弱势群体的包容性。我国是农业国家,上下五千年的中国文化就是植根于众多乡村中的。遗憾的是,在近些年的"迁村并点"和新农村建设运动中,大量具有历史文化价值的传统村落消失。联合国大会通过的几项决议及与"2015年后发展议程"相关的各份重要报告,均多次提及文化多样性和包容性对可持续发展的重要作用。保护好乡村文化,将使乡村移居者的流入持续为城市注入活力,从而能使城市成为多元文化的中心。

(a) 安徽宣城市泾县查济古镇　　　　　　　(b) 湖南永兴县板梁村

(c) 福建莆田市锦墩村民居　　　　　　　　(d) 福建莆田市锦墩村壁雕

图 6-5　各地不同风格的乡村建筑

图片来源:作者拍摄

6.1.5 乡村有助于减少城市的贫困人口

世界银行对于极度贫困的定义是生活费在 1.25 美元/(人·日)以下。世界银行 2013 年的相关研究报告显示,全世界有 14 亿贫困人口,其中 78% 集中在乡村,有 63% 贫困人口从事农业,并且主要是小农耕作①。农村能吸纳大量贫困人口的原因是因城乡生活二元性决定的。人们在城市有更高的生活成本,并且城市对受教育程度和工作能力的要求也要高于农村地区。相比城市,贫困人口在农村更容易获得最低生活保障和更小生活压力。因此,大量的贫困人口分散在乡村,从而减少了城市的就业压力,并反过来成为城市劳力的蓄水池。联合国有关推测认为,发展中国家中 80% 的食品是由小农户提供的。全世界估计有 5 亿个小农场,其中的 80% 也是由小农户管理着的②,这对减轻贫困具有重大贡献。

6.2 乡村振兴的实现路径

6.2.1 乡村振兴战略的提出

2017 年在党的十九大报告中,中央正式提出了"乡村振兴"国家战略。2018 年初国家一号文件《中共中央 国务院关于实施乡村振兴战略的意见》具体提出了乡村振兴战略的基本原则、目标任务和路径手段。文件中明确了"产业兴旺、生态宜居、乡风文明、治理有效、生活富裕"为乡村振兴的总体要求。此战略的提出,正是直面乡村问题,寻求乡村全面发展的指导和依据。通过转变乡村产业结构、改善乡村自然环境、提升乡村公共服务水平来缩小城乡差距,从而实现城乡产业梯度转移和城乡共荣。

虽然乡村问题发生在乡村,但乡村问题从来都不只是乡村的问题,相反很大程度上是因城市而起的。所以乡村问题的解决与乡村振兴需要城乡协同,在人才、资源、公共服务、治理等方面实现根本性的转型和融合发展。笔者认为乡村振兴的实现路径主要有以下四方面。

---

① Olinto P, Beegle K, Sobrado C, et al. The State of the Poor: Where are the Poor, where is Extreme, Poverty Harder to End, and What is the Current Profile of the World's Poor? [J/OL]. World Bank-Economic Premise, 2013, 125:1-8[2017-05-06]. http://siteresources.worldbank.org/EXTPREMNET/Resources/EP125.pdf.

② 联合国人居三任务组.联合国住房与城市可持续发展会议人居三议题文件10:城乡联系[C].2015.

6.2.2 路径一：从城乡割据到城乡融合的发展框架

城市和乡村是一个有机整体，在人类繁衍发展中承担和发挥着各自不可忽视的重要作用。城市因产业集聚而以全球 2% 的土地面积创造了世界上 80% 的财富，成为人类生产和消费中心。乡村以其广博的自然生态为城市提供其赖以正常运转所必需的食物、清洁水、环境服务以及木材和煤燃料等资源和生态系统服务①。可以说，没有城市就没有人类的经济高增长，但没有良好的乡村环境人类就面临生存危机。城市和乡村在功能上具有互补和协同作用，缺一不可。

联合国早在 1996 年的人居二大会上发布的《人居议程》中就已确立了城乡联系的准则，指出"人类居住区强调城乡联系并将城市和农村作为人居连续体的两个端点"，要求"城乡相互依存"，要求"宣传互利共赢的城乡发展关系的良好实践与政策"，要求"提高农村服务中心和中小型以及二级城镇吸引人口、增加投资、创造就业机会并降低对首要城市依赖性的能力"。2016 年联合国开放工作组（OWG）又针对人居三大会可持续发展目标，在《新城市议程》中进一步明确了以互补、相辅相成的方式解决城乡发展问题。城市和乡村各自承担和发挥了不同的功能和作用，缺少任何一方，对人类社会都将是难以为继的灾难。

当人口、资源、资本、商品、就业、信息和技术等各种要素，在农村、城市边缘和城市三者之间自由流动，才能达到城乡平衡和最优配置。正是长期城乡二元割裂的体制性障碍，阻碍了城乡间的正常流动和融合，导致今天城乡发展的不平衡。加上财富汇集的城市天然具有吸引大资本和人才的优势，而农村地区在获得服务、就业、机会和市场等方面均处于弱势地位，更加剧了城乡间的巨大差距。"三农"问题实质上就是在工业化和城市化进程中城乡关系出现失衡，造成工农差距、城乡差距、市民与农民差距扩大的具体体现。只有消除城乡体制上的制度割裂，促进各要素双向自由流动，促进城乡融合发展，缩小城乡差距乃至达到平衡，"三农"问题才能真正得到解决，也才能真正实现城乡的互惠互利和现代化发展。

世界银行跨世纪发展报告指出，我国之所以在东部沿海地区的中小城镇发展好，就是因

---

① 生态系统服务是指人类从生态系统中获得的所有惠益，主要包括四类：支持服务（如各物种和遗传资源的栖息地）、供给服务（如食物、医药资源）、调节服务（如调节当地气候及极端气候）、文化服务（如娱乐、旅游）。

为东部沿海地区是全中国城乡差距最小的,也是中国城乡一体化和现代化水平最高的地区。发展成熟的大城市可以将已标准化的产业扩散到周边小城镇,所降低的生产成本超出可能增加的交易和流通成本,从而形成城市与中小城镇之间的产业递进和分工合作。城乡之间过大的差距使中小城镇无法具备承接大城市的产业转移的条件。因此,中小城镇的产业发展要依据所在区域城乡一体化的组织程度,发挥自身的特色和优势,才能争取和承接到大城市的产业转移。

实现城乡融合发展,规划和治理是两大重要方面。具体而言:在规划上要实现城乡融合的系统性规划。首先要整体看待城乡系统和整体性的基础设施规划。将城市和乡村都纳入统一的区域来进行功能上的关联和协作。城乡地域包含城市中心、城市周边地区和乡村腹地,需要通过国土规划建立三者之间的联系并保证功能上的互补性,以保护高价值生态系统,并促进和保障人口、商品和生态系统服务三者在城乡之间的畅通流动。通过完善交通网络和城乡地区之间的沟通来促进连通性和低碳流动性,进而实现共同利益并获得高质量的公共服务。做好城乡系统规划,至关重要的是要对加剧城市和农村地区之间分裂的原因以及促进它们相互联系的因素有充分的了解。生态系统和环境地理知识已经帮助我们提高了对城乡间水循环和气候现象的了解,但还有许多方面有待进一步探索。对基础设施实施真正意义上的整体处理办法就是要避免各自为营。需要进行整体分析,以便对其网络如何运行有深入的了解和认识,唯有如此,才能有效设计、实施和运行可持续的和适应性较强的基础设施,同时在基础设施系统的开发和运行中融入风险管理,尤其是在基础设施硬件、管理制度及知识能力方面应用适当的风险管理并采取适当的缓解措施来降低基础设施系统的脆弱性,加强其适应性,以满足城市化、人口增长和气候变化所带来的挑战。有效的基础设施规划需要完整的思想转变,需要突破以行业为基础的局限性,推动降低基础设施供应的单位成本,提高效率和质量;需要与整体城乡规划和城市发展战略相结合,以构建可持续发展和公平的未来,实现更广泛的社会权利。

其次要关注平衡和包容性的城乡发展规划。这应包括提高中、小型城市吸引力,以及中小型城市在人口可持续发展、增加投资和创造就业机会等方面的能力,以此降低对首位城市的依赖性。规划中应注意减少对环境的影响,并为遭受灾难、危险和冲突的人群提供庇护措施。

再次要促进城乡绿色基础设施①(被视为多功能绿色空间网络)的规划建设。绿色基础设施(GI)能够将农村和城市的绿色元素纳入连续统一的框架体系里,采用一种自然的方法将林业、农业、园艺、生物多样性的花园和公园、公共场所、生物工程、生物过滤器、植物修复等整合到一起,其中相互依存的各要素互相支持以保证长期的可持续性。绿色屋顶、透水植被覆盖面、行道树、公园、社区花园和湿地都能带来多种多样的"生态系统服务效益"。绿色基础设施能够增强生态资源所产生的生态系统服务价值,缓解许多气候变化对城市造成的影响。其成本低、收益高,采用的投资方法已在全球许多城市中发挥了巨大的作用。最有效的方法是将城市看作是生物圈的一部分,将大自然纳入城乡基础设施的考虑范畴,并视其为城乡的基础设施,使得生态系统服务最大化。此外,将城乡垃圾转换成能量、双重再利用(如雨水和灰水回收利用)、将线性供水系统更换为闭路系统、利用"水-废水-能源"关系等技术创新措施都是关键性的提高效益的潜力所在。

最后要推进城市紧凑型发展。城市的低密度扩张可能会占用主要的农业用地,阻塞维持生态系统健康和连通性的绿色和蓝色通道比如水道、渔业和森林,扰乱农村生计,影响粮食供应并增加碳排放、污染和能源使用,进而威胁环境。需要在国土规划层面,评估发展趋势并解决自然资源、充足的基础设施和服务供应的可持续管理,平等和社会包容,环境压力,以及资本、商品和人口的流动的问题,进而形成多产且适应性更强的城市和农村地区。紧凑型城市能够为基础设施投资提供最具成本效益的解决方案。

在治理上要实现城乡平等的治理支撑,具体包括:城乡融合的制度保障、城乡合作机制和多方参与机制。

城乡融合的制度保障。城乡融合首先要实现在教育、医疗、社会保障等城乡居民所享有的公共服务方面的平等待遇。由于历史原因,乡村在公共服务方面的配置远低于城市,在制度上农民享受的也远低于城市市民的社会保障。这从根本上阻碍了城乡人口的双向自由流动。乡村振兴首先要解决的就是人的问题,因此打破限制人口流动的制度屏障,以及公共资

---

① 绿色基础设施(GI):指自然与半自然区域,以及城乡的各种绿色空间、陆上区域、淡水区域、沿海区域、海上区域等所组成的网络,它们共同加强了生态系统的健康发展和抵抗自然灾害的韧性。绿色基础设施有利于生物多样性的保护,并通过维持和加强生态系统服务而造福于人类。生态系统服务的概念不同于绿色基础设施。生态系统服务是指生态系统向人类提供基本服务的能力以及人类对生态系统的依赖性。而绿色基础设施则是一种策略,我们用这种策略来保障或强化生态系统服务的供给能力。(人居三议题文件:Cities and Climate Change and Disaster Risk Management)

源的平等化合理配置是必需的支撑要素。

城乡合作机制。它是管理和实现城乡共同目标和增进城乡合作之间的纽带。通过实现包容性价值链,来改善城市与农村协同增效效应及提高城乡发展机会。通过制定包容性的机制,帮助完善城市与乡村间的网络,增加对公共自然资源的获得与使用,改善农村和城市贫困人口获得各种机会的途径。通过有效管理、解决城市和农村边缘化问题,并特别关注社会包容性,纠正对弱势群体的不平等性。

多方参与机制。由于城乡联系涉及广泛的内容、行为主体和环境,故在城乡建立多方参与的合作机制势在必行。根据合作的目的,涉及的行为主体包括公共部门、社会组织、民营部门以及其他利益相关方。不同群体的参与有助于将不同声音纳入讨论范围。各级政府内部和研究院、学术院校、民间组织和私有部门等之间应建立有效的合作关系和网络,以寻求各方的支持,并在各自权限范围内,分享和互补各方在城乡问题和联系上的专业知识、工作以及所实施的干预措施。对实施方案进行筹划和交流有利于增强行为主体的能力并促进其解决城市和农村地区之间的差距。

城乡融合旨在突出各自的差异和比较优势,加强联系,形成互补性的协同发展。如果以可持续的方式对城乡进行管理,乡村地区尽管会发生前所未有的人口迁移,但仍然会是平静和谐的居住区域,并能够为人们不断提供文化补给。

6.2.3 路径二:乡村治理从权力型转向现代化,激发乡村内生动力

前文已述,中国乡村社会一方面是延续千年的传统乡村秩序自新中国成立后随着人民公社制的建立和政治等级的划分就被彻底瓦解了;另一方面改革开放后的快速城市化不断吸引着农民流向城市,对乡村社会结构带来空前的冲击;同时国家自上而下的政府治理模式悬浮于乡村社会之上,使乡村社会处于原子化的无序无组织状态,缺乏自我调节的功能。乡村治理面临着前所未有的困境。以政府主导的乡村改造和建设虽然为乡村物质空间带来了很大的改观,但无论是在激发乡村内部发展动力上,还是承接国家项目扶持的能力上,抑或是调动多方资源共建上,政府基层治理能力都显得力不从心,导致矛盾冲突频发,甚至引发治理危机,动摇国家政治基础。

城镇化作为现代化的重要组成部分,在表面上是物质空间的现代化建设,但实质上更是从"农民社会"向"市民社会"的现代化变革,以及随之带来的权力与利益关系的重新集结、分

化和调整的过程。身处其中的乡村同样难以成为不变的孤岛，相反更成为这种变革和重构的集中爆发点，已经对现有治理模式产生冲击和挑战，并倒逼着各级政府进行职能转型和治理创新。

那么，什么是"农民社会"？什么是现代化的"市民社会"？

对农民以及农民社会，每个人的理解千差万别。沃尔夫对传统农民（peasants）的定义为："农民的主要追求在于维持生计，并在一个社会关系的狭隘等级系列中维持其社会身份……农民必须'固守传统的安排'。"[①]其核心概念是，传统农民本质上是以依附性为特征的共同体成员，既受共同体权势的支配和束缚，又受共同体的保护，不具有独立自由的人格。马克思曾说："我们越往前追溯历史，个人……就越表现为不独立，从属于一个较大的整体。"与之相对应的是，现代化的基础就是个人不再从属于一个较大的整体，而是取得独立人格、自由个性和公民权利，成为一个"完整的个人"。诺贝尔奖得主希克斯认为传统经济就是权威的大一统的"指令经济"，包含着典型官僚政治中"由上层指导的专门化"分工。现代经济就是自由竞争的市场经济。现代化社会也就是发达的自由竞争的市场经济和完善的民主政治，也即市（公）民社会。依这些观点来看，现代化的农民就是那些专门为满足市场而生产、并在广泛的社会网络中参与竞争的农业生产者（farmers），它只是现代化自由公民的一个职业而非特定的社会身份界定，正如工人、教师、医生等职业一样可以流动和参与自由竞争，依靠个体契约而不是身份共同体立足于社会。

随着城镇化尤其是就地城镇化的发展，会有更多外出农民工带着外面的信息、见识和积蓄返回乡村，也会有更多的城市人口受乡村优良的环境吸引而入驻。乡村因而会更具开放性和现代性。当人民的福祉从"基本生存"转为"人权发展"时，乡村建设或者乡村治理就应当顺应这种人本发展趋势，助力社会在更高层次上的共建和共享，从而实现人民主体性的发展。乡村治理现代化的核心问题就是处理好政府（权力）与市场（权利）的关系，特别是减少政府对微观市场的直接干涉的"家长"色彩，更多地依靠法律机制和市场内在机制，真正围绕"人本化"的发展进行改革。并且通过撬动复杂的利益再分配为改革发展创造契机，从而达到治理目标。乡村社会也得以实现由统治-服从关系转向交换关系、从习俗和指令经济转向市场经济、从臣民转向公民的转型。

---

① 秦晖.历史与现实中的中国农民问题[J].农村·农业·农民(B版),2005(10):12-14.

而乡村若要获得长久的持续发展，就需要激发农民和农村的活力，尊重农民的意愿和利益，让农民真正成为乡村建设和改革的主体，从而自我负责、自我管理地推动乡村的建设和发展，也就是激发乡村内生力。近些年，随着自上而下政府主导的各种扶持政策和资本下乡，很多乡村面貌得到了很大改观，但这终究是外部的推力，而不是源于内生力或原动力的发展，因而也不具有发展持久性。在国家政权和资本外力的强力干预下，尤其是基层政府的逐利驱使下，乡村"面子"光鲜的背后，"里子"却是基层更加去组织化和农民主体地位的缺失。乡村建设和改造过程中，村民没有发言权和参与权，自然就没有积极性、能动性和创造性。乡村建设一旦忽视了农民的需要和能力，否定其主体地位，单纯依靠政府来强力推进，就往往会因针对性不强而大大减弱发展的成效。在笔者走访的绝大多数村庄中，这种反客为主、包办代替式的乡村建设比比皆是，村民不仅不对政府的改造建设心存感激，反而因没有满足自家的需求而怨声载道，甚至矛盾激化。只有源自乡村内生力的治理模式，组织和激发乡村以及农民的本土资源，与外部助推力形成良性互动的合力，才能真正促进乡村的长久持续、有力和健康的发展。

关于乡村治理内生力，在我国历史上最有代表性的当属宗族自治。著名学者秦晖教授研究发现，我国利用家族和宗法治理的农村多集中于东南沿海和平原一带经济较开放发达的粤闽浙及长三角地区。而黄河流域欠发达的贫困农村恰恰是少宗族和无宗族地区，是专制朝廷及其下延组织控制着的一盘散沙般缺少自发社会组织的"编户齐民"[1]。这在一定程度上佐证了乡村自治与经济社会发展的正向关联性。传统宗法治理的乡村基于历史文化信仰、地方民俗、家族血缘等内在的知识和本土化资源，构建起了有共同价值取向的自治组织和村庄秩序，使得村民在情感维度上与村庄的公共生活整合为一体而难以分割。村民们得以抱团取暖，共同与县衙斡旋而谋求更多的发展机会。虽然现代化治理指向去"家长"化，但这种具有"无形的根"的低成本、高效率的传统治理经验仍然具有现实意义。源自共同历史文化信仰和家族血缘的现代化自组织在现实中可以去除传统意义上家长式组织模式，而组成更具凝聚力和向心力的联盟共同体，以适应现代化治理需求。在全球化大趋势下，这种"以文'化'人"和村庄内部小共同体的内生运作机制和实际功效值得进一步挖掘和运用。

欧洲一些国家的乡村自助式治理模式同样值得借鉴。英国乡村早在1970—1980年代

---

[1] 秦晖.历史与现实中的中国农民问题[J].农村·农业·农民(B版),2005(10):12-14.

就经历了人口减少的过程。位于英国坎布里亚郡的乡村地区人口在 20 年间减少了一半以上,导致当地商店、邮局、学校和其他重要服务纷纷关闭。于是当地开展了一个小规模的 3 年试点方案,其中包含:

① 直面该地区的社会和经济问题;
② 鼓励社区倡议和寻求新的就业机会;
③ 为人们提供满意的生活方式;
④ 鼓励为农户提供持续就业的新农企业;
⑤ 保持高品质的生活和良好环境。

该方案雇佣一名全职人员为离开该地区的人提供一系列机会,成功地为该地区建立了有用的信息和咨询服务,并成为新型农村企业的创新催化剂。这种"社区工作者"成为农村当地能接受的协调员,大大缩小了规划师与村民之间的距离,成为满足贫困地区人民需求的桥梁。这个试点有两个特征值得一提。一是建立了一个移动的"信息和行动"面包车,在当地的农村腹地提供各种各样的权威性信息和代理服务。二是对坎布里亚郡潜在的社区行动计划进行了可行性研究,结论是:农村居民遇到的许多问题可以通过鼓励当地居民更多地参与到规划设计决策过程中来评估和实现自身的需求,并且让当地居民聚集在一起还可以消除彼此的隔阂和改善关系。社区居民们自己的互助服务设施,是其他来源所无法提供的。

此外,该试点项目也认识到社区自助的四个主要障碍:社区居民缺乏自信和容易受到批评;许多居民表现冷漠,认为尝试改善是徒劳的;缺乏可以做什么的想法和如何做的信息;缺少物质资源。这些障碍正是社区工作可以提供帮助和方法之处。此后在全英国不同的乡村地区进一步开展了社区工作实践,包括建立村庄通信、改变公共汽车服务、将儿童带到游戏小组、保留小邮局和政府住房开发等。向乡村提供相关信息、支持和建议,可以使村民们提高认识和增强信心,可以自助解决很多问题。

英国沃尔芬登委员会 1978 年对满足社会需求的组织机制归纳为四种类型:非正式(来自家庭和邻居)、商业、法定和志愿机构。英国在 1970 年代志愿者机构数量显著增加。农村地区的互助项目就类似于志愿机构。快速增长的农村自助互助倾向,将某些责任从政府转移到社区。自助计划能够更具创新性和参与性。自助计划不仅能密切关注当地需求,而且具有横向思维,很可能成为农村福利改善的有效执行者。自助机构能够利用公共部门无法获得的资源、资金和志愿者。某些情况下,政府认为行动不合适或优先程度低的方面,自助行动却可能是提供和改善服务的唯一方式。自助机制不仅可以提供服务选择,并能让政治和媒体共同支持,使整个活动充满了活力。当然自助机制也存在一些问题,如可能导致利益分布不均和资源的随意分配,而不是对优先需求进行满足。此外,自助机构与政府的关系也容易被视为有政治动机的关系。因此,福吉1981年总结了适合自助活动的类型:

① 政府应该做但不做的事情;
② 政府不能做的任何事情;
③ 政府可以做,但最好不做的事情。

英国的乡村自助互助项目已成为政府工作的有力补充。应当明确的是,倡导和争取互助以及以社区为导向的解决方案,不是因为它们更便宜(可能根本不便宜),或者是需要较少的工作人员和减轻了法定服务的压力,而是因为互助性服务对村民需求更具有敏感性,并且常常是创新可能发生的地方。但也有许多自助团体只对症状做出反应,而不是对潜在问题做出应对。政府为乡村提供的服务持续下降使得必须开发出越来越多的替代方式。以社区为基础的创造就业的计划,一直是乡村地区一些合作和创业举措的主题。乡村社区创造就业的小规模自助项目包括:村庄商店、多种形式的村庄交通(如小巴)、村庄教育(在条件极端的地方父母兼职和筹款教学有助于留住国家资助的小学)、社区卫生保健(由政府认可和资助、志愿者组成的流动护理服务及特定护理计划)、社区护理(通过组织社区内的技能交换或花园共享等项目实现,由广泛的睦邻计划和预防护理小组提供)。英国许多这些自助服务计划在政府财政支持下,现在已经变成半制度化的了。这些证据表明,社区自助方法可以使乡村社区的弱势群体受益。值得注意的是,自助不仅仅是提供机会,而且是形成一种"社会黏合剂",将原本冷漠的人们有力地维系在一起,因此被视为乡村社区未来的必要品质。

与欧洲的社区自助项目相类似的活动在亚洲的日本和中国台湾则被称为社区营造,作为现代自下而上的参与式实践于20世纪90年代后得到推广。这些基于村庄内部生发出的乡村治理,都对乡村社会的稳定和持续发展起到了不可忽视的作用。今天,在中国大陆的上海、南京、成都等城市社区互助活动也开始试点。处于转型和大变革时期的中国乡村迫切需要政府转变治理模式,以开放和平等的姿态吸纳各方资源入驻乡村,帮助和支持各方平等参与乡村决策,确保乡村互助活动的协调,同时作为促使其他机构采取行动的催化剂,鼓励和协助各种形式的自助活动,对政府工作形成有力的补充。

6.2.4 路径三:乡村建设从政府主导转向多元共建,实现乡村的多元化发展

城镇化作为一个经济、社会、文化、政治、生态等各方面都在深刻变迁的过程,其实质是从封闭而稳定守序的传统乡土社会向更加开放且变动不居的现代社会的演进。这过程中诸多深层次矛盾的积累以及诸如户籍、土地、就业、环境保护、公共服务等大量公共事务的复杂性,特别是城镇化过程中出现的征地拆迁、环境保护等纠纷对传统的政府治理模式造成了强烈冲击,挑战着以政府为主导的传统治理模式。在应对方式失灵的情况下,必须重新设计和建立起将各方力量黏合在一起的合作方式。这就要求政府必须做出相应的调整和转型,建立一种民主、开放、包容、有效的治理模式,实现多元共治、互惠共生。即在一定的规则之下,将各利益相关者整合到治理体系中,以共识、信任和法律等为基础,探寻彼此之间的多向交流和资源交换,以及平等协商和共同决策,并承担决策后果,从而实现公共价值、维护社会秩序、保证各方利益主体都能获得同等稳定的发展机会和发展速度,推动利益共同体的进步发展。"多元共治模式的构建并非以削弱政府能力为前提,政府作为重要的治理主体仍然是转型的关键性力量:由公共资源的垄断者转变为发展规划的编制者、法治环境的创造者、基础设施的建设者、公共服务的提供者、社会治理的协调者、社会秩序的维护者以及社会力量的培育者。"①

乡村现代化本质上同样是从以家族为主的静态社会转向以社会人为主的动态社会,也是从限制走向开放的社会变革过程,因此它同样会引起权利在空间上的均等化重构。现代化的乡村将更具开放性、复杂性,其发展也是朝向以公众诉求和权利导向的多元化方向发展,从而打破政府主导的单一模式。如若乡村在治理过程中没有能够有效听取和吸纳多元化且持续分化的社会诉求,实现以公平为导向的权益重组,将会引发参与危机和矛盾激化,难以达到社会的平衡。

在具体实践中,需要政府、企业、村民、社会团体等共同充当治理主体并发挥各自的功能和优势,依照各自的资源禀赋及特质扮演不同的角色,平等协商、共同决策,形成系统化的发

---

① 张立荣,田恒一,姜庆志.新型城镇化战略实施中的政府治理模式革新研究——基于共生理论的一项探索[J].中国行政管理,2016(2):102.

展动力。将村两委、农村合作社、各种农业协会等各种利益相关体纳入治理体系,将公共利益和私人利益、整体利益和局部利益等不同维度的利益协调平衡,强调公共责任和公共利益的最大化,创造更多的多赢机会。在这过程中,政府应改变"家长式"治理的路径依赖,减少不当的行政干预,还权于社会和市场,积极推动公共服务外包和村民参与等治理实践。健全民主协商机制、利益表达机制和信息沟通机制,保证各方的正当权益都能在制度设计中得到实现,实现乡村社会的包容、公平和共享。

6.2.5 路径四：乡村农业从单纯追求农产量增加到追求农业的多功能发展

由于我国历史上就是人口大国,吃饭问题始终是困扰中国的首要问题,因此长期以来追求农业高产就成了农业发展的唯一目标和思维惯性,而忽视了农业的其他功能。为了增产增收,国家采取了一系列的科技和农业结构调整等措施,以高产为目标的机械化、化学化(化肥、农药和农膜)、规模化与设施化等被不断推广普及。今天,当吃饭已不再是问题的时候,农业又出现了很多新的问题和困境：农业产量的增加并没有带来农民收入的增加,甚至在农产品过剩的今天经常引起滞销,形成农民增产不增收现象。种地不赚钱是不争的事实。尤其当农民外出打工挣的钱远高于务农收入,打工收入逐渐成为家庭收入的主要来源时,农民放弃农业,导致很多地方的农田抛荒严重;当农业总产值对地区GDP的贡献率越来越可有可无的时候,一贯以经济指标为上的人们开始怀疑需不需要再发展农业。当国内农产品价格甚至高于进口农产品时,发展农业的价值究竟何在？而原本认为具有无限净化能力的大自然此时也出现了严重的环境问题：生态环境严重恶化,食品安全受到前所未有的威胁。种种问题都严重阻碍了农业的进一步发展。可见,单纯追求农业产量的增加不仅不能带来农业产值的增加,还破坏了乡村环境,加速农业人口的流失和乡村的衰败。

农业不仅存在经济价值,而且还存在生态环境价值、生活价值和文化价值等多方面,需要多价值多功能的和谐均衡,才能使农业走上良性循环的发展道路。任何一方面的缺失都会引起问题,这是农业的特性决定的。也正是农业的多功能性决定了农业不仅仅是第一产业经济,而且也可以联动二产和三产形成综合经济,从而带动乡村振兴。国家目前推出的田园综合体正是以农业的多功能性为基础而生成的发展理念。

6.3 多功能农业是乡村产业振兴的基石

乡村以农业为基础,乡村振兴离不开合理的农业发展模式。过去单纯追求农业产量的化学化农业不仅没有促进我国农村的发展,反而带来了耕地肥力减少、环境面源污染、食品安全威胁等问题,加速了农业人口的流失和乡村的衰败。因此,要实现乡村振兴首先需要树立正确的农业价值观和探索科学的农业发展模式。农业的多功能性无疑给我们提供了全面的视角来看待农业,为选择更加科学合理的农业发展模式和乡村振兴路径提供了坚实的基础。

农业的多功能性最早是由欧共体农业委员会于1991年1月在《共同农业政策的发展和未来》中提出的:"农民履行了或至少能、应该能履行两种功能:第一,生产功能;第二,在农业发展中保护环境的功能。"也就是说,农民不仅仅是农产品的生产者,而且也是自然环境的保护者。此后的1995年,作为"战略文件",多功能农业成为欧盟共同农业政策改革的方向,尤其将环境作为共同农业政策的重点方向,视其不仅是生产安全食品的基本条件,而且也是为社会提供乡村文化、保护自然环境以实现多功能性的重要部分。1996年11月召开的欧盟农业环境政策会议在所通过的《科克宣言》中明确提出:"农村地区的可持续发展必须置于欧盟议程的最高位置,这必须是农业政策的基本原则。必须保护和维持乡村景色的质量和多样性。"

在欧盟的大力推动下,"多功能农业"不仅在欧盟内部得到广泛的接受,也在世界范围内得到认可和实施。在1992年发布的《联合国21世纪议程》中,关于《促进可持续的农业和农村发展》一章提出了"农业的多功能"概念。此后,在1998年的经济合作与发展组织(简称"经合组织")农业部部长委员会宣言中,将这一概念进一步扩展至除了基本的提供食物和纤维的功能外,农业活动还能改变陆上风景,提供诸如土地保护、对可更新的自然资源的可持续管理、保护生物多样性等环境利益,同时对很多农村地区的社会、经济、生存也有很多利处。2000年经合组织(OECD)再次在一份关于农业政策的报告《多功能:一种分析框架》中指出:"多功能的关键要素包括:一、多样的农产品和非商品农业联合产出的存在;二、一些具有外部性或公共物品特征的非商品产出,这些产出不能由市场所提供或者市场功能在这方面失灵。"这份报告首次正式提到市场作用使得代表传统文化的传统农业被边缘化甚至逐渐灭绝的问题。最为典型的是美国规模化的现代大农场已完全取代美国传统农场的种植经营模式。与之相反,日本为了保护其传统的稻米文化不消失而有意识地在现代文化生活中保留着农事庆祝活动。在日本文化中,水稻生产占据着重要地位。

(a)

(b)

(c)

(d)

图 6-6 日本稻米文化

图片来源:(a) http://finance.sina.com.cn/money/future/roll/2019-02-07/doc-ihqfskcp3522417.shtml;(b) https://finance.sina.cn/futuremarket/qszx/2019-02-07/detail-ihqfskcp3522417.d.html;(c) http://finance.sina.com.cn/money/future/roll/2019-02-07/doc-ihqfskcp3522417.shtml;(d) https://finance.sina.cn/futuremarket/qszx/2019-02-07/detail-ihqfskcp3522417.d.html

6.3.1 我国对多功能农业的认识

只有对农业有正确客观的认识,才能促进农业乃至整个乡村得到健康有序的发展,达到乡村振兴目标。我国作为古老的农业国家,自古小农精耕细作模式延续了几千年,体现了人与自然共生共养、相互依存的关系。

新中国成立后,我国对农业的认识不仅受到传统农业思想的影响,也受到当时人们认识水平的局限。对农业价值的认识同样是个渐进发展的过程。从新中国成立后对农业政策的变化上,能清晰地看出人们对农业价值的认识演进过程,其中存在的一些认识上的误区直接导致后面出现的问题。

第一阶段:追求农业高产的经济价值。

农业生产最基本的特征,是有效利用自然资源为人类生产出生活必需的生存食物。正是基于这一特征,我国长期以来都把农业作为国家发展的基础产业。"农业是国民经济的基础""民以食为天"等是当时国家对农业地位的真实写照。从新中国成立后到20世纪80年代,无论是人民公社制或城乡割据,抑或土地承包制,这些政策出台的核心都是为了解决吃饭问题,围绕如何能使亩产增加而采取的措施。"以粮为纲"成为相当长一个时期的国家的农业发展方针。为了扩大耕地面积,开山拓荒、毁林造田成为那个时期的明显标志。我国实行土地承包制初期,农业连年大丰收,农民增产就是增收,产量的提高对农民收入增加起到了决定性作用。1984年,农民家庭经营纯收入增量中仅种植业收入就占47%。但是,随着我国市场经济体制的逐步建立,农产品价格放开,加上农产品市场竞争力差,同年首次出现的"卖粮难"现象既标志着我国自此告别了吃饭难的饥荒年代,同时也预示着农民增产未必增收。片面追求农业产量尤其是粮食生产,导致农业产业结构单一、农产品品种单一。

第二阶段:农业生态价值的显现。

大面积的毁林造田使得土地的沙漠化和水土流失日益严重,导致恶劣气候频发,人们这才逐渐意识到生态环境在生活中的重要地位。1997年,姜春云向中央提交了《关于陕北地区治理水土流失建设生态农业的调查报告》,时任总书记江泽民和总理李鹏就此批示,"要大抓植树造林、绿化荒漠",从此开启了"封山育林、退耕还林、以粮代赈、个体承包"的生态林业发展工程。

这一阶段国家虽然重视山林保育对生态环境的重要意义,但在平原耕地种植上依然追求单纯高产的经济价值,国家从政策上广泛推广和鼓励使用化肥农药,鼓励机械化、规模化生产。为了增产增收,国家采取了一系列的科技下乡和农业结构调整等措施,以高产为目标的机械化、化学化(化肥、农药和农膜)、规模化与设施化等被不断推广普及。但是几十年的实践证明,农业产量的增加不一定能带来农民收入的增加,有时反而是减收。笔者2014年在福建莆田农村调研时看到,莆田市锦墩村附近的山上枇杷树结满了枇杷果,但是没有村民看护管理和采摘,任由其掉落烂掉。原来前些年由于市场上枇杷好卖价格贵,所以当地农民承包了该片山种了枇杷树,但由于经过几年的发展,市场对琵琶的消费需求已趋饱和,恰逢当年枇杷大丰收,收购价比人工采摘费还低,因此只得任由枇杷烂在山上,一年的收入也就付之东流。国家农林牧渔业的统计数字也显示了农民人均收入中来自一产的占比在逐年下降:1985年为62%、1990年为63%、1995年为58%、2001年为48%。农业增收难问题依然存在,而原本被认为具有无限净化能力的大自然却出现了严重的环境问题,生态环境严重恶化,食品安全受到前所未有的威胁。现代农业可以通过技术,人工干预动植物的生长周期,大大缩短农产品的上市时间和实现反季节供应,增加农产品数量,满足现代人的消费需求。但是,为了提高产量而大量投入的化肥、农药导致土地板结和盐碱化,使得农产品质量下降;污染的环境导致农业害虫的天敌大量减少,又带来农药更大量的使用,严重破坏了农业生态环境,使得食品安全成为人人自危的问题;大量的农业大棚在为市场提供反季节农产品的同时,也消耗了大量能源,这种高投入高能耗又加剧了农业的生产成本和高风险性。农业乃至整个社会都为此付出了巨大的代价。

第三阶段,农业的多功能价值显现。

在"四化"农业作用下,几千年的传统农耕技术被摧毁,传统农业文化凋敝。与此同时,农业产值占GDP的比重逐年下降,农业地位也随之不断减弱直至无足轻重的地步。朱启臻教授在进行大量的农村调查和参与促进农民增收的项目过程中得出的结论是:农业科技和农业结构的调整都难以改变农民低收入的现状。

在城市化高速发展阶段,城市的扩张是以侵吞大片农地建园区和开发区为形式,以牺牲农业和农村为代价的。虽然国家提出粮食安全关乎国家的安危,要以死守18亿亩良田红线为底线,从而强调农业的命脉作用,但更多时候还是把农业作为辅助产业。究其原因,只看到农业较低的经济效益是其出发点,认为农业是低回报的产业。

事实上,当我们提到农业,我们想到的不仅仅是农产品可以果腹,而且也意味着农业提供鲜活和安全的农产品、良好的水及空气等生态环境、人利用自然孕育生命的过程、千百年形成的农耕文化等等。农业不仅仅能提供食物,而且能带来社会、生态、文化等多种效用。如农林业在提供农林产品的同时,也间接提供了绿色资源和开放地,达到水土保持、涵养水源、调节气候、净化空气、防风固沙、保健修养、教育及美化等多重功效。农业还是承载着我国传统农耕文化的重要载体,使传统文化得以保存和体现。而如今在很多地方,农业所能提供的除了不怎么安全的农产品,其他内容似乎已难觅其踪了。农业的一系列问题迫使人们开始重新思考农业所承载的生态价值、社会价值、生活价值和文化价值。

中国关注农业的多功能性问题,最早由中国农业大学的田维明、朱启臻两教授,于2002年主持和参与的联合国粮农组织委托项目"农业在发展中国家的社会经济作用"之时提出[①]。此后,我国学术界逐渐开始关注。2007年在中央一号文件《中共中央 国务院关于积极发展现代农业扎实推进社会主义新农村建设的若干意见》中,首次提到了农业的多功能性,指出:农业不仅具有食品保障功能,而且具有原料供给、就业增收、生态保护、观光休闲、文化传承等功能。因此,我们衡量农业乃至农村对社会的贡献率,不应仅仅从经济角度去衡量,而应多视角,在生态价值、生活和社会价值、文化价值、空间价值以及政治功能等更大的范围内综合考量农业的地位,强化农业的基础作用,从而在新的理论基础上制定农业发展战略。

正是农业的多功能性决定了农业不仅仅是第一产业,同时也包含公共产品的属性。而市场无法完全体现其所含的全部价值,尤其是农民所承担的农业公共产品属性(公益性)决定了农民所从事的农业劳动是为整个社会造福,但却无法在市场交易中获得补偿。因此农业发展和农民增收也就不可能总是呈现正相关性。虽然我国改革开放以来在农业科技和农业结构调整方面做出了很大进步,但依然难以改变农民低收入的现状。长久以来,人们对农业进步的认识大多只停留在种植技术等自然科学层面,导致我国在制定农业政策上的失误和偏差,在重视和发展农业的同时忽略和伤害了农民的利益,结果是农民和农业都没有发展起来。农业的公益性决定了全社会应该对农民进行价值补偿,政府应该承担起农业的社会责任。这也说明了为何发达国家即便是大规模的农场经营依然需要国家的高额补贴。对农业多功能性的认识,有助于我们理清农业与农民、农业与环境、农业与市场等之间关系,为制定有效的农业发展和乡村振兴策略提供理论支撑。

---

① 朱启臻.农业社会学[M].北京:社会科学文献出版社,2009:11.

6.3.2　农业的多样化

农业多功能性的内涵包括其生态功能和提供健康安全的食品要求。农业单一品种种植对土壤生态平衡的破坏已经被证实,生物多样性能增加生态系统服务的生产,对农业生产和社会需求都很重要。多样化农业能提供高质量的水供应、碳储存、生物化学循环、生物多样性和温室气体减排,可以带来更大的环境、社会和经济效益。因此,多样化农业是实现农业多功能性的重要内容之一。事实上,我国一直有着农业多样化种植传统,即按照季节习性和所需养分进行轮作和间作,才使耕地得以延续几千年仍然保持肥沃的地力。只是最近几十年片面向西方学习"四化"农业,渐渐丢失了传统的耕作技术,耕地随之呈断崖式迅速退化和污染。国际上最新的农业研究再次将农业多样化种植拉回到我们的视野。

前联合国食品权问题特别报告员奥利佛·德·舒特率领的可持续食品系统国际专家组(IPES-Food)2016 年 2 月在第八届特隆赫姆生物多样性大会上发布了食品报告《从统一到多样化:从农业向多元化农业生态系统转变的范式》①。在报告中,专家组认定工业化农业是目前粮食系统出现以下一系列问题的关键因素:

- 食品系统占全球温室气体排放量的 30% 左右;
- 地球上约有 20% 的土地现在已经退化了;
- 目前,超过 50% 的人类植物来源的食物依赖于三种作物(稻、玉米和小麦);20% 的牲畜品种有灭绝的危险;
- 野生物种的灭绝和杀虫剂的应用威胁到全球 35% 的依赖授粉的作物;
- 约有 20 亿人患微量营养素缺乏症。

报告指出,今天的粮食和农业系统已经成功地向全球市场提供了大量食物,但正在多方面产生负面结果:普遍存在土地、水和生态系统退化,温室气体排放高,多样性丧失,持续的饥饿和微量营养素缺乏以及肥胖的快速上升等与饮食相关疾病,以及全世界农民的生活压力增加。其中许多问题都特别地与"工业化农业"有关:密集型单产农作物和工业化规模的饲养场,主宰了农业景观。这些农业系统的核心是单一性,以及对化肥农药的依赖,并预防

---

① IPES-FOOD. From Uniformity to Diversity: A Paradigm Shift from Industrial Agriculture to Diversified Agroecological System. [OE/OL]. (2016-02-06)[2018-07-02]. http://siteresources.worldbank.org/EXTPREMNET/Resources/EP125.pdf Rees. Wackernagel(1996).

性地使用抗生素，导致系统性的负面结果。对工业化农业进行局部性的调整可以改善一些效果，但是不会长期解决其产生的所有问题。

要想根本性地解决问题，需要的是基于多样化的完全不同的农业模式和农业景观。生态系统需要多样化，这必须在农业生产、运输和景观模式上产生不同于工业化农业的根本变化，取代化学投入，优化生物多样性和刺激不同物种之间的相互作用。各不同物种作为整体策略的一部分长期繁育，形成健康的农业生态系统和安全的生计，即"多样化的农业生态学"系统。越来越多的证据表明，多样化农业的生态系统将碳储存在地面，支持生物多样性，重建土壤肥力，并随着时间的推移维持产量，提供安全的农业生计。可持续食品系统国际专家组通过数据显示，在农业产出量上，与工业化农业相比，在环境压力下多样化农业生态系统表现格外强劲，能够产出并增加除稻米、小麦、玉米等主要作物以外的额外食物产量，以供应有迫切需要的地区。多元化农业生态系统也可以为多种饮食铺平道路，使人们身体健康。

为了鼓励农民进行多样化农业生产，必须使用政策激励机制将工业化农业的利润转移到生态农业系统中。

6.3.3 美国单品种工业化农业反思

美国最初是作为一个农业国家发展起来的。外来移民的美国梦曾经就是到美国拥有一块农场并在农场里生活。在20世纪50年代以前，美国传统的农场一直是自给自足和生态平衡的多元化小型家庭农业，有多种多样的动物和农作物，提供了日常生活所需要的大部分东西。但是，从1960年代起，随着机械化种植技术的兴起，加之农业政策的鼓励，美国农场逐渐演变为超大规模的单一品种种植的工业化农场。美国乡村尤其是在中西部景观中很流行的小而多元化的农业就慢慢消失了。

工业化农业对环境造成了污染及对资源产生了严重破坏，造成土地的退化和板结。不仅如此，遍布世界各地的"三化"(工业化、规模化、设施化)农业系统也是导致全球气候变化的罪魁祸首。美国明尼苏达大学环境研究所研究了温室气体的来源，确定农业使用了全球40%的土地面积，消耗了70%的水，并产生了35%的温室气体，直接影响了全球气候变化。美国专家对明尼苏达州的最新预测是夏天将更热、更干燥，冬天和春天更潮湿。新的气候变化将增加能源需求并提供新的疾病(人、动物和植物疾病)机会，增加供水压力，并增加动植物群的变化而影响生态系统的构成。研究结论是：预计未来100年的气候变化可能会使平

6 乡村振兴及其路径分析

图 6-7　明尼苏达州西部的舍平农场

(这座历史悠久的巨大谷仓坐落在一座小山上,是该州最大的谷仓之一。下面是一座小巧但对称的农舍。这些展示了 19 世纪一位成功的农民的生活景象。)

图片来源:Thorbeck D. Rural design: a new design discipline[M]. London: Routledge Taylor & Francis Group, 2012.

均气温上升 3.8~5.3 ℃,导致森林覆盖的变化。此外,气温升高会导致物种入侵和疾病增加,以及导致农作物和牲畜不同的生长变化,从而在根本上改变农村的经济和社会基础。工业化农业所产生的温室气体造成的气候变化如今已经取代环境退化成为美国乃至全球关注的主要问题。

工业化农业所带来的农场规模的变化也导致美国农民和农场数量大量减少,具有浓郁地域性和田园风格的农舍逐渐消失,取而代之的是雷同的超大型工厂化建筑,使农村景观发生了根本性改变,对乡村生活质量产生了重大影响。20 世纪 70 年代以后,美国农村和小镇经济出现了严重衰落。人们纷纷逃离农村,如今近 80% 的美国人口在城市地区生活和工作。

不仅如此,美国"三化"农业的经营也大多处于亏损状态,完全依赖政府的政策补贴维持着,而且能留在农民手里的收益一般不会超过 10%,在其他国家有可能更少。所以欧洲和

图 6-8　通往明尼苏达州南部一个农场的入口道路

（它展示了随着时间的推移，农业经营和建筑的变化——从 20 世纪 50 年代的一个小型多样化农场到今天的大型单一作物玉米生产和储存棚。）

图片来源：Thorbeck D. Rural Design: A New Design Discipline[M]. London: Routledge Taylor & Francis Group, 2012.

日本正在逐步退出这种农业生产方式。美国人也在反思和探索未来农业该走向何方？

美国 2005 年发表在《生物科学》(BioScience)上的研究表明，多功能景观和多样化的农业可以提供更大的环境、社会和经济效益。若要我们的农村提供高质量的水供应、碳储存、生物化学循环、生物多样性和温室气体减排，塑造多功能景观是必需的前提。需要制定农业政策来加强和促进多功能农业生产粮食和纤维，同时保护多功能农业所发挥作用的生态系统，这需要自下而上和自上而下共同努力的整合。这是一个可能对世界各地的人类、耕种、自然和土地景观产生巨大影响的模型，也是未来农业的发展方向①。

---

① Thorbeck D. Rural Design: A New Design Discipline[M]. London: Routledge Taylor & Francis Group, 2012: 204.

7　乡村振兴的必要工具——乡村设计探索

如前文所述,改革开放后的近40年里,中国从农村经济蓬勃发展转向重点发展城市经济,农村经历了先发展后衰落再拆并等巨大变化,对农村的社会、经济和环境的可持续发展产生了极大影响,对农村生活质量也产生了不可忽视的改变。一些关键性问题,如农村人口失衡、食品安全、土壤与水资源等生态环境以及我们目前还没引起足够重视的气候变化和可再生能源等问题,将在未来进一步影响农村乃至城市。

近十多年我国政府不断加大对农村的资金投入和政策倾斜,以改变农村的颓势。"三农"支出已经成为国家财政支出的最大项,2014年已超过11 300亿元,之后每年都以10%的幅度递增。2018年国务院又发布《乡村振兴战略规划(2018—2022年)》,将乡村兴衰上升至决定国家兴衰的高度,足见国家振兴乡村的决心。未来随着就地城镇化进程和乡村振兴的深入,不一定总是伴随着农村人口的同步减少,相反,在某些农村地区因为村办产业、乡镇企业和经商等非农产业的增加,有可能促使局部农村人口的进一步集聚。未来的乡村建设在促进农业现代化、产业化和乡村经济发展的同时,通过 体化的城乡基础设施建设与完善,将更有利于农民就地城镇化;此外,互联网技术的发展已从根本上改变了人们的日常生活、生产及工作方式,拉近了城乡之间的心理距离。乡村以其优良的自然环境将吸引更多的城市人返乡,尤其是远程医疗的实现,将大大改善乡村医疗水平,为乡村养老提供必要的医疗保障。因此中国城市化与逆城市化有可能同时发生,部分地区的城镇化将跨越城镇集聚阶段,而直接进入城镇化的扩散阶段。这是新时期下中国城镇化区别于其他国家的独特现象。不应单纯地控制和缩减乡村用地和一味地扩大城镇发展用地。村庄的撤并和减少应与农村人口的减少进行相对弹性的匹配发展,并配以多元化的和就地城镇化的发展策略。我们需要重新思考人口转移趋势,统筹城乡的产业布局和用地关系。在建设用地总量控制的同时,顺应中国乡村发展的客观规律,因势利导。需要对城乡总体用地空间进行弹性研究,一体化地系统研究城市与乡村地区的用地整治、更新和改造的可行性。

国家提出新农村建设之后,美丽乡村建设、特色小镇建设、田园综合体建设直至乡村振兴等名词不断更迭,这既体现了当前乡村建设的高热度,也显示了我国对乡村建设内涵理解的不断深入:从最初只注重乡村物质空间的改造和美化,到注重乡村内在的特色、产业,继而到一、二、三产融合的综合体,以及乡村经济、文化和社会的全面发展和振兴。面对一系列重大变革和不断出现的新要求,我们需要用创造性的方法来应对和管理这一系列的变化,解决现实问题。这其中当然少不了设计师的参与。那么,我们该如何设计乡村? 如何在提高乡村生活质量的同时,处理好乡村这些关键性的问题,应对变化呢?

系统性的乡村设计为综合解决乡村诸多问题,实现真正的乡村振兴提供了一种有效途径。

7.1 乡村设计:一种新的设计思维和方法

乡村设计是运用设计思维,将多学科的研究成果进行整合,为当地村民提供合理的备选方案,来帮助协调和解决乡村的社会、经济和环境问题,提高乡村的土地利用率和生活质量。人类和自然系统始终处于动态变化中,并在相互影响和反应中呈现连续的周期性。乡村设计就是通过培育新的思维和协作关系来解决问题,即从整体上对农村问题进行全面梳理并找寻其内在联系,从空间布局这一角度来帮助农村社区管理和应对变革。

杜威·索尔贝克(Dewey Thorbeck)在《乡村设计:一门新兴的设计学科》(*Rural Design: A New Design Discipline*)一书中,将乡村设计定义为一个新的跨学科领域的调查和实践,是用一种综合的、规模适当的和有效的手段来解决农村问题。涉及的问题多种多样,包括多功能景观、地方主义和生态系统健康等。

由于农村景观、农村土地问题及其综合的复杂性,乡村设计师需要从各种不同的角度来综合分析它:如地形地貌及其地质历史特征,包括土地划分系统以及它们是如何被当地人记录和感知的,这些是乡村独特的自然生态系统及其功能的基础;如覆盖地表的植被以及与该地区的经济和服务有关的原材料系统,它们是如何与土壤、水和气候相结合的;如人类长期建造的建筑,包括住宅、商业和工农业建筑,以及为区域经济服务的村庄和城镇的建筑系统;

再如该地区的艺术、文化多样性给农村生活和经济发展带来哪些非凡活力等等。

乡村设计不仅仅是乡村景观的空间安排,从根本上说,它是一个解决问题的过程。乡村设计将农村科学与农村社会有效地联系起来。由于乡村是如此复杂和多样,而变化又是不可避免的,可以说乡村设计是管理这种动态的一种方法,以帮助农村社区确定其经济、社会和健康(人类、动物和环境)等综合长期的可持续性发展的路径。

杜威·索尔贝克认为,乡村设计的目的不是对农村社区强加一个愿景或解决方案,而是:

- 为解决农村村庄的问题而提供工具、信息和支持;
- 帮助农村村民管理因经济、文化和环境等原因造成的变化;
- 协助将各影响因素连接起来,为环境福祉、农村繁荣和生活质量的提升创造协调效应;
- 清晰地预见乡村的未来,并为村民提供优质服务[1]。

一个村庄是因村民而兴起并为村民服务的,所以乡村设计的决策者应该是村民。一个村庄的资源通常都隐藏在村民之中,如村庄劳力、村民的特长、与外界社会的人脉资源等等,乡村设计通过提供村民参与过程,可以将村民资源挖掘和显现出来,使村民所擅长的方面得以发挥,并将村民参与的结果在地理空间上反映出来。乡村设计工作坊的形式可以很好地将"村民参与"落实到具体的设计过程中。通过与村民及相关各方的多轮商讨,了解其真实需求,辅助各利益相关方以多种角度来审视不同的设计成果,让利益相关方了解不同的决策有可能产生的不同结果,从而做出最符合他们价值观的理性决策。因为是村民及其各相关方自己选择的结果,所以能够满足各方的需求和激发乡村内生力,保证最终成果的顺利落地。

7.2 乡村群体真正的需求是什么?

前文已述,中国新型城镇化和乡村振兴发展是实现以"人"为核心的最优资源配置,目的是达到人本化发展。乡村中人的需求和发展,即生活质量和幸福指数就理当成为乡村振兴

---

[1] Thorbeck D. Rural Design: A New Design Discipline[M]. London: Routledge Taylor & Francis Group, 2012: 6.

图 7-1　湖南江华瑶族自治县某乡村民宅

（该民宅与背后山体呼应,与气候相适应,兼具居住和生产功能。）

图片来源:作者拍摄

图 7-2　湖南江华瑶族自治县宝镜村建筑群

（该建筑群与周边山体相呼应,反映了当地气候特点和使用功能的农村居住兼生产建筑群融入大山和农田中,成为其中的一个组成部分。）

图片来源:作者拍摄

的目的及发展目标,也是乡村设计最为关注的核心内容之一。

乡村的需求尤其是乡村弱势群体的需求,因所处的环境条件和机会的不同而各有不同的诉求,应该从当地群众中去发现,真正找到当地有共识的乡村声音。根据国外有关研究,除了因地而异的特殊需求外,广大乡村同时也普遍存在一些共性的需求,如:

① 乡村应维持或创造具有一定社会组合(尤其在年龄、收入和职业方面)的乡村社区,以便形成社区内部互助;否则完全依赖外界的社会服务无疑将增加社会成本和负担。

② 在乡村有根,特别是在那里工作的人无论收入多少,都可以在当地找到住房。

③ 乡村社区中的所有群体都可以有效地享受到社会公共资源的基本服务,哪怕是移动性的服务。

④ 乡村中应有一系列合理的工作机会,特别是对年轻人尤其重要。

⑤ 乡村社区自身与政府和志愿机构之间应建立起有效的合作关系,以提高生活质量。

对照以上不难看出,今天的中国乡村无论在人口结构上,抑或社会公共服务上,以及工作机会等方面都相距甚远,正是以上这些需求不能被满足才导致今日乡村的凋敝。而其中必需的是就业和公共服务。只有具备了就业机会和公共服务等基本生活必需品,才能留得住人乃至吸引人。虽然现在国家每年通过转移支付拨付到乡村的资金种类繁多,极大地改善了乡村的面貌和减少了贫困人口,但也不可否认,地方政府为减少乡村行政成本进行的行政村撤并和基层工作人员精简造成村干部数量减少,而服务对象庞大且分散,村级组织脱离于村民,难以了解和满足农民的诉求,大量边远乡村公共服务依然处于严重缺乏状态。尤其是学校、医疗条件和公共交通的匮乏成为乡村不适宜居住的重要因素。

乡村就业岗位严重缺乏更是直接导致乡村留不住人的原因,因此乡村产业是留住人和保持活力的重要基石。虽然乡村与城市比较,不具有交通、集聚和资本优势,但乡村大片的廉价土地和相对便宜的劳动力、清新的自然环境、特色的风土人情等依然可以发展独具特色的乡村产业,尤其在互联网时代,远程办公和便捷的通信无形中拉近了乡村与城市的心理距离,使乡村和城市得以隔空协作、优势互补,共同完成全产业链的各个环节。

如果能仔细倾听村民的诉求,在提供合理的村民服务、满足村民需求的同时也能增加部分就业岗位,在激发村民互助的同时也能减轻政府的负担,从而提高村民的生活质量和幸福指数。政府可以通过购买第三方服务或补贴等灵活方式来满足对乡村公共服务的配置要求和刺激就业机会的增加。总之,就业、住房、公共服务、无障碍的通达、优良的自然环境等无疑是未来乡村生活的基本配置和乡村振兴的必需品。笔者认为运用乡村设计方法可以确立村民及各利益相关方的主体地位,根据乡村群体的真正需求,创造出综合性的解决方案来调用各方资源满足需求,积极地解决农村问题,引导乡村走向振兴。

7.3 乡村设计策略

乡村设计是为了满足乡村群体的需求,解决乡村问题,从而提高乡村生活质量和环境质量。进一步说,乡村设计的目的是在乡村土地利用哲学的基础上,寻求生活质量、经济增长、自然及耕地保护之间的平衡。它是为了帮助农村居民改善生活,同时也为了保护和提高农村景观的美丽和多样性,让子孙后代能够欣赏和享用。由此,我们引发出一些问题:

- 什么是农村的生活质量和地方感?它们能鼓励年轻人留下来吗?游客愿意来游览吗?
- 是否构建了乡村经济框架,让乡村人对它的潜力和机遇充满期待?
- 应采用何种经济模式来确保未来的健康发展?
- 人口结构变化是否构成了该地区的经济优势?
- 是否可以建立激励机制促进跨行政边界的地区合作?
- 艺术和文化在乡村社区活动中充当何角色?

············

以上这些问题构成了乡村设计的切入点。总之,乡村设计必须以当地的地理环境及资源为基础,以提高生活质量、适应人口扩张、改善农业为核心,同时保护景观的生态完整性。这就决定了乡村设计的复杂性和多目的性,需要从策略上探讨乡村设计的有效路径。

7.3.1 基于系统思维的整合设计

乡村设计是将多学科融为一体,将科学成果具体应用到农村社会中的一个过程。乡村问题的规模和广度使其常常呈现出错综复杂的关系,如果没有系统和整体的思考,就容易出现摁下葫芦又起瓢,解决了一个问题又引发其他问题的现象,乡村发展的机会也很容易被错过。因此,需要运用系统思维来综合考虑和寻求乡村问题的解决之路。

如城市和乡村是一个区域内密切关联而又功能不同的两类空间形态。在乡村设计中就应系统思考城市中心、城市周边地区和乡村腹地三者之间的联系,并保证功能上的互补和协作;通过完善交通网络和创造城乡地区之间的相互沟通的机会,来实现共同利益;将城乡纳入一个整体来考虑基础设施建设而避免各自为营……因此,城乡融合发展下的乡村设计离不开系统思维和整合性设计。

目前许多涉及农村问题的研究学科基本上都是独立的,不是以跨界为导向、以找到各领域能够沟通和协作的方法来提高农村生活质量的。例如,地理学家可能会将当代乡村景观视为人类对自然持续不断产生影响的产物。他们关注和研究的是乡村为什么是这样的。农学家可能会观察某一特定地方的植物、土壤和气候,以确定为什么有些食物会在那里生长,为什么有些食物不生长,为什么有些食物在那个地方是独一无二的。他们更关注农村的功能问题,以及如何培育和发展这些食材。经济学家可能会根据某些趋势研究乡村经济增长,并从数据中找出经济变化发生的原因。建筑师可能研究农村居民及其建筑,以及当地人为了地方功能和目的所习惯使用的材料,还关注那些设计业主的梦想是什么,他们是如何与这地方产生联系的。规划人员研究农村的土地利用和法规等政策和组织,以保护农村景观,但他们又经常从城市的角度来看待农村。工程师们通过设计农村公用事业系统——供水、电力、废物处理、通信——来服务农村人口。景观设计师喜欢这片土地和它所包含的动植物群,喜欢想象户外空间,利用地形和植物来定义边界,并在景观中用植物拼成各种形状和图案。

而乡村设计作为一个整合过程可以运用任何一个以上的学科(以及其他学科)来研究和创造性地解决农村所面对的问题。乡村设计寻求与其他学科建立联系,结合不同的方式来看待和思考人类、自然和耕地的关系。图7-3是美国明尼苏达大学农村发展研究演示的用系统思维解决问题的过程:通过将各个点放在乡村这个整体系统里来看待并找到各点之间的联系,从而找到解决问题的路径。运用系统性思维发现在其中起作用的一些关键点及其协同作用。在乡村设计过程中,系统性思维可以提醒我们需要哪些数据和信息,为设计和规划工作带来新的跨学科视野和见解,并在这个过程中寻找出具有革新性和创造性的设计解决方案,为乡村振兴带来变革。

因此,乡村设计是一个跨学科的综合过程,是一个整合问题的方法论。它是在以社区为基础的协作下,将跨学科知识、设计和规划技能整合在一起,综合解决问题的过程。它是将研究成果和可持续问题应用到经济发展及提高生活质量、将科学技术应用到现实社会中的

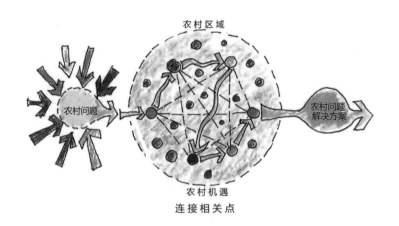

图 7-3　乡村各关键点连接起来协同作用

（此图用以说明连接乡村各个点的协同作用，利用农村地区的自然资源，同时鼓励各利益相关方在其区域框架内进行合作，以创建跨越边界发展的解决方案。）

图片来源：Thorbeck D. Rural Design: A New Design Discipline [M]. London: Routledge Taylor & Francis Group, 2012.

方法，为土地利用和其他问题创造解决方案。

7.3.2　基于研究证据的应用设计

乡村设计若要对农村发展产生实际效果，必须建立在可靠的研究基础上，以研究证据为驱动进行有针对性的设计过程。以证据为基础的设计最早起源于医学实践，之后越来越多地被应用到西方建筑设计领域。汉密尔顿和沃特金斯于 2009 年在他们的书《基于证据的多种建筑类型设计》(*Evidence-Based Design for Multiple Building Types*)中阐述到：以证据为基础的设计是一个认真、明确、明智的过程，从研究和实践中充分利用现有的最佳证据，与知情的相关人一起对每一个独特的项目进行设计，以便做出关键性的决策。基于证据的设计这一概念及其应用，更有可能导向高性能的建筑和环境。通过这种方法，设计人员及其相关人可以通过批判性地理解已有的可信的研究并仔细观察和分析已完成的项目，在此基础上创造出更好的乡村建筑和环境。

为了更有效地处理和解决农村问题，乡村设计当然需要具备一定的研究基础。农村问题涉及多学科，需要以农村的视角来理解问题并制定解决方案。需要跨越和整合学科，收集数据，分析和理解其含义，并利用这些信息为每个独特的村庄个体做设计。这是一个基于相关问题研究的多学科融合的设计过程。因此，乡村设计首先要经过收集信息的过程，并与农村社区合作，了解问题并提出创造性和创新性的解决方案。

乡村设计必须认识到设计与规划、经济与社会问题、城市与农村问题、人类与动物、环境与健康之间的独特关系，尤其要强调和表现出与当地独特的气候及地缘的联系。每一个乡村区域都有它自己独特的景观、气候和文化特征，这种特征应该指引和贯穿乡村设计的整个过程。

概括下来，涉及乡村设计的研究探索包括以下方面：

（1）乡村规划与乡村设计的关系。乡村规划通常是基于生态和资源保护、环境完整性和保证水质方面的政策，以及交通、电力和通信等功能问题。而乡村设计是从空间视角，将这些问题建立起联系并落实到空间布局上。这是个集成的过程，从假设和文献中收集数据，以提供研究证据并将其综合起来，提出解决方案。设计团队对所涉及的研究理解越深刻，就越有可能对政策决策产生有利的影响。

（2）经济和社会问题与环境问题相伴相生，平衡它们的重要性是可持续乡村设计的一个关键组成部分。设计团队需要对乡村所处地理区位及其经济所受的影响进行分析，综合判断所适宜发展的产业，并从物质空间和政策措施上提出建议。

（3）对城郊和乡村的理解必须是相互关联的。我们不能在没有考虑发展对农村环境产生何种影响的情况下，就谈论城郊设计。同样，农业和农村环境问题是考虑城郊环境和土地利用的重要因素。理解城市、郊区、农村和农业之间的区别对有效的城市和乡村设计至关重要。城市设计和乡村设计所考虑的问题相互关联，但却截然不同。

（4）生态系统健康。生态系统健康已经演变成一个将人类、动物和环境卫生整合为一体的健康理念。这是一种将涉及健康的所有问题联系在一起的思维方式，如将食品安全与食品的种植和供应关联起来，将人类健康和疾病预防与动物健康关联起来等等。需要对不同的亚生态系统进行概念化，如经济、社会、政治和农业，作为综合生态系统它们是如何相互作用和相互关联的。这涉及可持续农业、多功能景观、生物、气候和仿生建筑设计等。生态系统健康与土地利用和农业的一体化研究可能成为全球跨学科研究的新的重点，设计思维和乡村设计过程可以有助于在这项新的研究中创造出新的和突破性的想法，以寻找改善人类、动物和环境健康的方法。

(5) 乡村地区的医疗、教育等公共设施问题。我国普遍实行在行政村设置医务室和小学。医务室和学校等的位置和距离等因素就涉及为农村地区设计的公共服务效果如何。当前由于互联网＋的普及,有望将来在农村实现远程医疗和教育,将大大改善乡村的公共服务条件。

(6) 农业政策对农业类型的影响。农业类型不仅仅受区域土壤、气候和水等自然条件的影响,同时也受到国家农业政策的影响,如土地保护、种植补贴等。实际上农业政策对农村景观结构、自然资源的可持续性、生物多样性,以及农村地区经济和生存能力都有重要影响。如果想要实现多功能农业,就需要在政策上有所改变,从原来按农户补贴改为对提供环境效益的农用系统进行奖励的激励措施。乡村设计可以综合区域景观性质和特征,以及生物多样性和吸引社会资本等各方面因素,将农业政策的经济效益和社会效益联系起来,制定出符合当地情况的激励政策。

(7) 可持续性当然是任何乡村设计的基础。乡村建筑形式更遵循建筑功能、当地气候和地方的特征。这一论述更清楚地反映了设计建筑的重要性,使建筑成为当地的固有部分。它要求建造可持续的建筑,以配合景观和自然的通风、供暖和冷却的要求。这种方法可以引领世界走向零能源和零碳排放的建筑设计及乡村景观。当然,这里不仅包括农村建筑采用的可持续性材料和技术手段,还有维持可持续的健康安全的食物和纤维、可再生能源技术的应用、自然资源和环境的可持续性等。水资源和水质问题,对粮食生产和人类生存都会产生重大影响。目前,世界上大约70%的年用水都是用于农业(主要是灌溉)。乡村设计可以帮助找寻更好的保护水质和保存水的方法,并可以利用地理空间分析来提供不同的选择,罗列出不同情况及每一个积极和消极的方面,以供当地村民做出最适合的选择。

(8) 地方艺术与乡村活力的影响。一个地区的艺术可以帮助凸显当地的特征,为生活和工作在该地区的人们提供在景观和尺度上的文化认同。需要对地方艺术进行研究,以便更好地理解艺术与社区活力之间的联系,促进经济和社会发展,提高生活质量。

综上所述,乡村设计本身不是研究学科,但它是一种将研究成果进行整合和集成的过程,将经济、环境和社会问题与教育、技术和组织研究联系起来,并将其应用于提高生活质量的有效方法,是将跨越学科边界的科学信息应用到社会中的措施(图7-4)。基于知识和数据驱动的乡村设计过程对于理解农村地区潜在的发展机会和做出恰当的选择是至关重要的,为农村问题的解决提供了一种新的途径。

7 乡村振兴的必要工具——乡村设计探索

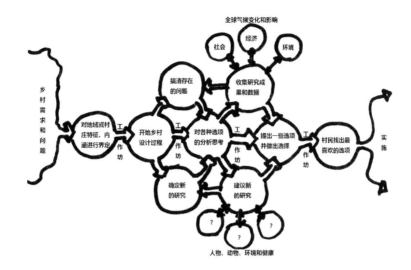

图 7-4 以研究证据为基础的乡村设计过程

图片来源：Thorbeck D. Rural Design：A New Design Discipline[M]. London：Routledye Taylor & Francis Group，2012

7.3.3 基于社区参与的问题解决过程

乡村设计过程若想对农村社会真正产生效果和具有意义，社区参与是必不可少的重要环节。以往的乡村建设经常出现一种"外部"现象，即乡镇政府聘请专家或设计师，根据政府提出的设计要求为特定的乡村建设项目进行规划设计。在近期以政府为主导的新农村建设及村庄环境整治中史是如此。例如，如果一个村庄想要申请上级资金支持进行新农村建设，通常会雇佣规划设计师来制定一个规划报上级主管部门审批。即使有村民参与到规划设计过程中，提出的规划设计也常常反映的是设计师的思维和技能，而不是该地区独特的土地资产和该地村民的价值取向。笔者在南京郊区农村走访时，曾就此问题随机访问浦口区陈庄、三二村（现为不老村），溧水区长乐村多地的多位村民，村民普遍回答村庄的规划和环境整治及其他大小事情极少开会征求村民意见，因此认为村庄的环境整治就是政府的事，与己无关。有些村民对环境整治甚至有抵触心理，认为破坏了宅前屋后的菜园，影响了他们的生活等，因此在环境改造中常常发生干群矛盾。当问及是否愿意参与村庄改造时，村民普遍回答愿意参与改造方案的讨论及日后的村庄维护管理。由此可见，村民并不完全是对村庄漠不关心，而是缺少把村民组织起来赋予他们参与改造权利的机制。当问及村干部同样的问题时却有另一番解释，村干部说向省市申请村庄环境整治项目，具体改造内容需按照上级的统一标准进行，否则验收通不过。墙体刷白、自来水和道路等基础设施环境改造也都按照城市的常规做法进行，项目年底就要完成。因时间紧任务重，规划设计时间都很紧，更不可能有充足的时间征求村民意见。环境整治在村镇干部眼中就是单纯为完成上级任务而为，至于是否能真正解决村庄存在的问题那就另当别论了。由此可见，外部驱动的规划初衷是好的，但政府"家长式"的指令或专家"专业式"的包揽，并不能完全切中村庄的问题要害和村民的真正需求，往往由于缺乏社区的内部支持，乡村建设在执行过程中常常被扭曲，成效大打折扣。

相反，"内部"驱动的乡村发展更有可能获得乡村社区各利益相关方的支持，并且各利益相关方在战略上容易达成共识。首先，生活于此的村民、他们在长期生活中形成的和努力保护的乡村景观使当地经济和生活具有价值和意义。村民自己认定的本村特色，才是该村庄应保护的最重要部分，因此应该让每个村庄的村民自己确定他们最看重的是什么特征，自主决定希望保留什么和利用什么。一个地区的便利设施和自然资源将是吸引人们、提高生活质量、创造就业机会和促进经济发展的关键。乡村也必须找到本地所拥有的自然资源和设施并不断强化和促进它们，才能吸引和留住人们住在那里。乡村设计工作坊可以将村民参与纳入设计程序中，协助村民明确他们拥有哪些资源、确定什么代表了村庄、可以发展什么农业。当村民真正参与其中并被允许确定他们的喜好时，他们将对塑造乡村环境起到积极作用。所以公众参与对拥有真正反映村民价值取向的设计产品至关重要。其次，随着乡村发展的深入，也会有更多的城市人口或企业受乡村优良的环境吸引而投资和入驻，乡村会更加开放和复杂。乡村设计可以通过工作坊工作机制，设计和建立起将各方力量黏合在一起的协作方式，探寻彼此之间的多向交流和资源交换，实现多元共建共治、责任共担、互惠共生。乡村设计工作坊可以有效听取和吸纳多元化的社会诉求并将其纳入设计中，兼顾公共利益和私人利益、整体利益和局部利益等不同维度的利益平衡，使乡村在发展过程中能创造更多的多赢机会。政府、企业、村民、社会团体等不同利益主体通过乡村设计工作坊这个协作平台可以发挥各自的功能和优势，依照各自的资源禀赋及特质找到各自的角色定位，形成系统化的发展动力。

总之，乡村设计可以通过系统和整体思维，通过调查和确定土地资产，寻找经济发展、教育、融资、旅游和生活质量之间的联系，并通过工作坊的形式进行社区调研了解当地人对村镇的价值偏好,与村民、企业和地方政府等一起寻找符合当地资源和价值取向的"个性化"定位、愿景和方案,重新定位所辖相关村镇的功能,吸引市场所需的各类技术和多样化人才,形成创新中心乃至品牌,全方位地有效利用这些资源参与全国的经济竞争。在这里,通过撬动复杂的利益再分配,地方政府和村民都被激发出活力,并依照各自优势参与实施相关活动。因此,乡村设计能够将外部资源与内部资源整合在一起,通过公众参与帮助农村社区找到促进经济、环境和社会进步的连接点。

同时,乡村设计吸引公众参与的过程,也是向乡村社会传递科技成果的过程。在规划设计过程中客观地将影响农村环境的科学证据呈现给农村社区,是最有效的。这可以通过计算机可视化将研究的数据转化成大众能看懂的图表,使村民和地方管理机构能够理解复杂的问题。用地理空间场景来说明未来的选择及其潜在的影响,将是村民理解问题并进行可行性选择的关键。计算机地理信息系统及3D等技术,可以以农村居民能够理解、信任和使用的直观方式呈现出环境特征,可以很有效地解释农村地区的特点。以价值观为基础的问题对于指导决策至关重要,而呈现问题的方式和提问题的类型对于获得有意义的答案同样至关重要。因此采用先进的技术手段向村民直观呈现科学研究成果,使其充分理解所在乡村的资源状况是不可缺失的重要一环。

在当今自组织严重缺失的我国乡村,公众参与面临着巨大挑战。这无疑考验着规划设计师的组织能力和团队管理及协作能力。需要发动村民积极有效的参与;需要用范例来向村民说明农村的环境应该是什么样的;需要研究如何赋予村民和农村社区以基本的设计知识和技能,如何将设计工具引入乡村人手中,使他们对所拥有的乡村资源有更深入的理解,以帮助农村的农业和非农业社区做出明智的选择。此外,对"乡村"的定义和理解也会因人而异,不能认为你设计师对乡村的理解和别人的理解就一定是一样的,因此对乡村资源价值的共同理解和共识对社区未来的繁荣至关重要。为了鼓励农民和农村社区以积极的方式来建设未来,需要与他们共同商定发展战略。由此可见,公众参与的过程和具体程序需要不断摸索和完善,通过社区工作坊来不断验证规划中的设计方针,并通过社区工作坊不断征求意见,帮助社区达成共识,从而制定出有效的乡村发展战略。如果乡村设计可以通过计算机地理信息系统等手段将各种备选方案及其结果可视化和直观化,就能帮助乡村各利益相关方判断该方案对社会、政治和经济等方面会产生的各种影响、后果,从而做出符合他们价值取向的正确选择。从这角度看,社区参与的乡村设计工作坊,同时也是乡村现代化治理的实践平台。

乡村设计就是这样一个以社区为基础的设计过程，以解决真正的问题为目的。而没有社区参与的设计，它只能算是一个"美好的蓝图"。

7.3.4 基于乡村特征的设计

乡村特征与大自然及其所处的环境有密切的关系，需要乡村设计师对他们所服务的乡村地区的自然景观和文化景观有深入了解。因此乡村设计的原则和方法是根据地域的性质和文化来定义的。

乡村是什么？有哪些特征？

约翰·法拉瑟·哈特于1998在《乡村设计》一书中，描述了乡村景观的三要素：①在地面上看到的地貌和形状；②本地植被、灌木和树木；③人为的构筑物和各种功能建筑及道路系统。

地表景观极大地反映了地质演变的历史；生长其上的不同植被也是因气候、土壤和生长能力的不同而不同的；而乡村建筑则是为村民和农业服务的，还有交通系统和很多网络（水、路）显示人们如何移动、耕作、谋生。所有这些构成了乡村的特征。人们对乡村性格的感知虽然因人而异，但总的来说，都离不开乡村的自然特征和农业的存在，以及生活在这片土地的农民的生活方式及其对居住场所的认知，即乡村生活特征，从而形成了一个复杂而有趣的视觉模式。

著名的城市规划师和作家简·雅各布斯（Jane Jacobs）曾说过："一个城市的最大资产就是与其他城市不同的地方。"这种独特的景观和文化资产也同样适用于农村地区及其县、乡、村落，以及世界范围内的小城市和乡镇。每一个乡村区域都有它自己独特的景观、气候和文化特征，并且这种独特性应该指引乡村设计的过程。

1. 地理、气候等自然生态特性

我们今天看到的土地表面是地质演变、流水侵蚀、气候以及土壤滋养植被的结果。正是独特的自然系统赋予了一个地区独特的景观特性。图7-5是我国各地水域自然景观对比，呈现了不同地域的植被特征。当地植被不仅仅在景观上呈现不同特征，更在生态系统服务上有不可忽视的作用。一个平衡的乡村自然系统为人类生存提供了广博的生态承载空间。它不仅为人类提供健康安全的食物资源，而且能一定程度上消减台风和暴风雨等自然灾害、净化水质、降解人类产生的垃圾废水，净化人类的生活环境。反之，失衡的自然系统亦会对人类生境产生严重威胁。对任何区域层面的农村设计都必须认识到并保护和凸显这种人类与自然的相互依存关系,将自然环境与人类建成环境有机结合,突出和利用好自然的生态系统服务价值。这样不仅有助于维护人居环境本身所必需的正常运转,而且还将大大降低能耗和节省资金。纽约于20世纪90年代末启动了保护流域内生态系统,并进而为纽约市民提供饮用水这一项目。每年花在流域保护项目上的支出平均为1.7亿美元左右,但是避免了花费大约60亿美元修建饮用水过滤厂的费用,还避免了每年2.5亿美元的维护费用[①]。

图7-5 从左至右、自上而下依次为河北白洋淀、甘肃金塔胡杨林和江西井冈山、湘西凤凰县、江南水乡

(河北和甘肃的植被数量相对较少,景观单一,从江苏到江西、湖南,越往南走,随着气候逐渐湿润和山峦增多,植被种类逐渐增多,植被生长也更加茂盛。)

白洋淀,图片来源:http://www.jiaodong.net/news/system/2014/06/20/012321361.shtml。甘肃金塔湖杨林,图片来源:http://dp.pconline.com.cn/photo/list_3417048.html。井冈山植被,图片来源:作者拍摄;湘西凤凰县,图片来源:http://www.sohu.com/a/150490732_186865。江南水乡,图片来源:作者拍摄

---

① 杜乐山,李俊生,刘高慧,等. 生态系统与生物多样性经济学(TEEB)研究进展[J]. 生物多样性,2016,24(6):686-693.

该项目不仅成功蓄成了美国最大的淡水水库之一,而且还为当地政府节约了一大笔财政支出①。

农业当然也脱离不了人口、土壤和气候等自然条件。中国北方农业与南方农业,平原农业和山区农业呈现出完全不一样的农业景观,在此不用赘述。下面分别是美国明尼苏达州南部和中国江南农村的景观对比,清晰地反映了中美乡村在地区尺度和村庄尺度两个层次景观上的区别。巨大的人口数量差别反映到物质空间上,使得中美无论是在村庄体量和形态上,还是农田尺度和种植上都存在巨大差异:美国农村人少地多,是以一户或少数几户为单元、居住分散、边界规则清晰、农田尺度大且机械化程度高;中国农村人多地少的现实,迫使以聚居村庄为主体、村庄尽量占用不好的土地,而农田顺应自然地形导致边界不规则、农田尺度小而多样(图 7-6 至图 7-9)。中美农村这种巨大的景观差异一定程度上也说明了我们一味仿效美国大农业会有很多现实问题难以解决。每一个地区乃至国家的农业特征都离不开它所依托的大背景,脱离背景而盲目仿效势必行不通。

乡村建筑同样与孕育它的环境是密切相关的。中国是一个地质结构比较复杂多样的国家,从南到北、从东到西,不同的地质结构造就了不同的自然景观和气候条件,这些自然景观

图 7-6 美国明尼苏达州南部农村与中国江南农村景观对比

美国明尼苏达南部农村,图片来源:Thorbeck D. Rural Design: A New Design Discipline[M]. London: Routledge Taylor & Francis Group, 2012. 中国江南农村景观,图片来源:http://www.wenming.cn/dfcz/ah/201903/t20190321_5046135.shtml

---

① 陈小坚. 新城市议程框架下的城乡关系解读[J]. 现代城市研究,2017(8):9

7 乡村振兴的必要工具——乡村设计探索

图 7-7 美国明尼苏达州南部的典型农村单元

图片来源：Thorbeck D. Rural Design: A New Design Discipline [M]. London: Routledge Taylor and Francis Group, 2012: 53.

图 7-8 中国江南的一个村庄单元景观：南京溧水区刘家渡村

图片来源：溧水区全域旅游暨无想山南建设指挥部

图 7-9 美国明尼苏达州南部的一个农户单元（左图）和中国农村农户单元（一个院子为一户人家，右图）

美国明尼苏达南部一个农户单元，图片来源：Thorbeck D. Rural Design: A New Design Discipline [M]. London: Routledge Taylor & Francis Group, 2012。中国农村农户单元，图片来源：http://uav.xinhuanet.com/2017-12/08/c_129760612_3.htm

和气候条件与民族文化共同影响着那里人们的定居模式和乡村生活。陕西窑洞地处陕西北部黄土高原，冬春季寒冷干燥多风沙，夏秋季炎热多暴雨，其土质为黄土，既黏又硬还不易塌陷，地下水位很低，因此那儿的先民就有挖穴而居的习俗，逐渐衍变成今天在天然土壁上依山而建的窑洞。住在窑洞里面冬暖夏凉，对应了当地的气候条件，而且不占耕地面积（图 7-10）。川渝地区吊脚楼地处盆地，夏季炎热、冬季少雪，四季多雨潮湿、风

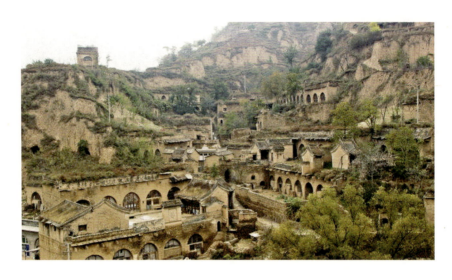

图 7-10　陕西窑洞

图片来源：http://view.inews.qq.com/a/20171018A0BCK100

力较小，所以那里的民居都是两坡屋顶大挑檐，以防雨水冲刷木墙板和夹泥墙。为适应山区地形，建筑多进深较浅且随地形而错台布置，穿斗式吊脚楼使房屋架空，具有很强的山地及临水适应性，既能防潮防水，也可避免野兽虫蛇的侵袭，并使山上较小的木材得以充分利用（图 7-11）。福建土楼地处闽、赣、粤三省交界的地域，其恶劣的生存环境造就了防御型的土楼形式。历史上黄河流域战乱致使大批中原汉人多次被迫南迁，其中一部分人就迁移至这三省交界的边远闭塞的荒芜地，形成客家人。这里野兽虫蛇甚多，自然环境恶劣，迁居于的人还常常遭受当地原住民的袭击。为了防御外敌入侵，本就有聚族而居传统的汉人就利用当地的土、木、竹发展出了具有易守难攻的夯土结构的土楼建筑（图 7-12）。不得不说，正是我国丰富多变的自然和地质条件，造就了各地不同的民居建筑瑰宝，成为今天的历史文化财富。

2. 乡村的文化特性

生活在土地上，并依靠土地谋生的农民利用他们的技能和认知来认真使用和保护土地，以及建造房屋，逐渐形成了自己的价值观和文化。引用丘吉尔的名言"首先我们塑造了我们的建筑，然后它们又塑造了我们"。在讨论这些建筑的美学意义时，法斯特说："大多数人在竖起一座建筑时，都出于对其功能而非审美的考虑，并且大多数普通人的建筑必须根据其功

7 乡村振兴的必要工具——乡村设计探索

图 7-11 川渝地区吊脚楼
图片来源：http://www.sxxw.net

图 7-12 福建土楼
图片来源：https://sh.qihoo.com/9a4c91d7f45e15fca? sign=look

能来理解。他们并不有意做一个艺术作品，因此他们可能发生的任何艺术行为都是无意识的、偶然的。人们并不想竖起一个丑陋的建筑，但是也并不会因为美而建造——他们建房子是因为需要房子，而非因为美化景观。"这些功能需求不仅仅包括使用功能需求，还有文化和信仰上的功能需求。正是这种朴素的建造思想，使乡土建筑蕴含着农民的价值观、文化信仰、行为模式和技术能力，因而极大地影响了世界各地的乡村景观特征。所以说乡土建筑又是一种超越实用的艺术。

处于相同自然背景下，具有不同文化根脉的民族也会因宗教信仰或文化传承的不同而形成不同的建筑风格。如贵州安顺屯堡因是明代朱元璋军队就地屯田驻扎留下的村庄，经过 600 多年的延续，军队汉人后代依然保持了汉族的建筑、服饰、娱乐等文化传统，表示对远祖家乡的怀念和认同。虽然同处于一个地域环境中，却构成了与当地苗族截然不同的建筑风格：既有江淮徽派建筑的白墙青瓦，也有抵御外侵的厚重石头外墙（图 7-13、图 7-14）；另一个鲜明的例子是在羌、藏和汉族杂居的川西北地区，因民族信仰的不同而产生了各自特征分明的羌、藏、汉建筑风格，虽然在千百年的文化交融中彼此影响，但仍保留了各自的文化血脉和建筑特征（图 7-15、图 7-16）。

这些构成乡村景观的建筑物都是就地取材，而且农村建筑的外观、结构和景观适应性反

159

映了建筑功能、当地气候和所在地景观特征。因此,不同的地质和文化历史共同塑造了世界各地不同的景观,也直接塑造了不同的乡村特色。《没有建筑师的建筑:简明非正统建筑导论》是一本有趣而信息丰富的书,作者鲁道夫斯基(Rudofsky)在讨论乡土建筑及其与人类存在和与地方的联系时认为,乡土建筑是一种方言建筑,最清楚地反映了人类之间的联系和建筑与土地的关系。由此可见,乡村是自然和人类力量汇合的产物,并始终处于这两种力量的相互影响和反应的动态过程中。理解乡村景观的形成缘由对乡村设计至关重要。

图 7-13 具有江淮徽派风格的贵州安顺屯堡

图片来源:http://dp.pconline.com.cn/photo/list_3655604.html;http://sh.qihoo.com/pc/2s1clp90kwt?cota=1;http://fashion.eastday.com/a/190504174255760-4.html

7　乡村振兴的必要工具——乡村设计探索

图 7-14　贵州安顺苗寨

图片来源：http://you.ctrip.com/travels/guizhou100064/1968978.html

图 7-15　川西北地区藏族民居

图片来源：http://www.nipic.com/detail/huitu/20170111/225726464374.html

图 7-16　川西北地区羌寨民居

图片来源：http://club.m.autohome.com.cn/bbs/thread-c-439-26139458-1.html?type=lastest
http://images2.wenming.cn/web_sc/tpxw/201505/t20150522_2629198.htm

传统乡村建筑为何有趣呢？

谁在什么时候建造了它们？

为何要按照它们的方式修建？

有没有一种创造形式的审美观念，或者严格的实用功能？

乡村的人们是怎样生活的？

他们又是如何进行农业耕作？

正是这些以家庭根源、移民历史和身份认同等为基础的人文特征，以及当地自然条件和当时建造技术等客观约束特征，才共同形成了各地的乡村建筑和景观特色，并强烈吸引着人们去探求和欣赏。

如果我们要保护我们所欣赏的这些乡村景观品质，就需要制定策略，包括土地利用规划以及设计策略，从而强化这些对视觉、社会、经济和环境特征以及农村生活价值观等产生积极影响的建筑物和乡村景观。

值得注意的是，农民和城市人对乡村特征的认知常常会产生分歧，这种认知不仅影响了农民如何看待自己，也影响了城市人如何看待农村地区。例如对乡村民居特色的认识，城市人往往喜欢具有乡土气息的古宅古镇，而农民则嫌弃它们不够现代且居住不舒适，他们更向往城市洋房。这种分歧是城乡矛盾的潜在原因。美学是关乎文化维度的，如果旨在改善生态系统健康的新景观模式及特征不被乡村居民认为是美的，或者乡村特征不被他们所认同，那么这设计很有可能会失败。这就需要对农村特性的分析和感知进行更多的研究，包括农村建筑及其与地方性和气候之间的联系。当农民们真正理解了涉及地理和文化遗产的建筑和景观对当代社会以及未来的意义和价值时，他们才会真正愿意保护这些建筑和景观。乡村设计需要非常有效地帮助人们理解和保护他们所生活的地方的独特品质，并能帮助村民寻找到创新的方法来提高他们的生活质量。

此外，乡村本土村民的设计传统如何能适用于当代社会的需求而不失去自己独特的内在特色和重要性，这是设计师需要与农村本土村庄村民深入讨论并向他们学习的方面。本土村民依赖其生活和建造经验来设计他们的生活，并与其环境和谐共生，这本身就为今天的乡村设计决策提供了很好的借鉴。

3. 美国乡村去特色化反思

美国是作为一个农业国家发展起来的。外来移民的美国梦曾经就是在美国拥有一块农场并在农场里生活。美国的乡村风景、农场形象曾经被广泛地用在日历和明信片上，成为美国梦的象征。这些图像至今仍然是大多数美国城市居民头脑中对乡村建筑和景观的印象。但实际上美国的乡村景象早已被专业化的农业工厂和高大统一的农业设施建筑所取代，而不是人们想象中的乡村田园牧歌。

在20世纪50年代以前，美国传统的农场一直是自给自足和生态平衡的多元化小型家庭农业，有各种各样的动物和农作物，提供了日常生活所需要的大部分东西。农场提供不了的东西则在附近小镇上能买到，这些小镇提供教育、购物、各种法律和医疗服务，以及谷物和奶油等农产品。但是，从1960年代起，随着机械化种植技术的兴起，加上农业经济政策的鼓励，美国农场逐渐演变为超大规模的单一品种种植的专业农场。美国乡村尤其是在中西部景观中很流行的小而多元化的农业就慢慢消失了。随着美国农业发展成全球性农业，以及公众对廉价食品的需求，美国的农业实践已经发生了重大改变，同时美国农业土地利用方式和农业建筑物类型也发生重大改变。标准化、统一化且庞大的农业建筑已经遍布美国农村（图7-17至图7-20），没有任何地域和文化特征，给人一种非人性的工业化印象。杜威·索尔贝克在《乡村设计：一门新兴的设计学科》书中提到明尼苏达州西部大草原消失的农舍（图

7-21 至图 7-23），以及他对农业景观性质改变的一些看法。农场规模的变化导致农民和农场的数量大量减少，对乡村生活质量产生了重大影响——农村和小镇经济出现了严重衰落。人们纷纷逃离农村，如今近 80% 的美国人口在城市地区生活和工作，他们对食物和纤维的来源了解很少。

如今，对美国来说，重要的是要确定每一个农村地区景观所具有的社会及环境价值，和最适宜种植的农业种类，以及它们应该如何被保护和强化，消除人们对"耕种工厂"的不安。需要国家和各州制定相应的政策，承认区域差异、为区域合作和企业行动提供激励，并提高人们对美国乡村未来和乡村居民生活质量的信心。

图 7-17 巨大的谷物升降机综合体

（巨大的谷物升降机综合体位于明尼苏达州西北部的乡村小镇。铁路沿线大量的仓库结构表明，随着时间的推移，随着新技术和新设备的出现以及粮食产量的提高，设计和建设也发生了变化。）

图片来源：Thorbeck D. Rural Design：A New Design Discipline[M]. London：Routledge Taylor & Francis Group, 2012.

7 乡村振兴的必要工具——乡村设计探索

图 7-18　小型谷物升降机和饲料厂

（小型谷物升降机和饲料厂常见于美国农村的小镇中。）

图片来源：Thorbeck D. Rural Design：A New Design Discipline[M]. London：Routledge Taylor & Francis Group,2012.

图 7-19　明尼苏达州西北部的奶牛农场

图片来源：Thorbeck D. Rural Design：A New Design Discipline[M]. London：Routledge Taylor & Francis Group,2012.

图 7-20　一个大的旋转挤奶厅

（这个旋转挤奶厅每天 24 小时可以同时供 84 头奶牛挤奶。）

图片来源：Thorbeck D. Rural Design：A New Design Discipline[M]. London：Routledge Taylor & Francis Group,2012.

图 7-21　锡尔特根农场

（锡尔特根农场位于明尼苏达州埃尔莫湖的历史村落边缘，由 Schiltgen 家族精心维护。农庄是 Twin 都市圈历史乡村的焦点和标志。）

图片来源：Thorbeck D. Rural Design：A New Design Discipline[M]. London：Routledge Taylor & Francis Group,2012.

7 乡村振兴的必要工具——乡村设计探索

图 7-22 明尼苏达州西南部仍在使用中的圆形谷仓

图片来源:Thorbeck D. Rural Design: A New Design Discipline[M]. London: Routledge Taylor & Francis Group,2012.

图 7-23 美国田纳西州纳什维尔的一座大型马舍

图片来源:Thorbeck D. Rural Design: A New Design Discipline[M]. London: Routledge Taylor & Francis Group,2012.

7.4 乡村设计实例

7.4.1 武夷建筑风格的传承与创新

武夷建筑风格,是中国科学院院士齐康为首的团队在地处浙、闽、赣三省交界的武夷山地区,经过多年探索,吸取地方传统建筑风格,以现代设计手法结合当地自然人文资源和具体环境进行再创造,探索和总结出的具有鲜明的武夷山地方特色的建筑风格。它在世界山地建筑体系中一枝独秀,已经广泛传播开来,其影响逐渐扩大到周边地区,形成了专家学者以及百姓约定俗成的一种地方建筑风格,沉淀为地方文化的一部分。

齐先生提出武夷建筑风格"六宜六不宜"设计思想,和六大整合设计原则。

武夷建筑风格"六宜六不宜"设计思想:

宜低不宜高。建筑不宜超过3层,这既继承了闽北地区传统民居人性化尺度,又使得建筑更好地融入周边山区环境。这是武夷风格的两个核心设计思想之一。

宜小不宜大。建筑占地面积不超过 120 m^2,可根据山地用地现状灵活调整,最小可至 80 m^2。这既是人性化尺度和融入山区大环境的举措,也是武夷风格的两个核心设计思想之一。

宜疏不宜密。闽北山区钟灵毓秀,尺度宜人,建筑的总体布局不宜过密,可以根据实地情况依山就势、灵活调整,使群体布局疏密有致。建筑的基础设施要提前广铺,地下管道要尽可能多设。

宜藏不宜露。建筑应当融入环境,与山体相互映衬。不宜过于强势地以建筑覆盖山体,而是要"显山露水,留有乡愁"。

宜土不宜洋。武夷风格建筑是世界山地建筑的一枝独秀,对地方传统文化既有传承又有更新,因此建筑可以与时俱进追求现代化,但是不能为了追求"高、大、洋"而披上西洋的外衣。

宜淡不宜浓。属于丹霞地貌的武夷山脉,山体岩石是紫红色的,风化后呈深灰色。因此宜淡不宜浓的精要在于,根据环境而调整自身屋面颜色,如在风景如画的景区,建筑稀疏,可以用红色屋顶作为点缀;在其他地方如果建筑密度较大,周边环境色调以灰色和绿色为主,那么可以将大部分建筑设定为灰色屋顶,少量红色作为点缀。

武夷建筑风格的六大整合设计原则:

整体性原则。建筑的布局要从整体着手,考虑到环境的容量、现状、风貌以及社会需求等。要统一协调地区建筑风格,同时还需要保证建筑的可操作性,尽可能节省造价,提高利用率。

连续性原则。建筑立意要尊重历史文脉,保证地方建筑文化的连续性,即传承-转化-创新;另外,区域性的建筑风貌要与周边环境息息相关,要因形就势,融入环境。

开放性原则。风格的形成并不是一成不变的,而是要不断发展变化,根据不同的限制条件,因场地高差有弹性的调整,不拘一格,强调神韵;同时材料也可以灵活运用,如红瓦和灰瓦、灰砖和石材、木材的置换等等。

人性化原则。一切以人为本,功能上要实用,如设置首层老人房、空调隐藏、平台晾晒、工具间、前后院、车库、储藏空间等;尺度上要亲切,以不超过3层为宜。

生态化原则。尽可能运用当地建筑材料,因材致用,因地制宜,既节省建造成本又能美观实用;建筑不能破坏周边生态环境的和谐,要恰到好处地融入其中。

立体化原则。建筑的形态不仅要考虑立面的美观和秩序,更要考虑平面和剖面的空间,以及屋面的形态,再加上时间的因素,从大景观的角度考虑,使得处处有景,步移景异。周边环境的绿化及亮化工程设计也要考虑近、中、远景的立体化。

武夷风格建筑从选址到布局,多从环境着手、整体设计,追求浓郁地方特色的"乡土气息";其细部特征追求"因地制宜、粗粮细作",即因场所精神、因地方设计手法、因地方材料、因地方技术……因地方上的一切。武夷风格地方性的完整表现,还在于其来自民居的丰富多彩的建筑细部处理,武夷山风景区建筑,通过对入口、屋顶和檐部处理以及木构架的显露等,形成明确、细致的地方特色(图7-24至图7-27)。

武夷风格是对建筑的地域性、文化性和时代性三位一体的成功整合。齐康先生尤其强调,建筑风格有时会在人们的观念上带来"惰性",但随着时代的变化,风格其实永远只是一种"过程的风格",因此武夷风格不是一成不变的教条,而是不断进步变化,有生命力的。

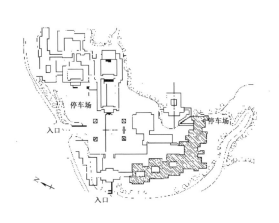

图 7-24 武夷山九曲宾馆总平面及局部照片

图片来源:齐康.齐康建筑设计作品系列 7:武夷风采[M].沈阳:辽宁科学技术出版社,2002.

图 7-25 武夷山九曲宾馆

图片来源:齐康.齐康建筑设计作品系列 7:武夷风采[M].沈阳:辽宁科学技术出版社,2002.

7 乡村振兴的必要工具——乡村设计探索

图 7-26　设计中运用了当地外墙砌筑法和外楼梯做法等细节处理

图 7-27　武夷风格建筑

7.4.2 临安白沙村农林多功能发展,实现乡村复兴

浙江临安白沙村位于太湖水溪源头,是典型的山陡土薄型的地形,平均坡度大于30°,平均土层厚度30 cm以下。全村林业用地3 047 hm²,占全村总面积的95.2%,耕地仅占1.5%。同时它还地处浙江省的暴雨中心。

白沙村原有森林资源丰富,有2 100多种植物。但由于人多耕地少,以及山区交通闭塞,20世纪90年代以前村民生活一直很贫困。1983年,白沙村搞林地承包,将95%的山林分到户。山林承包到户最初几年,由于农民对该政策的长期延续性持怀疑态度,以及急于求富心理,就纷纷砍伐林木变现。过量采伐使天然林被毁,复层林变成单层林,森林质量严重下降,水土流失严重,生物多样性和生态系统功能均大量消减。森林覆盖率由原来的91.9%猛跌到1987年的60.4%。农民每年人均收入在814元上下徘徊,1980年至1987年只增长了214元。尤其在1988年和1990年遭到特大暴雨袭击时,处于暴雨中心的白沙村24小时降雨量超过250 mm,山体滑坡,房屋倒塌,道路冲垮,村落"遍体鳞伤",经济损失达300多万元,村民人均收入列全镇倒数第一。血的教训使白沙人认识到,生态资源浩劫型的致富之路是走不通的,必须反思经济与生态的关系,重新寻找出路。

当时,村委会分析了白沙村所处地理位置和环境,认为其地处临安重要饮用水源地里畈水库的上游,发展一般工业将污染水源,环保部门不会允许,而高新技术产业又难以在地处偏远的白沙村落户,只能根据自身特点寻找适合的产业。村委会先后聘请了临安市(现为临安区)林业局原总工程师王安国、国际竹藤组织原副总干事竺肇华教授、中国人民大学张象枢教授等为顾问,通过他们与国内外高校及科研单位成为合作伙伴并成立了实验基地,先后参加了20多项国内外科技项目,为白沙村的发展提供新思路和新技术。众多专家经过多轮研讨后确定了生态、生产、生活"三生共赢"的发展总目标。在具体的路径上,首先是充分认识森林生态系统、林业产业体系以及人类对林产品需求这三者之间的相互关系;其次探索山区林业发展模式与森林生态系统保护之间的平衡,变开发林木的发展模式为开发森林非木质资源及其产业的模式;最终建立起适合白沙村的近自然林业经营系统。

我国山区林业产业发展与森林生态系统保护之间常常相互抵触,只注重发展少数几个

品种的林木,而忽视森林整体生态系统的保育和平衡;只片面追求经济效益,而忽视森林生态系统的服务功能。具体表现在:一方面对山区部分土地资源和林木资源过度利用,导致了不是乱砍滥伐造成水土流失,就是林木种植和开发单一化的人工林,导致森林生态系统失衡而引发各种环境问题;另一方面森林却有大量丰富的动物、植物和微生物资源没有被挖掘利用,从而影响了林业总产出。

解决上述矛盾的出路在于转变林业发展模式,建立近自然林业经营系统。近自然林业简单说就是"在确保森林结构关系自我保存能力的前提下遵循自然条件的林业活动,是兼容林业生产和森林生态保护的一种经营模式"。这一概念最早是19世纪末由德国林学家盖耶尔(Karl Gayer)提出的。当时由于德国人对木材需求的不断增加,种植了很多速生丰产的人工林,引发了生物多样性减少、林木病虫害滋生、环境破坏等一系列问题,从而引起林业专家的反思,盖耶尔提出了"接近自然的林业",即人类应尽可能按照森林的自然规律来进行林业活动,尊重森林生态系统的自然发展规律,实现生产和生态可持续的有机结合。随后的100年中,该理论及方法逐渐传播至欧洲各国并得到广泛应用。近自然林业在具体经营中的基本原则是:

适地适树。即依据原生植被分布规律,尽量选择本地乡土树种,保证森林群落的生命力和稳定性,减少森林风险;同时也不排除对整个森林生态有利的外来树种。

树种混交。多树种混合种植的森林与单一树种林相比,具有更稳定的植被群落和更好的生物多样性,从而形成结构丰富的森林生态系统。

人工与自然更新相结合。即依靠自然下种萌芽和根系繁衍的天然更新与人工辅助育苗更新相结合,保护原生基因潜力,使森林具有更强的生命力和更高质量。

林业专家们对白沙村森林原生植被和地理环境进行了全面调查。根据白沙村山陡土薄,同时又是浙江暴雨中心的地形特点,因地制宜地规划白沙村森林产业系统,最终设计出以本地原有的山核桃+笋干竹+有机茶叶为主的农林复合经营模式。该模式在竖向空间上形成多层屏障,使得大暴雨通过山核桃树、笋干竹和茶叶的层层截留,到达地面时已变成毛毛细雨。这既有利于水土保护,又有利于形成多层次的森林景观;既减少了生态灾害,又增加了村民收入(图7-28)。

通过引进林业技术人员,改造低产林,笋干亩产从 3.5 kg 上升到 20 kg,山核桃林亩产从 10 多千克提高到 300 kg。白沙村的茶叶、笋干、山核桃"三宝"特产和高山蔬菜、高山花卉

城镇化转型中的乡村振兴

图 7-28　浙江临安白沙村治理后的茂密植被森林

图片来源：http://hangzhou.zjol.com.cn/system/2016/09/16/021301058.shtml；https://www.19lou.com/forum-1272-thread-17703317-1-1.html

使得当地经济效益大幅度提高。1988 年，村民人均收入达到 3 455 元。到 1996 年，非木质林产品收入已占到村民收入的 90% 以上。木材采伐量逐年降低，到 1999 年全面停止，转为封山育林，禁止上山砍伐林木和上山烧木炭等所有破坏生态环境的行为，使生态环境得到了很好的恢复和保护。全村森林覆盖率从 1987 年的 60.4% 上升到 96.1%，形成以天然林为

7 乡村振兴的必要工具——乡村设计探索

主、生物种类繁多的优质山林。植被自海拔 400 m 至 1 100 m 垂直分布,有亚热带常绿阔叶林、落叶阔叶混交林及针叶林带,其间还镶嵌着"山核桃+笋干竹+茶叶"的农林复合经营栽培模式,实现了生态与生产的有机结合。

随着生态环境的不断好转,白沙村又适时开展了生态旅游休闲项目,将"生态优势"转化为"经济优势",同时在自家门口就能将土特产销售出去。其旅游服务产业带动了全村97%的劳动力和500多外来农民工就业,年接待游客30多万人次。2014年全村经济总收入达到5 810多万元,农民人均纯收入50 000多元。白沙村实践经验被誉为"山区综合可持续发展的临安模式",已在国内外多地得到推广。

由此可见,对乡村的理解和建设有很多方面的诠释,有些是基于科学,有些是基于传统,有些是基于美学,有些是基于产业,所有这些都是重要的。过去我国有很多好的尝试和创新,但都局限于某一领域或方面,缺少跨学科的融合。当运用系统思维,将建筑、景观、农业、生态等多学科综合起来考虑和解决问题时,不仅可以极大地提高乡村的综合效益和品质,而且也能促进人们对农村地方特征的情感体验。多数游客都会因喜欢某个地方而多次访问该地甚至住在那里。将乡村特色以创造性和创新的方式反映到可持续乡村建筑和环境中,这些场所和景观将有助于增强游客的地方特性体验感。

乡村设计正是通过培育新的系统思维和协作解决问题的方式从整体上把握和解决农村问题的过程。以社区为基础的设计思维,是保护和增强农村景观、小城镇和农村文化特色最好的一种集合方式。

7.4.3 食物森林[①]:美国多样化农林生态系统实践

随着大规模工业化专业农场受到质疑,美国近些年出现了对多样化农业生态种植模式的探索。食物森林就属其中的一个试验田。

这是位于美国马里兰州鲍伊郊区的一块飞地,距离首都华盛顿30分钟车程,占地10英亩(4.05 hm²)。由于此前几十年种植单一的玉米和烟草,土地严重退化。2012年开始,由景观设计师林肯·史密斯(Lincoln Smith)和土壤生态学家本杰明·弗瑞顿(Benjamin Friton)创立"食物森林"(Forested)并运营这片土地,致力于将退化的土壤恢复成能够满足

---

① http://www.forested.us/

图 7-29 食物森林内部景观及入口

图片来源:作者拍摄

人们需求的正常运转的生态系统。他们的森林农场追求在比一般农业更生态自然的环境中种植食物,形成生态环境最佳的农林生态系统,从而更好地保护和维护环境。

1. 农林混植模仿自然

笔者曾有幸到此地参观。这片食物森林远距离看起来更像是一片杂草丛生的原野,不像普通的美国花园或农场那样整齐划一。它的色彩、质地、气味和声音都表露出纯天然的野外杂烩。而实际上这里是一个经过7年精心管理的年轻森林,能生产足够的食物来供给邻里社区。这正是食物森林的主人林肯·史密斯想要证明的一点,即森林可以像田野一样种植食物,并为各种无名作物找到市场。

这片食物森林共占地10英亩,其中5英亩是原有密林,大部分种植活动都在另外5英亩的种植区进行。种植区被分隔成大小不同块的草地。草地中穿插种植了果树,有本地木瓜、柿子、猕猴桃、葡萄、梨树,以及榛子、核桃等。地面则混合播种着营养丰富的植物如苋菜和地面樱桃、黑莓、草莓、桑、西红柿、紫薯和南瓜等。在成熟密林中,有林下原木上栽培的香菇以及蕨类,或耐阴的林地药材。对于橡树的橡子,史密斯将其磨成面粉做烘焙食品。地面杂草正如森林地面一样具有固氮特性,为树木和这片多年生花园提供了坚实的养分基础。鹅和鸭子在森林中漫游,留下肥料和蛋。大黄蜂的嗡嗡声在空气中回荡,因为它们在附近的茴香、牛膝草上寻找甘露。笔者参观这片食物森林时,史密斯随手采摘一些薄荷和甘草叶子给我们品尝。

林肯·史密斯说,自然界的自然状态就是森林。树木和植物在该生态系统中繁盛,不需

7　乡村振兴的必要工具——乡村设计探索

肥料或浇水。那些树木和植物也能保护环境，防止径流，保持周围的水质清洁并遮挡阳光下的土壤。他相信在森林等更自然的环境中种植水果和蔬菜是可能的，不会伤害到土地。他认为这些方法可以像目前普遍的农业种植一样有效，并且最终可以在生态和经济上实现可持续发展。

因此，他在他的土地上模仿天然森林的生长层来设计森林花园，建造了一个分层的农林系统，有高大的橡树树冠，有较小的果树，还有灌木以及其他可食用的地面植物，如草莓和蔬菜等（图7-30至图7-32）。目标是最大限度地提高生产力来种植各种各样的作物，同时促进动植物栖息地发展。

图7-30　混合种植的蔬菜

图片来源：作者拍摄

图7-31　种蘑菇用的树桩

图片来源：作者拍摄

他的耕作方式可以被称为可持续培育、农林兼作或农业生态学方式，力求从一个对土壤、水和野生动物有益的系统中获取食物。可持续培育是一个设计过程，为人类和非人类的生活建立了长期可持续的生产性生态系统。它更专注于多年生的作物，如水果和坚果树，这样有益于后代的可持续培育。可持续农业致力于创建高效系统，强调多功能性。土地的现有自然特征在景观布局中起着举足轻重的作用。

"我们正试图在同一块土地上推动尽可能多的生态系统功能和粮食生产，"史密斯说，"森林在过滤水和有效利用自然资源方面具有非常好的作用，那么如果一片森林能够同时生长并供给多样化的食物，如果它每英亩可以产生更多的钱或更多卡路里的食物，那与单纯的麦田相比，它还有更多的多样性和生态系统服务，岂不更好。"

在他们雄心勃勃地实施项目4年之后，森林农场开始结出硕果。几十棵本地柿子树，以及一些在马里兰有历史记录能在本州沙质土壤中生长的果树已经结果。还有一些利用布拉德福德梨树作为砧木，嫁接优良梨品种的梨树（图7-34）。他们已经获得许可，可以在鹿围栏外的其他农田周围的布拉德福德梨树上进行同样的嫁接技术。他说通过这些经验了解了本土植物，但他"对环境影响的整个人类足迹更感兴趣"。

史密斯对其食物森林的最好结果的设想是，随着时间的推移，食物森林能在生产食物的同时为更广泛的生态系统提供服务。食物森林目前的土壤非常适合农林业，这可能会使有害物质降到超低水平——在某些地方甚至有害物不到1%，并且食物森林还有清洁水的能力。这在美国农业土壤中算是奇迹了。史密斯说，该地块此前与马里兰州的大部分农业用地一样，被砍伐掉树木并已经"耕作了上百年"。而此时，果树等食物森林不仅仅是食物生产者，而且还承载着水的过滤器作用。

图7-32 蔬菜种植

图片来源：作者拍摄

图7-33 史密斯给游客讲解食物森林种植法

图片来源：http://www.forested.us/

图 7-34 史密斯在教志愿者在本地树干上嫁接梨树枝

图片来源：http://www.forested.us/

为显示食物森林的潜力，林肯·史密斯邀请华盛顿特区厨师来他的"森林农场"，利用森林中的植物、树木和鸭蛋来制作菜肴，只从附近的农场采购乳制品——在野外用明火烹制而成的野生南瓜和煎鸭蛋、橡子沙拉三明治伴着腌制的甜椒和炒香的森林蘑菇、充满了甜味的樱桃蛋糕甜点，还有一些在花园的太阳能脱水器中烘干的食物（图 7-35、图 7-36）。

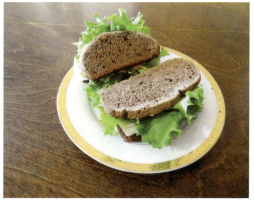

图 7-35 橡树籽及用其磨面制作的面包

图片来源：http://www.forested.us/

图 7-36　大厨用食物森林里的食材制作的菜肴

图片来源：http://www.forested.us/

橡果只是最适合自然生态系统的食材之一，与此同时，史密斯的同事们正在研究诸如坚果布丁杯和山核桃坚果牛奶等森林产品的潜力，为开拓它们更多的市场。

史密斯说，这种类型的农业可以为社区提供森林资源。森林资源虽然是清洁空气和水的主要提供者，但目前的利用率却非常低。通常做法往往是森林树木被砍伐，以腾出更多的土地给房屋或传统农田。史密斯的森林农场尽管很小，但它有助于证明这种理论：既拥有肥沃、维护良好的森林，又可像麦田一样每英亩都能产生食物。史密斯说："混植就是在同一片土地上种植多种物种，就像你在自然森林里看到的那样。从生产意义上讲，你可能只能从中真正收获一两种作物，但你却能使整体生态系统服务得到增长。"史密斯并不是走向食物森林或混农林业的创立者，从某种程度上说，这只是回归过去的方式。

林肯·史密斯承认，农场仍处于试验阶段，因为他们还不完全确定哪些植物能够生长良好，哪些不生长，以及如何用固氮植物修复土壤等。附近的社区和学校组织成员也定期追访这片试验田。

"这是一种全面的思考方式，"弗吉尼亚理工大学副教授兼森林管理推广专家约翰·芝塞尔(John Munsell)说，"这种类型的农林实践是有意将农业和林业纳入可持续的土地利用中，但这种多层次农林兼作系统通常很难管理，需要创造力来设计、维护和使用各种产品。"但是，"在这种复杂性中，如果管理得当，你会受益良多，"他说。

这个概念在生态界被称为"以市场为基础的保护"，可以帮助农民摆脱政府补贴，鼓励他们为保持良好的水质而种植。

2. 不断扩展的食物森林社区

与人们都远离单调农场相反的是,食物森林农场总能轻易招到大批志愿者,有学生、邻居、回归自然爱好者等各种各样的人。"因为人们更愿意待在栖息地而不是办公室或传统的单一农场,只盯着一英里的玉米、小麦或胡萝卜等。普通农田不是一个非常刺激的环境,它也许更有效率,但却是非人性化的,"史密斯说,"我们拥有来自网站上巨大的免费劳动力,我真的认为我们可持续发展的未来会让更多的人有更多的时间与大自然建立联系。"

食物森林农场向周边居民开通会员制,定期提供新鲜食物。周边居民相信食物森林里的食物可口美味,所以每周都从农场获得新鲜食材。农场还将一些食材(特别是蘑菇)卖给当地的餐馆。"人们越来越希望与食物的源头建立起联系,"他说,"那些为我的农场份额签名的人来到农场,他们非常重视这项任务,也非常重视从这里获得食物的质量。"此外,史密斯在农场里提供课程传授他的方法,并且担任该地区其他农场和社区的顾问,重新考虑树木在景观中的作用。他希望当地的果树可以取代入侵物种和整齐划一的园林景观,在城市里种植柿树、蔓越莓灌木、香菇原木和茶树等,为当地社区提供食物和教育机会。他们正试图将这一概念推广到更多的田野和住家庭院。

从环境的角度来看,史密斯的方法无疑是可持续的——这就是食物森林农场的重点,但作为一个商业企业,目前还没有实现盈利。他通过为当地社区提供新鲜食材每年收入数千美元。到目前为止,真正的收入是来自他教授的课程以及他所提供的设计咨询。林肯·史密斯与本杰明·弗瑞顿一起为社区或对森林园艺感兴趣的雇主提供景观设计咨询服务,其中包括由切萨皮克教育机构、艺术研究协会、切萨皮克湾信托基金会与当地政府及马里兰大学合作资助的马里兰州格林贝尔特的绿地食物森林。他做的 Indian Creek 2013 年项目增加了现有的树林及其水质优势,并启动了水质测试。最近,格林贝尔特(Greenbelt)和海厄茨维尔(Hyattsville)等城市也请他们帮助设计公共绿地和建造食物森林。以下是史密斯设计并实施了的部分食物森林和街区公共食物绿地(图 7-37 至图 7-42)。

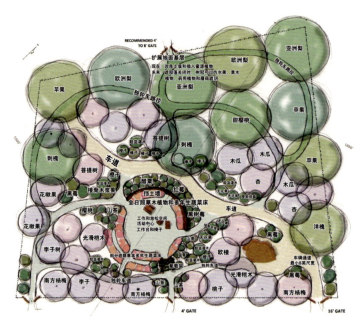

图 7-37 美国雪兰多市一个庭院的食物森林设计图

（在雪兰多市的一个山脊上，一个有足够空间用于种植药草和水果的森林花园，这个陡峭基地的设计强调保持原木林和整个土壤生态修复。）

图片来源：http://www.forested.us/

图 7-38 宅前小型食物森林

（在华盛顿特区，一对夫妇将位于一个角落的房前花园设计为小型食物森林，他们希望这里有美丽的风景，并且可以邀请附近的孩子来一起吃水果。）

图片来源：http://www.forested.us/

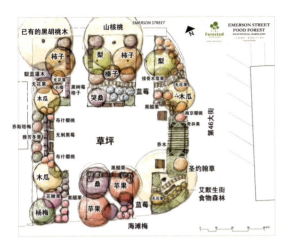

图 7-39　海厄茨维尔市街区食物森林

〔马里兰州的海厄茨维尔市在"治愈解决方案"(健康饮食、活跃的生活)获得通过后,在艾默生街种植的食物森林为社区居民提供了一个重要的与自然绿色食物接触的机会。邻居们对这个社区的新资产表现出了极大的热情,并积极参与种植和维护。〕

图片来源:http://www.forested.us/

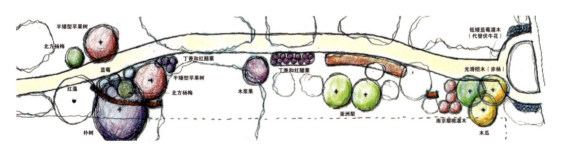

图 7-40　马里兰大学内自行车道旁的食物森林

(马里兰大学改善环境委员会在自行车"电车小道"旁种植了一个公共可食用的森林花园,供居民和徒步旅行者使用。林肯·史密斯设计了这个项目,把它提交给政府和民间组织,并帮助协调志愿者来种植它。)

图片来源:http://www.forested.us/

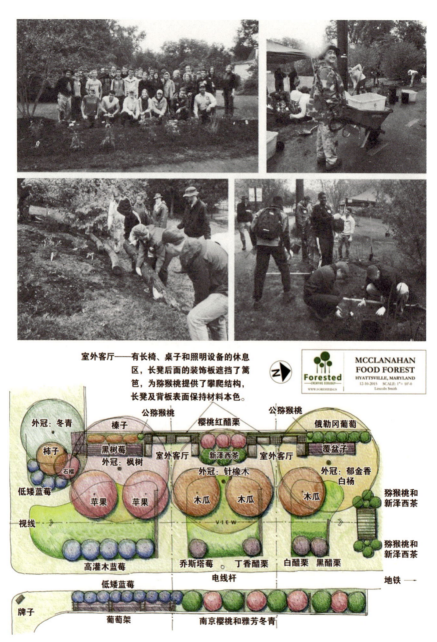

图 7-41　海厄茨维尔市社区食物森林

〔市长霍林斯沃斯(Hollingsworth)提出"社区客厅"是不仅仅有绿化而且能为社区居民提供美味食物的场所。2016 年秋季建成了麦克拉纳汉(McClanahan)食物森林。〕

图片来源:http://www.forested.us/

7 乡村振兴的必要工具——乡村设计探索

图 7-42 巴尔的摩的一对夫妇种植的含有食物和药材的花园

图片来源：http://www.forested.us/

由食物森林项目可见，农林混植的近自然设计在满足人类食物补给的同时，不仅能增加农业的自然生态系统服务功能，而且因打破了单调的农田景观，返回为近自然栖息地的景观，满足了人的自然天性，因此更能吸引人们去亲近。利用街边花园栽种果树同样能为人们提供丰富的食物，成为人们更愿意驻足交流的理想之地。这与中国农村传统上在宅前屋后种植蔬菜瓜果有异曲同工之妙。

8 乡村的未来：可持续发展的乡村

通过前几章的论述，本书回顾了新中国成立后 70 年来农村的变迁与发展历程，探讨了快速城市化给乡村带来的巨大影响，以及当下城镇化转型时期乡村发展和振兴的机遇。本章将在总结我国乡村变迁背后成因和实现乡村振兴路径的基础上，展望未来乡村实现可持续发展的价值取向和对策。

8.1 总结

8.1.1 以国民经济重大政策为主要脉络，回顾梳理我国乡村的发展历程

从中不难看出，每一次国家重大政策的出台，都对城乡变迁产生深远影响，乡村的兴衰也随之起伏跌宕。

新中国成立初期到改革开放前，是国家垄断资本的原始积累阶段。为了实现工业化，我国实行了一系列"社会主义改造"的政策措施。通过人民公社制、"剪刀差"价格体系和城乡割离的户籍制，汲取农村剩余价值，以保障工业化原始积累和正常的城市供给。在工业发展和国防建设压倒一切的背景下，农村对于国家来说成为不可或缺的后方保障和危机转嫁之地，而城市是被保障的发展重点所在。这些政策直接导致了乡村发展的停滞和贫困。

改革开放解除了国家对农村和农民的束缚，家庭联产承包责任制为农村经济注入了新的活力，农村随之迎来高速发展的十年黄金期。粮食总产量的提升结束了我国农产品长期短缺的时代。在财政包干制刺激下，地方政府扶持乡镇企业迅速崛起，使农村非农产值超过农业总产值。离土不离乡的就地城镇化成为农村富余劳动力转移的主要模式。城乡居民收入差距迅速缩小，到 1985 年该比值达到有史以来的最小比 1.86∶1。

1988年我国出现滞胀型经济危机后,中央决定将经济发展的重心由乡村经济转向城市工业。乡村经济开始逐步下滑。1994年的中央分税制改革一方面将大部分地方收入集中到中央统一调配,另一方面政府资金退出乡村公共服务领域,使乡村治理恶化,干群矛盾开始激化。土地资本化后,一方面城市快速扩张,吸引了大批农民进城打工;另一方面城市扩张带来对农村土地的侵占,过低的农村土地赔偿金使农村没有分享到发展的福利,反而更加激化干群矛盾,维稳形势严峻。农村成为只有各要素输出而没有流入的衰落之地。随着乡村矛盾和群体性事件爆发性增长,"三农"问题终于在2003年受到中央关注。国家开始对农村实施减负支农新政,并于2006年正式取消农业税,结束了我国几千年的农民缴税历史。

此后,中央虽然开展了一系列"三农"新政和支农投入,但并没有扭转乡村的颓势。根本原因是地方政府和利益集团为了最大化地获得制度收益而不断攫取农村土地并挤压农村利益。为同时满足城市扩张和农村土地整治初衷,中央政府出台的"增减挂钩"土地政策,被地方政府片面理解为获取城市土地收益的法宝,而忽视了乡村群体的利益诉求,"迁村并点"和新农村建设运动因而广受诟病。城市化高速发展的十几年正是乡村加速衰落的十几年,村庄呈现出人去楼空的凋零景象。与此同时,高投入+高消耗的城市扩张模式使政府财政不堪重负,产业结构严重扭曲。巨大的农民工群体引发的一系列社会问题也使中央政府不得不反思,过于激进片面的土地城市化不仅面临资源、能源、食品安全等方面的制约,也积累了空前分裂的社会矛盾。

党的十八大首次将乡村与城市放在同等地位上,提出"城乡发展一体化"及2020年全面建成小康社会的目标。2013年党的十八届三中全会正式提出"新型城镇化"国家战略,是对前十几年片面城市化的纠偏。随后掀起了乡村建设热潮,使乡村物质空间得到极大改观,但忽视农民利益的惯性也使乡村建设成效大打折扣。2017年党的十九大正式提出"乡村振兴"国家战略,将农民"生活富裕"作为未来发展总体目标,这是从重视物质空间的改善转向"人本化"发展的根本性进步。但长期以来重城轻乡的思想导致对乡村的研究不够深入,在如何实现乡村振兴的路径上依然处于探索阶段。

8.1.2 当前乡村振兴面临的挑战

1. 人口结构及产业问题。十几年高速城市化发展,已向乡村汲取了大量有知识的青壮年劳动力,留下老弱病残构成了乡村人口主流。他们在接受新知识、新技术方面存在很大困难,因此给乡村振兴带来巨大障碍。采取何种措施使乡村更吸引人,吸引青壮年和高素质人群回流,达到人口结构的平衡? 人口的回流既需要乡村有健全的公共服务配套,也需要产业和就业岗位的支撑。对于绝大多数处于乡村腹地的村庄,如何定位和引进适宜的产业同样是所面对的核心问题之一。

2. 农业污染与环境保护问题。改革开放后30多年的耕种使延绵几千年的耕地呈断崖式退化,农业污染已成为我国最大的污染源。在以年老体弱劳动力为主的农业,如何引导和鼓励农民从事有利于环境和健康的生态农业? 这不仅需要科技和资本下乡给予支撑,更需要政策措施的扶持和谋划。

3. 乡村社会治理及文化传承问题。在政府行政支出有限的情况下,如何高效治理乡村,并为高度分散的乡村提供必需的公共服务? 尤其对处于巨大变革和重构中的乡村,以及更加开放和多元化的乡村,基层政府的治理能力面临着全方位的挑战。

8.1.3 结论与建议

1. 国家政策直接决定着乡村发展的命运

从新中国成立70年的农村变迁历程可以看出,国家政策直接左右着中国农村的起伏。今天的"三农"问题本质上是长期城乡割裂的政策制度和对乡村的忽视造成了巨大的城乡差距而产生的。随着新型城镇化和乡村振兴战略的提出,国家虽然陆续出台了一些政策,并且每年投入万亿元资金扶持乡村建设,但乡村颓势没有根本性改变,依然存在着城乡不平等的制度障碍急需打破,依然没有实现生产各要素在城乡之间的双向自由流动。要真正实现城乡之间的各生产要素的双向自由流动,必须在土地政策、社会福利制度、金融政策等方面给予农村最优待遇。而如今我们严格的土地政策和土地利用规划将大量建设用地划给城市,而对农村建设用地的控制异常严格,使得高质量的工商企业在乡村落地非常困难。乡村没有二、三产业支撑,当地年轻人就无法在本地生活,其衰败是必然的。应该对农村土地采取更加宽容和积极的立场,让小型工业在资源合理化的前提下准许落地,为乡村产业提供发展的空间。

除此之外,若要保证农村享有基本的公共服务,需要对乡村有额外的财政扶持。与城市相比,地处偏远的乡村地区资源匮乏,天然就处于劣势。英国工党全国咨询委员会就曾在1979年指出,为农村地区提供同样的社会服务,所付出的费用比城市地区要高出约25%。

如在农村需要三名社会服务人员来满足分散的农村社区需求,而在城市中只需要两人就能完成同等工作。因此在农村若要维持法定服务项目,则应该给予更多的隐性补贴和资源来满足等量的需求。如果完全依赖市场体系来决定社会基本服务的价格和服务地点,农村劣势将进一步凸显,对农村的就业也将产生更大影响。如果政府不提供基本的生活条件,目前处于不利地位的乡村弱势群体更将处于不利地位。只有承诺为所有年龄和阶层的农村居民提供基本服务,才能有效解决乡村人口回流和公平发展的问题。即使政府行动、补贴和自助的组合能够为所有村民提供令人满意的机会基础,一些贫困仍将存在,因为有些乡村社区没有足够的可支配收入来利用这些机会。这种情况就需要有完善的社会保障托底,它是乡村地区未来健康发展的基石。

值得注意的是,国家政策的灵活性和适应性问题。我国乡村地理分布和自然条件千差万别,每个乡村社区的环境和需求都是不同的。如土地"增减挂钩"政策在平原地区适宜,在山区就很难执行;在地广人稀的乡村适用,在人口稠密的乡村就不适用。再如有些乡村利用现有资源就可以发展起来,而有些地区的乡村只能通过吸引新资源来实现乡村的发展和改善。有些乡村私营商户的运营能实现盈利,而有些乡村私营商户的运行难以保证其利润,此时就需要公共部门的补贴来维持合理灵活的服务。鉴于这些差异,乡村问题很难有统一的"标准"解决方案。

乡村政策若想发挥实际成效,一定是在国家政策大框架下,制定适应不同地区和村庄的本土政策,而不是不加区别地在不考虑当地资源的情况下来规定解决办法。无论国家最终采取何种总体政策趋势,它都只能作为一个框架,在这个框架内,不平等和不利条件的具体问题(如就业、住房、服务等)通过具体设计的特殊举措或社区参与得以解决。没有这些额外的本地政策来解决具体的社会困难,任何一刀切的政策都不能完全解决根本问题。

2. 乡村振兴需从单一的政府主体转向多元共建的治理模式

乡村振兴的目标是实现乡村社会的福祉,即实现以人为核心的最优资源配置,达到人本化的全面发展,最终实现在城乡之间形成各阶层人员、资本等生产要素可以平等自由和良性互动的双向流动循环机制,改变人力和资本向城市单向集聚的乡村流失状态,实现"人的流动引致城乡发展时空格局的重构"[①]的城乡协同发展。

---

① 郑瑞强,朱述斌. 新型城乡关系、乡村未来与振兴之路:寻乌调查思考[J]. 宁夏社会科学,2018(3):64.

未来的乡村社会将会与传统乡村有巨大的不同:产业构成上从以农业为主转向一、二、三产的高度融合,乡村发展动力将来源于新型农业产业的不断创新和发展;社会关系上从稳定而紧密的熟人社会转向松散的陌生人社会,由此原来的权力-服从关系转为民主-契约关系;乡村发展的主体从单一的政府主体转为政府、村民、企业、中介组织等多元化主体,由此将产生多元化的价值观和多元化的权利需求;乡村将更加复杂、开放、多元和包容,使得乡村治理也将从权威型治理转向更加包容的民主和创新型治理。

由于乡村与城市相比具有天然的弱势,就需要为村庄提供一些额外的机会来解决乡村劣势问题。在有限的政府财政预算条件下,可以将促进村民自助和社区行动计划作为重点,形成全面的内生发展动力。除此之外还需引进外部资源,针对弱势群体的机会缺少问题采取积极干预措施。政府通过补贴或与私营企业合作等直接及间接的行动,吸引足够多的资源为有需要的群体提供必要的服务,最终实现以社会福利为导向的健康乡村。

珍·理查森(Jean Richardson)在2000年提出了实现可持续的乡村社区治理的主要原则[①]:

(1)赋权:通过以社区为基础的规划设计过程来吸引村民的参与并赋予其改造家园的权利。

(2)民主:对于任何建议,村民们都可以通过村民代表参与得到反映和强化。

(3)鼓励女性领导:女性在历届复杂的社区规划设计以及参与创意工作方面有明显优势。

(4)吸引青年:未来的可持续性依赖于培养未来的领导者,是否能吸引年轻人对乡村振兴和乡村设计过程至关重要。

(5)鼓励系统思考:农村问题的复杂多样性,决定了需要有系统和整体性的思考。

(6)鼓励创新:在各个层面培育创新,并把这些点联系起来,增强知识,鼓励创业,最大限度地发挥作用。

(7)促进城乡联系:农村和城市社会不可分割地相互交织,必须加强联系,实现互利。

---

① Thorbeck D. Rural Design: A New Design Discipline[M]. London: Routledge Taylor & Francis Group, 2012: 211.

3. 立足于系统整合、成果应用、社区参与和保护特征的乡村设计是乡村振兴不可或缺的重要工具

乡村振兴的重要理念是实现以"人"为核心的最优资源配置,达到人本化发展。乡村中人的需求和发展,即生活质量和幸福指数就理当成为乡村振兴的目的及发展目标,也是乡村设计最为关注的核心内容之一。

乡村景观、乡村土地、乡村产业以及乡村社会等影响乡村发展的因素错综复杂、多样且始终处于动态变化中。以解决乡村问题为导向的乡村设计,需要以系统性思维从各种不同的角度来综合分析,将多学科的研究成果进行创造性地整合运用,以帮助乡村社区找寻其经济、社会和健康(人类、动物和环境)等综合长期的可持续发展路径。因此,乡村设计是将多学科融为一体,将科学成果具体应用到农村社会中的一个过程。系统性思维和跨学科视野就成为乡村设计师必须具备的素质,也是乡村设计的基本策略。

乡村设计是以满足乡村群体需求、解决乡村问题为核心的,运用设计思维创造性地为当地村民提供合理的备选方案,从空间布局这一角度来帮助协调和解决乡村的社会、经济和环境问题,提高乡村的土地利用率和生活质量。因此,了解乡村诉求、倾听乡村声音是乡村设计过程的重要组成部分。乡村因所处的环境条件和机会的不同而各有不同的诉求,只有从当地群众中才能真正找到当地有共识的乡村声音。乡村设计工作坊可以将村民参与纳入设计程序中,了解乡村群体的价值取向、所拥有的资源、他们所看重的最具村庄代表性的事物等。此外,随着乡村的进一步发展,也会有更多的城市人口或企业受乡村优良的环境吸引而投资和入驻,乡村会更加开放和复杂。乡村设计工作坊可以将各方力量黏合在一起,有效听取和吸纳多元化的社会诉求并将其纳入设计中,兼顾公共利益和私人利益、整体利益和局部利益等不同纬度的利益平衡,探寻彼此间的资源交换,实现多元共建共治、责任共担、互惠共生。所以以社区参与为基础的乡村设计策略,对于拥有真正反映乡村群体价值取向的设计成果至关重要。同时它也为乡村现代化治理提供了可操作的实践平台。

每一座乡村都因所处的自然环境和所蕴含的文化不同而具有独特的品质。这种独特的景观和文化资产既是这村庄赖以存在的根本,也是它吸引人们流连忘返的价值所在。要保护好所欣赏的这些乡村特征,就需要深入理解乡村景观的形成缘由,制定策略强化这些对视觉、社会、经济和环境特征以及农村生活价值取向等产生积极影响的建筑物和乡村景观。所以,以乡村特征为基础的乡村设计策略也是乡村振兴的重要方面。

总之,就业、住房、公共服务、无障碍的通达、优良的自然环境和文化传统等无疑是未来乡村生活的基本配置和乡村振兴的必需品。基于系统思维的整合设计、基于研究证据的应用设计、基于社区参与的问题导向,和基于乡村特征等的乡村设计策略可以确立村民及各利益相关方的主体地位。根据乡村群体的真正需求,创造出综合性的解决方案来调用各方资源满足需求,积极地解决农村问题,引导乡村走向振兴。

8.2 乡村未来发展趋势预测

罗伯逊将未来极化为两种类型:一类是超扩张主义,另一类是理智、人道与生态主义。超扩张主义者假设后工业革命预示着超工业生活方式:工业将由高科技和服务部门主导,社会服务将变得越来越制度化和专业化,这种机制强调阶级社会中的精英主义及其统治,社会被划分为以担负职责的技术专家为主的权力基础,和没有职责的失业群众,这些失业群众除了享受休闲之外几乎无事可做。而以理智、人道和生态主义为愿景的生活方式,将促使人们改变技术至上的方向,强调自给自足、更加分散的居住模式、权力下放、替代技术和"回归土地"理念。这种两极分化理念虽然忽视了折中情况的存在,但也确实为乡村未来提供了丰富的想象和辩论空间。对未来社会的关注应该认识并考虑到这些潜在的变革力量。

8.2.1 技术变革,为乡村产业注入驱动力,也为分散式居住创造了条件

如今,电商平台已经将农村生产和城市市场连接起来,贫困地区农产品可以精准高效地对接到消费者。移动支付使小微商家结算更便捷,蚂蚁金服为乡村小微创业者部分解决了融资难、手续烦、费率贵的问题。下一步互联网和数字技术将实现"市县村"的纵向连接,让乡村摆脱孤岛效应,让每个乡村都能够在高效的纵向体系中获得更多的产业赋能,从而为乡村振兴提供高效、稳定、可持续的动力。在产业互联网到来的时代,除了实现人与人的连接,还将实现"人与物、人与服务的连接"的迭代。促进乡村"供应端"与互联网的深度融合。"消费互联网+产业互联网"将驱动乡村产业升级,其价值在于:消费互联网驱动将为乡村振兴注入消费升级的动力;产业互联网驱动将为乡村振兴注入产业升级动力;消费互联网和产业互联网的双重驱动,将形成乡村消费升级和产业升级的良性互动和可持续共荣。

技术变革不仅使电信和网络传播深入乡村,而且会引起乡村基础设施的细分,如支持单

幢住宅的小规模能源和污水处理系统的开发,将满足乡村分散式居住要求,尤其山区地广人稀的分散式居住的乡村将会受益良多。技术进步有可能会促进农村地区的扩散,而不是集聚。中国有句古话叫"遥田不富"。耕作田地离居住地太远,不利于农民对田间的日常管养。因此,星罗棋布的大小村庄与周边农田的关系是千百年来为适应田间管理而自然形成的最佳交通半径。现在私人机动车等交通工具的变革无疑扩大了农民的活动范围和到农田的距离,但仍然有合理距离问题。前些年撤村并点的目的除了为城市扩张腾挪土地之外,还有一大原因是供水、供电、污水处理等基础设施铺设的经济性制约,难以满足乡村分散式居住条件。未来的技术发展将为单幢或几幢建筑的经济型小型化基础设施配套提供了可能,从而改善分散式居住的生活条件。

远程医疗和教育体系的建立将从根本上解决边远地区农民看病难和上学难问题。可以将县城的大医院与村内医疗站进行远程联动和分级治疗,同时与流动医疗车相结合。农民在村医疗站就可远程接受大医院的专业化诊治,医疗站根据医嘱实施具体的治疗并随时将治疗结果反馈给远程医生,流动医疗车定期到各村面诊和检查治疗效果。远程教育在发达国家早已实现。美国设置的网络学校,与正常学校有同样的教学大纲和同步的老师授课,并纳入统一的学龄教育管理体系中。有些学龄孩子因各种原因不能正常到校接受常规教育,就可以在任何地方上网接受与学校同步的授课,每天按要求完成和上传作业,接受老师的批改和互动。中国要实现远程医疗和教育,技术已不是关键问题,最根本的是医疗和教育体系的改革创新。

8.2.2 反城市化和退休人群将改变部分乡村社会结构

随着城镇化进一步发展,以及由于长久以来我国的轻农思想,未来几年农民向城镇集中仍将是主要趋势。但也需注意到,随着国家社会保障体系的完善和人均健康寿命的延长,有些人可能愿意摆脱不得不居住在就业集中而嘈杂的大城市的限制。他们选择退出高压的城市生活,转移到乡村,寻求更轻松的生活方式,追求简单的交易和部分自给自足的生活。也有些城市移民同时希望在农村地区经营自己的企业。

消费节俭、强烈的环境紧迫感、回归更具人性的生活和工作环境的愿望等促使人们回归乡村,以及在与他人的协作互助中激发我们人类的潜能等,实现我们更高的心理和精神追求——这些"回归土地"的理念不仅仅发生在乡村,事实上很多实践都最先发生在城市,然而这些理念会吸引一些人移居到乡村地区。澳大利亚的"Simplicity Institute"组织于2014年10月发起了"一种更简单的生活"项目,其目标是探索一种更简单的方式来应对环境、文化和经济危机等问题。参加项目的志愿者们之前都过着完全不同的城市生活,但都希望从城市的桎梏中解脱出来,过更简单的生活,有更多的时间来思考人与人、人与自然的关系,探寻解决生态危机的"朴门永续"的生活方式。在欧洲、美洲、亚洲等地,"回归土地"理念在物欲横流的城市如一股清流渐渐被人们所追随。中国台湾作家蒋勋在他的《池上日记》一书里分享了他一年半的乡居感悟,谈到"身体也需要找回自然的秩序"。中国大陆作家韩少功2000年就在湖南汨罗八溪峒过起了归隐田园的生活,此后还写了本《山南水北:八溪峒笔记》。他说"接近土地和五谷的生活,难道不是一种最可靠和最本质的生活?"今天的台湾,知识青年返乡务农或经营事业已成风潮,高雄甚至办刊喊出"型农"称号,是否意即有款有型的新式农民。这些新式农民的入驻,无疑给乡村注入新的活力。德国农村在"二战"后实现了从以农业生产为主向多功能发展的转变,达到了社会、经济和文化各要素在城乡之间的自由流动。如今,德国乡村居民中90%左右的人从事着非农工作,并有着多元化的职业背景。中国未来的乡村同样会有不同职业背景的人入驻,并进而改变着乡村的社会、经济和文化结构。

缺乏资本的乡村小企业需要政府的援助,尤其需要在金融政策上给予优惠,刺激乡村经济的发展。20世纪80年代,正是一系列优惠政策,尤其是金融利好使乡镇企业迅速崛起。仅1984年乡镇企业数量就从上年度的134.64万个,猛增至606.52万个,就业人数达5 208.11万人。90年代以后国家政策的改变使银行不再愿意贷款给乡镇企业,这也是乡镇企业纷纷倒闭和乡村走向衰落的重要原因之一。

8.3 建立可持续的乡村发展

可持续发展的定义有很多,最常见的是1987年世界环境与发展委员会(WCED)在报告中提出的:既满足当代人的需求,又不损害子孙后代满足自身需求的能力的发展。今天的可持续发展通常被定义为经济、环境和文化的平衡发展。美国明尼苏达大学乡村设计中心将"可持续的乡村发展"简单定义为:"农村环境的形成,提供了一个完整的人类社区、植物和动物生产系统,既满足了人类、经济和环境的需求,而同时也不影响未来。"它是一个短期和长期相结合的农村社区成功发展的框架,它体现了人类与自然环境、社会和文化以及经济之间的协同关系,包括可持续资源的使用和生产、可再生能源、气候变化、社区活力和领导力,以及生态系统健康等。

由于我国目前处于城镇化快速变化时期,乡村地区各村庄必须应对和适应来自各方面快速变化的挑战,包括村庄内部人口和经济巨变的内部挑战与经济一体化和全球气候变暖等外部的挑战,需要运用创造性的方法,利用当地的资源和机会,制定可持续发展战略为农村社区提供应变措施。这个可持续发展战略是利用生态、文化、历史和社会资源,以及景观和周边地区的资源创造优势,以区域为基础的一个整体或一体化的经济体系,为乡村提供可持续的发展。

对乡村可持续发展的系统分析和规划是一个复杂的过程,需要乡村规划设计师进行跨学科的整合,将所有这些点联系起来,增加在学科和相关人员之间的创新和协同机会。

8.3.1 构建健康的生态系统

生态系统健康是农村可持续发展的重要方面。目前国外学者将生态系统健康定义为人类、动物和环境的整合——即被称为"一个系统的健康"。以往对环境健康的普遍认识是以公共卫生作为标准。但是,在全球范围内该观点正转向从更大的范围定义公共健康的新标准,即将社会和政策环境等也作为整体系统中的一部分来考虑,通过激发乡村居民以及社会各界参与到乡村改造过程中的方式,也就是改善和加强社区参与的过程,以此来推动生态系统健康。比如,目前所有参与和涉及农业的人——从种子公司、农机设备制造商、农民和决策者以及广大消费者,基本上都是在不了解后果的情况下工作和消费,对所暴露出的食品安全、环境和能源、气候变化等这些有可能左右人类生境的问题没有清晰的认识,也就不会在改善这些方面有积极的行动。因此,不仅需要政府在政策层面鼓励和支持健康的生态系统,也需要公众更多地参与其中,从而了解并共同维护生态系统健康。这技术的关键是要确定如何将人、动物、环境有机地结合起来,同时认识到城乡之间不可分割和相互交织的关系。

设计型思维和乡村设计过程非常有助于在这项新的研究中创造具有创新性和突破性的想法,以寻找改善人类、动物和环境健康的方法。在进行系统性设计过程中,需要重点关注以下几方面问题:

① 土地并不都是一样的,决策者必须认识到这点并基于这种差异来有针对性地建设乡村;

② 人也是不同的，必须强调人们的不同优势以确保他们参与到乡村建设中；

③ 生态系统是非常复杂的，每一个行动都会产生反应，对这点的认识很重要；

④ 对每一个生态系统问题的解决都会带来新的一系列问题；

⑤ 应该通过利用土地资源和生活在那里的人民的能力来解决问题；

⑥ 政府要出台更好的激励机制，鼓励多功能农业和生态系统健康的发展；

⑦ 寻找更好的方法，将相关学科信息与学术研究联系起来，为决策者提供信息；

⑧ 乡村设计过程中必须反映农村社区的价值观，并认识到能源成本对土地利用和景观模式的重要性。

生态系统健康与土地利用和农业的一体化研究，将成为跨学科研究的一个全球的新重点。许多实现生态系统健康（人、动物和环境）的策略可以用来激励农村社区塑造新的景观模式和采用新的耕作方法。

比如乡村生态系统健康中最重要的一项就是食物链的健康发展。美国农业部对"食物和农业科学"一词的定义包含食品和纤维、农业、可再生能源、自然资源、林业，以及社会科学方面的基础应用和发展研究、推广和教学活动，具体包括以下有关方面：动植物的健康、生产和幸福；动植物细菌的收集和保存；水产养殖；土壤、水及相关资源的保护与改善；林业、园艺及其范围管理；营养科学和推广；农业运营，包括财务管理、投入效率和盈利能力；家庭经济；农村人类生态学；青年发展和农业教育（如农业俱乐部）；扩大国内和国际农产品市场，包括农业贸易壁垒的识别和分析；与农业相关的信息管理和技术转让；与农业相关的生物技术；食物和农业产品的生产过程、分布、市场和利用。由此可见，农业的含义已不再只是农业种养植，它已扩展到对整个食物链全过程的关注和研究，以期形成可持续的农业发展。

"可持续农业"一词意指：在特定的场地内进行植物和养殖生产实践的一种长期的综合应用系统，包括：

① 人类满意的食物和纤维需求；

② 提高农业经济赖以存在的环境质量和加强自然资源基础；

③ 充分利用不可再生资源和农场资源，并适当进行自然生物周期控制；

④ 维持农场经营的经济可行性；

⑤ 提高农民和社会整体生活质量。

除此之外，森林、区域自然保护地、河流、湖泊和开放空间、小城镇和区域中心等乡村资源和乡村景观,也是实现可持续农业的有力保障。农业在追求农产品高产量、高质量和高经济效益的同时,也必须注意到农业资源的数量和质量,使它们成为一个整体的可长期永续利用的系统。可持续农业可以为农村社区提供更多的经济发展,为新的本地商业提供多样化的产品和材料;通过碳储存来获得生态效益,降低生产者的成本,减少对进口化肥和杀虫剂的依赖。

8.3.2 适应可持续发展的农村政策

农村政策有许多不同的方面和层次,包括社会、经济和环境,以及国家和地域及村庄等不同层面的政策措施。在欧洲的许多国家大力补贴农村农民以维持文化景观,这是基于国家对传统农业和历史景观的保护,以吸引游客并确保更高的生活水平。维持农村的农业美景是发展它所带来的旅游经济的一项强有力的政策支持。如意大利非常有效地保护其乡村景观的独特品质,用于农业生产,同时也为风景名胜区和旅游业提供了条件。意大利的每个地区都有自己独特的食物和农业遗产节庆,使它成为最具活力、最令人兴奋的国家之一。日本通过鼓励农民和保护农田来保护他们传统的稻米文化。《欧洲和北美的土地景观的价值》概述了乡村景观和它们的建筑在当地和国家经济中作为文化遗产和社会联系的桥梁的重要性。这本书概述了世界各地的许多地理和农业形式,以及它们为国家认同带来的广泛的社会、文化、风景和自然价值和利益;讨论了工作景观、文化和遗产价值以及它们所拥有的独特的地域产品,以及它们所面临的挑战。

在众多的农村政策中,农业补贴政策是政府用来保护区域农业系统的政策工具。由于农产品需求量的变化对价格变化的反映程度较低,因此农产品缺乏需求弹性。同时,农产品供给又具有刚性。土地的有限性和农产品具有较长的生产周期,决定了农产品供应量与市场价格有一定的滞后性,导致农产品供给量不能随时升降,往往呈现出农产品丰产时价格下降,农民增产不增收的状况,其抵御市场风险很弱。加之农产品天然地不具有抵抗自然风险的能力,使农业成为高风险低收益的行业。为了鼓励农民安心种粮,世界各地都有不同程度的农业补贴。但不同出发点的农业补贴政策会导致不同的结果。如美国的重心是在应对大宗农产品如玉米、小麦、大豆、棉花和大米等生产过剩情况下的农民利益保护问题上,以及对自然灾害造成的损失上,从而有效保护了农民的利益并使他们安于土地。

我国长期以来的农业政策一直是为解决农业产量不足制定的,而对农产品过剩如何应对还没有经验。自2004年开始对农民免征农业税以来，我国也对农民有不同内容的补贴，其中对农民使用化肥农药补贴，意图是想借此提高我国粮食产量解决十几亿人的吃饭问题，同时通过增加产量而增加农民的收入。但结果却是产量上去了，农业收入却没增加，反而引起了食品安全和环境恶化等一系列严重问题。我国农产品与美国农产品同样是产量增加却带来截然不同的结果。美国为保持农产品价格平稳，国家对过剩的农产品悉数收纳，因为有严格的农产品质量检测标准，这些过剩农产品就可以出口国外。如今的美国农业不仅仅是作为农业来发展，它更是金融产品的重要一支，实现了对世界大宗农产品价格的操纵和垄断，并在国际上取得了定价权。但一味追求单品种高产也导致了今天的美国土地退化问题。中国因为没有严格的农产品质量标准，在人们的食物消费确定的情况下，大量化肥农药催出来的过剩的农产品又无法出口，形成滞销，导致农民收入并没有随着产量的增加而提高。当农民的收益没有保障时，他们只好放弃农业。

今天，食品安全和环境污染已成为头号问题，需要我们的公共政策在保障粮食安全和提供高质量的农村生活的同时，从补贴狭隘的农业效率转向更注重农业多功能关系、支持生态系统健康方面，如对符合当地情况同时提供环境效益的农业系统给予奖励和补贴，以支持生态系统的健康发展。只有这样才能引导和鼓励农民种植健康的农产品，以及爱护自然生境。

未来的农村政策若想发挥实际成效，一定是在国家政策大框架下，制定适应不同地区和村庄的本土政策，而不是不加区别地在不考虑当地资源的情况下来规定解决办法。未来的村庄规划将针对不同类型的地区需求提出不同类型的政策建议。无论国家最终采取何种总体政策趋势，它都只能作为一个框架，在这个框架内，不平等和不利条件的具体问题（如就业、住房、服务等）可以通过具体规划的特殊举措或社区参与得以解决。没有这些额外的本地政策来解决具体的社会困难，任何框架政策都不能完全缓解根本问题。

9 乡村调研案例：厚岸古村①

厚岸地处安徽皖南泾县境内，是厚岸行政村所在地，古时又名柳溪村，是一座有着千年历史的明清建筑群村落。村面积 12 km²，其中耕地面积 306.54 hm²，基本农田 260.56 hm²，山林面积 300 hm²。常住人口 2 021 人，650 户，主要是六七十岁以上的留守老人和孩子，年轻人均外出打工，主要从事建筑施工等。村庄空心化严重。村上有九年制公办学校——厚岸学校，共 12 个班。

村庄选址遵从古代风水学，三面靠山，村前一条柳溪河蜿蜒流过，周边有山峦秀峰、瀑布流泉和溶洞，自然环境秀美，为风水宝地（图9-1、图9-2）。村内绝大多数是王姓家族。其始祖可追溯至南宋，距今有 800 多年历史。厚岸最兴旺的时期是明朝中末期以及清朝时期，那时容纳了 13 000 多人，是周边乡的政治、文化、经济、商贸聚集地，成为热闹非凡的集镇，后来逐渐衰落，隐匿于尘世之中。厚岸近几十年因是著名无产阶级革命家王稼祥出生地才被世人所知。村内有 4 座被列入国家级的古建筑文物：王氏宗祠、通德门、东台书院和聚星桥。村内还有 100 多座明清徽派古宅，是保存相对完整的古老村镇。

9.1 历史沿革

相传厚岸王氏始祖王千九有位叔祖王溥，是宋代连任四朝的宰相，因奇功卓著而被宋皇赵匡胤赐金鼎一尊，后遭后帝及奸臣排挤，其族人也均遭株连，所传金鼎也无人敢接承。厚岸王氏始祖王千九冒诛族之险接金鼎传承，隐居于穷乡僻壤的厚岸，从此厚岸王氏被称为

---

① 本章图片均为东南大学建筑学院2016届本科毕业班厚岸古村落保护毕业设计组拍摄和绘制，指导老师：李雱、陈小坚。参与学生：罗西、徐超、陈咏仪、陈晓琳、杜昕睿。

图 9-1　厚岸村地形图　　　　　图 9-2　厚岸村古街

"金鼎王"。此后金鼎就放于王氏宗祠内成为王氏宗族的传世之宝(新中国成立前已遗失)。今天的王氏宗祠建于清代早期,有三进五间,建筑面积近 500 m²,内部雕梁画栋,相当精美。厚岸发展的鼎盛时期是明代的中后期,那时村里走出的达官贵人上至正一品下至七品,官职无数,遍及全国各地。今日厚岸村内仍保存有"中宪第""大夫第""将军府""内阁中书"等清代府邸旧宅。由于厚岸又是通往青阳的官道(驿道),过往人流较多,就形成了最繁华的地段中街,百余商铺林立,是当年整个厚岸乡的贸易中心。到清朝太平天国战乱时,厚岸建筑被焚毁过半,村民也被屠杀三分之一,此后便逐渐走向衰落。新中国成立后,它曾经是厚岸乡政府所在地,随着撤乡并镇,其地位也被边缘化。如今的厚岸只是行政村所在地。

9.2　村内空间景观与建筑

相传古代厚岸有八景——星桥步月、铜峰塔影、乌台积雪、横塘观涨、双林晓钟、文楼朝旭、柳溪晚烟、西山牧笛。根据我们实地察看,其中的"铜峰塔影""双林晓钟""文楼朝旭"已不复存在。其余的景观或者遭到较大的破坏,或者环境污染严重,或者由于时间的变迁已缺少往日的韵味(图9-3)。

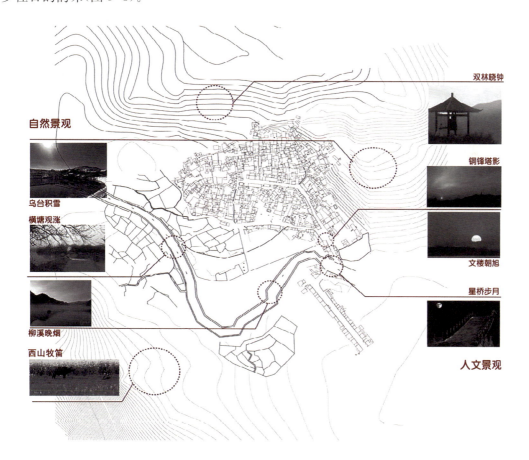

图9-3　厚岸景观

村里的公共空间和公共服务严重不足,除了王稼祥纪念馆供外来游客接受爱国主义教育外,就只有王氏宗祠一处村民活动场所。村里以前有3处室外活动场地,分别是宗祠前广场、沙洲坦和湾台,而今仅剩宗祠广场一处。王氏宗祠前的广场靠近村口,是王氏宗族举办大型活动的主要场地,也是村民早晨临时的菜市场(图9-4至图9-8)。沙洲坦的所在地据说在建村前是一片沙滩,祖上为了纪念曾经的历史,故保留了这一遗址空地,后来成为下街居民婚丧嫁娶操办地,这里也是村民举行龙灯会和舞狮子及学校学生节日举办活动的场所。

前些年,政府将其改造成菜市场,盖了两排棚子,由于其位置在村子深处,进出不便,使得新建菜场成为摆设,目前成为堆放杂物和停车之地(图9-9)。而村民还是自发地每天早上6点到8点在宗祠前的广场上摆摊。据说村民多次打报告到乡镇政府要求拆除沙洲坦棚子,恢复该广场的活动功能,重新选址盖菜场,但一直没有回音。由此可见,政府为民做好事,一定要尊重村民的意愿和习惯。湾台目前被侵占盖了私宅。

图9-4 王氏宗祠及门前广场

图9-5 宗祠前广场的早市

图9-6 宗祠内的金鼎(仿制品)

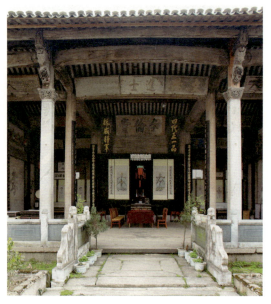

图9-7 宗祠内景

9　乡村调研案例：厚岸古村

图 9-8　宗祠内柱头精美木雕

图 9-9　沙洲坦的卖菜棚堆满杂物

厚岸村内有两个主要街道，无论是街道宽度还是街两边的建筑都与村内其他街巷不同，宽度是其他街巷的几倍，也不像老街般多曲折迂回。它们承担了村内所有的车辆交通和商业流通。两旁的建筑多是近些年建的三层混凝土建筑，经营着餐饮、服装、超市、电信等，成为村子的商业中心。很显然，这两条街道是近些年内拓宽或新建的，宽敞的街道和高大的建筑都打破了村子原有的肌理，犹如把古村撕开两个裂口再堵上两道高墙，把古建筑群严严实实地遮住，使得原本就弯弯曲曲的深巷幽宅更加隐匿于村庄深处，不易被外人发现（图 9-10）。

村内纵横交错的网状老街巷是最具历史意义的，通德街及四岗八巷共 24 条古街巷蜿蜒达 1 500 m 长，依然保持着原有的尺度和风貌。街巷中间被独轮车经年碾压的石板道诉说着厚岸曾经的繁华和喧嚣，与幢幢古宅一起维持着古村落的肌理，散发出强烈的古文化气场。四岗为：梅松岗、竹园岗、枫树岗、坛基岗。八巷为：乌台巷、狮子档巷、吉祥里巷、枫树巷、中宪第巷、半山居巷、湾台巷、宁远巷。这些古街巷或长或短，或宽或窄，高墙窄巷，古朴幽远，保存完好。历史上老街上林立有 300 余户商铺，如今都已不见踪影。老街巷里除了商

图 9-10 厚岸村建筑鸟瞰图

(图中阴影区为旧建筑,新街两边新盖的三层楼房使古建筑群隐匿于深处)

铺,昔日居住的大都是乡绅富户,更有官宦府第,今日仍能看到保存完好的边关镇守将军王佐居住的"大夫第"、四品以上的文官进士"内阁中书"王佐居住的"中宪第"及"进士"门、清代将军王治臣居住的将军府,还有资深私塾"积厚流光"宅第、"半山居"老宅、老井等(图 9-11 至图 9-13)。厚岸除了王氏宗祠,还有分堂祠和分祠及家祠分布在老街巷中,可惜其中的一些在"文革"期间及 20 世纪八九十年代被拆毁,如今只剩下敦仁堂、宁远堂、松鹤堂、积善堂等为数不多的几个分堂祠。村里现存的明清古建筑共有 150 座近 3 万 m²,其中不少房子都上着锁,主人搬到外地居住了,剩下的房子就是老两口守着一两进的宅院。重要建筑门口都挂有简介,涉及该建筑的名称、占地面积、方位、保存状况等。这些徽派古建筑群做工精美,彰显出当地的历史文化和厚岸人祖祖辈辈的聪明才智(图 9-14)。很多古宅都年久失修,尤其是二层阁楼楼板都坏了,随时有掉下来的可能。然而维修这些古建筑可能比新建一座更费钱。加之古宅的设施配套已远远不能满足现代生活需要,所以很多在外谋生的村民都将这些祖上传下来的房产视为食之无味丢之可惜的东西。很多古宅就这样空置着,成为随时可能倒塌的危房。有的村民就把古宅拆了原地盖新房。由于不再讲究传统社会伦理,村里新盖的房子完全没有遵守古训,只依照自己的喜好,失去了原有的空间秩序,对古村风貌造成了一定程度的破坏。

图 9-11 古宅中宪第

图 9-12 古宅大夫第

图 9-13 古宅坛基岗巷

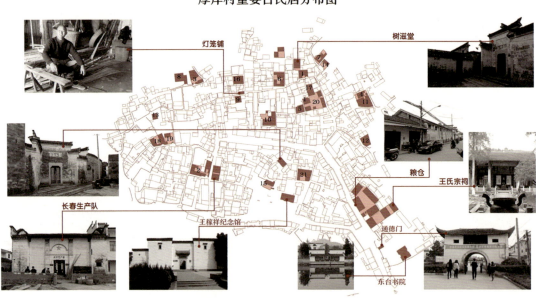

1. 耕馀堂
建于清道光年间，建筑面积420㎡，前后两院，五开间，雕刻精美细腻，给人无限遐思。

2. 志道轩
建于清光绪初年，坐北朝南，三间两进四厢，四水归堂，八字大门。花砖嵌墙，走马楼装饰相当精美。

3. 敦厚堂
建于清同治年间，建筑面积250㎡，前有八字大门，门上有"积厚流光"匾额，是唯勤唯俭之意。

4. 崇义堂
建于民国初年，面积300㎡，是德槐公后裔所建。三开间，上下两层，前后走四季桂花树。中西合璧，与自然有机融合而建。

5. 锁公祠
建于清末民国初，建筑面积250㎡，坐北朝南，大三间，是厚岸一个分族祠堂。雕刻精细而入调。此房已拆，由于抢救不及时，现基本毁坏。

6. 扁桶祠
现存的最早的祠堂，面积250㎡，相传是金鼎王氏宁公的一位太太为其建祠，将自己娘家陪嫁的一扁桶金很首饰捐出来所建，故称扁桶祠。其祠原名"金鼎垂裕"。

7. 桂馨山房
建于清中期，面积280㎡，坐北朝南，院门朝东，是望泉居的边屋，院内有栽百年四季桂花树。室内有木雕、砖雕花漏窗，构图新颖，布局奇伟。

8. 中宪第
建于清中期，建筑面积250㎡，正门头白石"中宪第"题匾。三间两厢，上下两进，四水归堂，有走马阁楼，房舍虽不高大，装饰简单，但结构紧凑，小巧玲珑，布局合理。

9. 松鹤堂
建于清咸丰年间，建筑面积230㎡，坐南朝北，前后两进三开间，堂心雕饰简洁。原是中药店，取名"松鹤堂"，意为保佑众生松鹤延年、健康长寿。

10. 忠厚堂大房
建于清乾隆年间，建筑面积340㎡，坐北朝南，由三间正屋和左右各三间边屋组成。左右对称，都是一字天井，梁架门窗雕刻精美细腻，房屋整洁干净。

11. 谦益堂
建于清光绪年间，建筑面积350㎡，青倚梅松岗，坐南朝南，大门三间正房，后三小厅。堂心豁然宽敞，整个建筑步步登高。

12. 留馀堂
建于清光绪年间，建筑面积280㎡，整个建筑依山而建，坐北朝南，五间正屋，后有古井，井水至今清澈。

13. 双月龙凤
建于清光绪年间，建筑面积290㎡，坐北朝南，三间正屋，原有进士门（已拆除）。房主曾居士人阁、内阁中书、浙江候补知府等职。

14. 望泉居
建于清光绪年间，近年已整改，整个房屋依山而建，三开间，坐南朝南，是桂馨山房的主要组成部分，前有古井，后屋建筑是中西合璧式，幽深而雅静，具有独特风味，是一个休闲度假的好地方。

15. 志成堂二房和四房
建于清光绪年间，建筑面积180㎡，坐南朝南，现存"大夫第"门楼和一栋三间正屋，以及正屋门厅和堂心，天井装修极其精美，花砖嵌墙。

16. 忠厚堂四房
建于清光绪年间，建筑面积250㎡，坐西朝东，三间两进四厢，四水归堂，八字门坊上写有"大夫第"三字，是王良澜所建。王良澜为清朝林孙昂，敕封朝议大夫，敕赠中宪大夫。

17. 逸韵
建于清光绪年间，建筑面积200㎡，坐南朝南，三小间带同走马楼，四水归堂，房舍虽不高大，但装饰、结构紧凑，精雕细琢，小巧玲珑，布局合理，自然融合，寓意深远，仔细品味妙趣多多。

18. 集贤居
建于清光绪年间，建筑面积450㎡，坐西朝东，三开间正屋加两间边房，与对面坐东朝西五间正房合成一大内院，厅堂坐北朝南（己拆），厅堂内照壁上有个青石"福"字，该宅人口处四门相通，很少见。

19. 景物长春
建于清乾隆年间，建筑面积410㎡，坐南朝南，三间两进，四水归堂，五间边屋，大门歪斜呈三角形，院内石雕"福"字，内院门头石雕刻"景物长春"，门窗雕刻精致优雅。

20. 陶然精舍
建于清嘉庆年间，建筑面积350㎡，大三间，前后两进。中间围合成一个门头有刻字"居之安"石的院门的小庭院。前进坐北朝南，门头有"陶然精舍"，精致雕刻白石墙额。院中小边屋门上有"羲曲"小青石扇。后进木雕梁、窗非常精美。

21. 耕礼堂
建于清雍正年间，建筑面积310㎡，坐北朝南，五间正屋，有边屋三间，院内厅三间，门窗花纹雕刻非常精致，具有独特风味。

图 9-14 厚岸重要古建筑分布图

村内少有绿化，只见在厚岸学校里和王稼祥纪念馆斜对面有一棵古树，见证着村庄的历史。村民们说以前村内和村后山上三四人环抱的古树很多。由于该村在初建时并非枝叶繁茂之地，王氏始祖千九公便立下世代植树造林和爱护树木的规矩，造就了村后山上丛林密布，村前河两岸柳树成荫，因之得名"柳溪"。村里老人说他们小时候往树上随便挂东西都会受到惩罚，可见族人对树木的爱护。但自 20 世纪 70 年代开始，由于贫困，在乡村政府组织下,村民将村后山上的大树、古树都砍了卖钱,甚是惋惜,也因此造成了村后山的泥土流失,一遇大雨,山上的泥土就顺流而下,直接冲到村里,造成沟渠堵塞,街巷经常漫水。加之八九十年代村镇政府将村里的一些保存很好的祠堂拆掉变卖,使得厚岸有价值的古建筑大大减少。这些都成为厚岸永远的痛,也造成厚岸人对基层政府最大的不满。

9.3 村庄水系

村子内的排水系统是依地势而建,顺着巷弄修建了排水沟,有的地方是明沟,有的地方是暗管。千百年来,村庄雨天从不积水内涝,也无泥泞湿脚。但自从20世纪70年代,后山上的大树被砍后,雨天泥沙顺流而下,将涵管堵塞,造成雨天经常性的淹水,甚至水会从老宅地面渗出,给生活带来极大的不便。2012年,村里将老街地面挖开,重新埋了暗管,才使雨天积水有所好转,但似乎并没有彻底解决

图9-15 村民集资定期疏浚的河沟,用于洗衣洗菜

问题。居民的生活排水也都就近排到阳沟,随之流到柳溪河和附近田地里。由于居民的生活排水主要是洗浴和洗菜洗衣用水,虽没经处理就直排入河,但由于污染相对较小,且有柳溪河上游山上泉水稀释,目前还没有造成柳溪河的严重污染。村上老人至今还保留着在河里洗衣洗菜的习惯。村前有一小河沟,是人工开挖的,通过涵洞通到厚岸学校旁的池塘。每天上午,都有村里人到河沟旁洗衣洗菜。为保持河沟通畅和河水清澈,村民们自发集资每人40元/年,每年两次给小河沟疏浚(图9-15)。由此可见,只要有利于村民生活改善,村民作为村主人都愿意出钱出力。这在对村民的入户调查时也得到了印证:当问及是否愿意对村庄的环境整治出钱或出力时,他们都回答说愿意尽一份力。这也部分反映了厚岸村虽然只剩下老人和儿童,但自组织力量并没有完全瓦解。

9.4 村庄民风

厚岸村是王氏家族,村民大多是生于斯、长于斯,邻里之间也都是沾亲带故,平日里和睦相处。谁家有个红白喜事等需要帮忙时,不用开口,左邻右舍都会主动帮着张罗。一边端着饭碗,一边串门聊天是常有的事。出去闲逛,家门也只是虚掩,不需上锁。邻居到你家串门,推门就进,看主人不在,再掩上大门走开。因此,当问及村民是否愿意到别处居住时,老人们大多说早已习惯在厚岸,喜欢这里和谐的人际关系和宽敞的房前屋后院落,"做什么事都撒得开啊,不愿再换地方了"。靠着王氏家族的家史传承,厚岸村民言谈中带着宗族的自豪感和没落感,虽然受教育程度不高,但骨子里透着中国传统文化的烙印,待人接物注重礼数,为人客气热情,让人感受到传统文化浸润下的礼貌与精明,而少有野蛮骄横之气。村民们对厚岸村的历史耳熟能详,对村里重要的祠堂和官宅如数家珍,每当外人来参观,村民们便热情地充当向导,一边引路,一边一遍遍地指着每幢建筑的雕梁画栋介绍着其主人曾经的辉煌。因为年轻人大多住在外面,村庄空心化很严重。老宅空着,眼看着这些古建筑年久失修濒临倒塌,他们都透着焦虑。有一些村民愿意将自家的古宅售卖出去,希望有人来接手,将昔日老祖宗的辉煌能重现和传承下去。村民迫切希望厚岸的旅游业能发展起来,改善他们的生活水平。

9.5 村庄产业

厚岸村是典型的以种植业和养殖业为主的传统村落,没有工业。由于厚岸村里居住的大都是老人,所以家里的农田大多出租,租金为一亩田一石稻。以前养蚕的人家很多,年产蚕量曾经达到30多吨。但因为没有村组织的合力,都是个体面对外来收购商,竞相压价,使得收购价太低,所以很多户就不做而外出打工了。目前年产量萎缩到只养蚕2 000多张,产蚕10多吨。养蚕一年有三季,不费力,但种桑树要花功夫,需要施肥和养护。不养蚕后,村里很多桑树因疏于管理,产量低,而且品种老化。村内老人基本不进行生产活动,靠着政府的补助和子女给的生活费过日子,子女都外出打工,有的一年只回家一次。少量的中年人则在主街经营店铺。有些村民会加工竹笋,倒腾村里一些古树去卖,一年能收入十多万元。

9.6 村庄自组织

2010年和2011年,厚岸村老人先后自发成立了王氏宗亲联谊会和厚岸村古民居文物保护协会(以下简称"村文保协会"),以保护和继承厚岸现存的古建筑等文化遗产。此后组织恢复了多年未曾举行的龙灯会和隆重的王氏祭祖活动。如今,村文保协会还代政府承担起了古宅保护与维修审核工作,对所有重要古建筑进行挂牌保护和登记入册。所有村里的古宅若要申请上级政府的危旧房改造补贴,也需通过村文保协会的审核,上级政府根据其审核后的维修工程费给予不同程度的补贴,一般一户补贴3 000~5 000元,最高一户补贴达4万元。这些老人一方面为保护古建筑做些力所能及的工作,另一方面也为外来游人引导和免费讲解村庄的历史,同时也能打发闲余时间。

随着近年来乡村游的兴起,厚岸附近的查济和桃花潭依赖其先天的景观资源优势,由大资本注入而发展成旅游景区,经济和收入有明显提高。这让历史上一直比这两地都雄厚繁华的厚岸村村民愤愤不平。他们认为厚岸村具有规模更大、雕花更精美的古建群落,远胜查济,早些年甚至有人买了厚岸的古宅拆了搬至查济重建,村民说这话一方面是证明厚岸古建筑的实力,另一方面也对厚岸古建筑的损毁、减少以及一直不被重视而深深惋惜。老人们不甘心祖辈的遗产这样衰败下去,于是,村文保协会、王氏宗亲联谊会与村两委曾在2012年联合申请成立村旅游开发公司,想借助在外的宗亲资源募集资金进行村庄的保护和改造,自主保护、开发和经营厚岸的历史文化旅游,并已成功募集到村民出资入股的15万元(图9-16)。但由于种种原因,该公司未得到上级政府的支持和批准。为何外来大资本可以进入村庄取得旅游开发和经营权,而村民们却无权自主经营自己的资产和资源呢?这涉及利益分配和话语权问题。厚岸村民自发成立的旅游公司,股东是村委会和村民,运营收益留在村集体内部,而与上级部门无关,可能因为此境况,得不到乡镇政府的支持,或者还有其他原因。桃花潭景区是大资本进入圈地买断了该景区的开发和经营权,当地政府通过出卖资源而获利;查济则是通过当地政府成立的旅游开发管委会,对查济村进行统一的开发运营而直接获得收益。不难看出,当地政府无论是在景区资源的出卖授权上还是在景区的直接运营上均是获利方,而村民仅通过出租房屋或农家乐等小本生意,收益有限。

总之,厚岸古村虽然只是众多乡村中的一座,却也浓缩和代表了中国乡村普遍存在的问

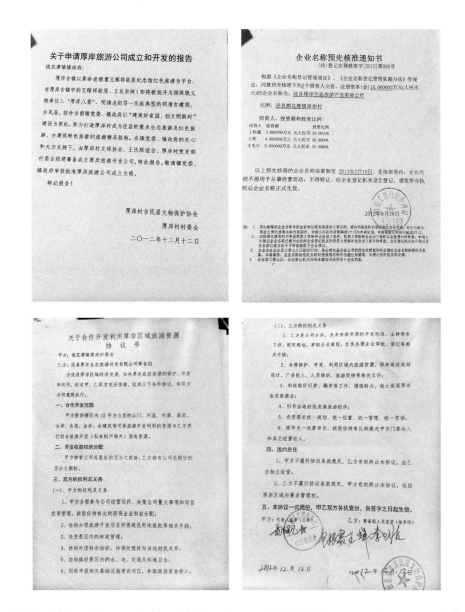

图 9-16　村文保协会、王氏宗亲联谊会与村两委曾联合申请成立村旅游开发公司的有关文件

题和困境。村里除了农业,再无其他重要产业和工作,所以村庄留不住人。青年人纷纷外出打工,留下老人和小孩。青壮年的缺失,使得村庄少有生机,老年人伴着偌大而岌岌可危的古宅更显垂暮凄凉。

村民需要公共空间,需要菜场,需要提高收入。村民想靠自主力量改变生活环境和进行旅游产业发展,遗憾的是因为各种原因,这种源自村庄内在的发展动力没有发展起来。乡村建设和振兴是个系统工程,只有对村民的需求进行足够的尊重和有效回应,才能激发村民的共鸣并得到拥戴,也才能将国家有限的财力与巨大的村庄内生力良好对接,同时吸引其他外部资源的进入,形成合力,推动乡村的发展和振兴。

参考文献

中文文献

[1] 2012年中国农民工文化程度构成统计[EB/OL].(2013-06-05)[2016-01-07].http://www.askci.com/news/201306/05/0510532790352.shtml.

[2] Matthews T,Yo A,Byrne J. 为适应气候变化重构绿色基础设施:适应的阻碍和空间规划者采用的推动因素[J].景观与城市规划,2015,138.

[3] 陈小坚.《新城市议程》框架下的城乡关系解读[J].现代城市研究,2017(8):9.

[4] 陈小坚.《新城市议程》:通向未来可持续发展的城市化行动纲领[J].现代城市研究,2017(1):129-132.

[5] 崔功豪.中国自下而上城市化的发展及其机制[J].地理学报,1999(3):106-115.

[6] 杜希英."中国近代乡村的危机与重建:革命、改良及其他"学术研讨会综述[J].中国农史,2012(4):130-133.

[7] 段进,揭明浩.空间研究4:世界文化遗产宏村古村落空间解析[M].南京:东南大学出版社,2009.

[8] 段进,章国琴,薛松.2012江苏乡村调查:无锡篇[M].北京:商务印书馆,2015.

[9] 费孝通.江村经济[M].北京:北京大学出版社,2012.

[10] 费孝通.乡村重建[M].长沙:岳麓书社,2012.

[11] 费孝通.中国文化的重建[M].上海:华东师范大学出版社,2014.

[12] 富兰克林·H.金.四千年农夫:中国、朝鲜和日本的永续农业[M].程存旺,石嫣,译.北京:东方出版社,2011.

[13] 苟翠屏.卢作孚、晏阳初乡村建设思想之比较[J].西南师范大学学报(人文社会科学版),2005,31(5):129-135.

[14] 国家发展改革委员会.国家新型城镇化报告2016[M].北京:中国计划出版社,2017.

[15] 国务院.1983年政府工作报告[EB/OL].(2006-02-16).http://www.gov.cn.

[16] 何建嵘,于建嵘.近二十年来"民国"乡村建设运动研究综述[J].当代世界社会主义问题,2005(3):32-39.

[17] 贺雪峰.地权的逻辑Ⅱ:地权变革的真相与谬误[M].北京:东方出版社,2013.

[18] 胡彬彬.我国传统村落及其文化遗存现状与保护思考[N].光明日报,2012-01-15(7).

[19] 黄建洪.中国城镇化战略与国家治理现代化的建构[J].苏州大学学报(哲学社会科学版),2016(2):50.

[20] 黄宗智.明清以来的乡村社会经济变迁:历史、理论与现实:卷三 超越左右:从实践历史探寻中国农村发展出路[M].北京:法律出版社,2014.

[21] 蒋楠.历史视野下的中国乡村治理[N].光明日报,2015-04-08(14).

[22] 李立.传统与变迁:江南地区乡村聚居形态的演变[D].南京:东南大学,2002.

[23] 李文珊.晏阳初梁漱溟乡村建设思想比较研究[J].学术论坛,2004(3):129-132.

[24] 联合国人居三任务组.联合国住房与城市可持续发展会议人居三议题文件10:城乡联系[C].纽约,2015.

[25] 联合国人居三任务组.联合国住房与城市可持续发展会议人居三议题文件16:城市生态系统和资源的管理[C].纽约,2015.

[26] 联合国人居三任务组.联合国住房与城市可持续发展会议人居三议题文件17:城市与气候变化和灾害风险管理[C].纽约,2015.

[27] 联合国人居三任务组.联合国住房与城市可持续发展会议人居三议题文件18:城市基础设施和基础服务[C].纽约,2015.

[28] 联合国人居三任务组.联合国住房与城市可持续发展会议人居三议题文件4:城市文化与遗产[C].纽约,2015.

[29] 联合国人居三任务组.联合国住房与城市可持续发展会议人居三议题文件8:城市与空间规划与设计[C].纽约,2015.

[30] 刘成良.微自治:乡村治理转型的实践与反思[J].学习与实践.2016(3):102-110.

[31] 刘守英,周飞舟,邵挺.土地制度改革与转变发展方式[M].北京:中国发展出版社,2012.

[32] 刘彦随,龙花楼,陈玉福,等.中国乡村发展研究报告:农村空心化及其整治策略[M].北京:科学出版社,2011.

[33] 梅耀林,许珊珊,汪晓春.基于村庄空间演变内生动力的村庄布点规划探索——以江苏金坛为例[J].乡村规划建设,2013(1):85-102.

[34] 牛见春,尹春涛.乡村建设与多元共治,让自组织发挥作用[EB/OL].(2015-05-13).https://www.thepaper.cn/newsDetail_forward_1330951.

[35] 农民工返乡潮也是中国经济的晴雨表[EB/OL].(2016-09-01). http://pit.ifeng.com/a/20160901/49877275_0.shtml.

[36] 齐康,段进,吴楚材,等.江南水乡一个点:乡镇规划的理论与实践[M].南京:江苏科学技术出版社,1990.

[37] 秦晖.历史与现实中的中国农民问题[J].农村·农业·农民(B版),2005(10):12-14.

[38] 邵志忠,袁丽红.我国乡村建设及乡村社会发展研究综述:1983—2013[J].广西经济管理干部学院学报,2013(4):79-85.

[39] 孙莹,张尚武.我国乡村规划研究评述与展望[J].城市规划学刊,2017(4):74-80.

[40] 谭明智.严控与激励并存:土地增减挂钩的政策脉络及地方实施[J].中国社会科学,2014(7):125-142,207.

[41] 童本勤,刘军,沈俊超,等.2012江苏乡村调查:南京篇[M].北京:商务印书馆,2015.

[42] 王福定.农村地域开发与规划研究[M].杭州:浙江大学出版社,2011.

[43] 王为径.发展在村庄:历史与民族志视角下的农村变迁分析:1978—2013[D].北京:中国农业大学,2014.

[44] 王先明.乡贤:维系古代基层社会运转的主导力量[N].北京日报,2014-11-24(19).

[45] 王兴斌.旅游投资与需求增长失衡势必导致供给过剩[EB/OL].(2017-05-30). http://www.sohu.m/a/144636622_109002.

[46] 温铁军,等.八次危机:中国的真实经验1949—2009[M].北京:东方出版社,2013.

[47] 谢必如,白文起.重庆地票已七年[N].中国国土资源报,2016-3-21.

[48] 于建嵘.中国农村的政治危机:表现、根源和对策[EB/OL].(2018-03-17). http://www.ft.newdu.com/economics/Agriculture/201803/220631.html.

[49] 张泉.江苏省镇村布局规划的实践回顾[J].乡村规划建设,2013(1):65-74.

[50] 中国财政的真相:25省负债只有6省有盈余[EB/OL].(2017-08-22)[2017-08-26]. http://www.brjr.com.cn/thread-373486-1-1.html.

[51] 朱启臻.农业社会学[M].北京:社会科学文献出版社,2009.

英文文献

[1] 2012 Progress in the Researches on the Economics of Ecosystems and Biodiversity[EB/OL]. http://www.ecosystemmarketplace.com.

[2] Brown R, Vanos J K, Kenny N A, et al. Designing Urban Parks that Ameliorate the Effects of

Climate Change[J]. Landscape and Urban Planning, 2015, 138.

[3] Cloke P J. An Introduction to Rural Settlement Planning[M]. London: Methuen, 1983.

[4] Ewel K C. Water Quality Improvement by Wetlands[M]//Daily G C. Nature's Service: Societal Dependence on Natural Ecosystems. Washington, D C: Island Press, 1997:344.

[5] IPES-FOOD. From Uniformity to Diversity: A Paradigm Shift from Industrial Agriculture to Diversified Agroecological System[EB/OL]. (2016-02-06)[2018-07-02]. http://siteresources.worldbank.org/EXTPREMNET/Resources/EP125.pdf Rees. Wackernagel(1996)

[6] Thorbeck D. Rural Design: A New Design Discipline[M]. London: Routledge Taylor & Francis Group, 2012.

[7] United Nations. Habitat III Urban Dialogues: Montreal Thematic Meeting on Metropolitan Areas[R]. 2015.

内容提要

当今农村正处于前所未有的历史变革期。本世纪初我国农村常住人口首次少于城市人口,造成农业人口结构、农业生产模式、农村土地及空间形态等都面临着巨大的变革和挑战:一是在年龄和知识层次上的人口失衡使得农村造血功能很弱;二是农村从业人员的减少和中国人饮食结构的变化所引起的隐性农业革命使得农业改变了传统的过密式发展,而适合中国的新型农业生产模式还有待进一步探索;三是大批农村人口涌入城市后,不但没有减少村庄的建设量,反而使农村住宅呈爆发式增长,一方面使原有的乡村传统空间形态遭到破坏,另一方面人去楼空使农村空心化更加严重。

农村问题从来就不是农村本身的问题,其问题的解决出路最终必然不仅在于农村,也不在于城镇,而同时在于两者以及两者之间的关系。同样,农村的规划和建筑问题也不可能仅就规划和建筑本身去解决,需要在历史文化与现实之间、城乡之间、社会经济与物质空间之间等更大的视野范围内需求问题症结所在和解决途径。这正是本书的出发点和落脚点。

本书适用于城乡规划、风景园林、建筑学以及环境相关学科领域的研究者及爱好者阅读参考。

图书在版编目(CIP)数据

城镇化转型中的乡村振兴 / 陈小坚著. —南京:东南大学出版社,2019.12
(可持续发展的中国生态宜居城镇/齐康主编)
ISBN 978-7-5641-8762-0

Ⅰ. ①城… Ⅱ. ①陈… Ⅲ. ①农村经济发展-研究-中国 Ⅳ. ①F323

中国版本图书馆 CIP 数据核字(2019)第 283909 号

城镇化转型中的乡村振兴
Chengzhenhua Zhuanxing Zhong De Xiangcun Zhenxing

著　　者	陈小坚
出版发行	东南大学出版社
社　　址	南京市四牌楼 2 号　邮编:210096
出 版 人	江建中
网　　址	http://www.seupress.com
责任编辑	戴　丽　贺玮玮
文字编辑	王艳萍
责任印制	周荣虎
经　　销	全国各地新华书店
印　　刷	上海雅昌艺术印刷有限公司
版　　次	2019 年 12 月第 1 版
印　　次	2019 年 12 月第 1 次印刷
开　　本	787 mm×1092 mm　1/16
印　　张	14.25
字　　数	260 千字
书　　号	ISBN 978-7-5641-8762-0
定　　价	78.00 元

本社图书若有印装质量问题,请直接与营销部联系。电话(传真):025-83791830